세상보다 나은 기독교

Right Thinking in a World Gone Wrong

RIGHT THINKING IN A WORLD GONE WRONG
by John MacArthur and the Leadership Team at Grace

Copyright © 2009 by Grace Community Church
Published by Harvest House Publishers
Eugene, Oregon 97402
www.harvesthousepublishers.com
All rights reserved.

Korean Edition published by Word of Life Press, Seoul, 2010
Translated and published by permission.
Printed in Korea.

세상보다 나은
기독교

ⓒ 생명의말씀사 2010

2010년 12월 20일 1판 1쇄 발행
2025년 4월 1일   6쇄 발행

펴낸이 | 김창영
펴낸곳 | 생명의말씀사

등록 | 1962. 1. 10. No.300-1962-1
주소 | 서울시 종로구 경희궁1길 6 (03176)
전화 | 02)738-6555(본사) · 02)3159-7979(영업)
팩스 | 02)739-3824(본사) · 080-022-8585(영업)

기획편집 | 박미현
디자인 | 오수지, 남상원
인쇄 | 주손디앤피
제본 | 주손디앤피

ISBN 978-89-04-04053-7 (03230)

저작권자의 허락 없이 이 책의 일부 또는 전체를
무단 복제, 전재, 발췌하면 저작권법에 의해 처벌을 받습니다.

타락한 윤리적, 도덕적, 사회적, 정치적 현실에서 과연 성경대로 살 수 있는가?

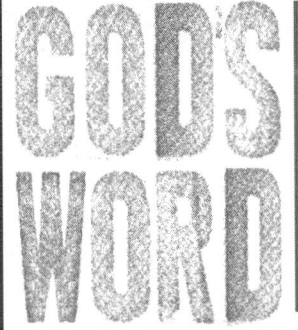

세상보다 나은 기독교

Right Thinking in a World Gone Wrong

존 맥아더 & 그레이스 커뮤니티 교회 리더십팀 지음 | 이남정 옮김

생명의말씀사

Contents

서문 : 성경과 현실 _ 존 맥아더 • 9

1부: 엔터테인먼트와 여가 생활

01 엔터테인먼트와 그리스도인의 자유 시간에 대하여
그리스도인은 엔터테인먼트를
어떻게 즐겨야 하는가? _ 존 맥아더 • 22

02 인터넷에서 이루어지는 익명의 만남에 대하여
그리스도인은 온라인 미디어를
만남에 어떻게 활용해야 하는가? _ 릭 홀랜드 • 41

03 가상현실과 실제 세계를 다루는 성경적 입장
그리스도인은 비디오 게임을
어떻게 다루어야 하는가? _ 오스틴 던컨 • 57

04 자신과 가족을 위해 미디어를 선택하는 지혜
미디어를 선택하고 활용하는
기준이 있는가? _ 커트 게브하즈 • 73

05 스타가 되려는 욕망과 유명인 숭배에 대하여
유명해지고자 하는 욕망에
어떻게 대처해야 하는가? _ 톰 패튼 • 87

2부: 생명 윤리와 사회 도덕

06 이혼과 재혼을 다루는 교회의 원칙과 목회적 입장
현실이 된 이혼과 재혼을
어떻게 다루어야 하는가?　　　　　　　_ 그레이스 커뮤니티 • 100

07 태아의 생명과 여성의 인권을 존중하는 교회의 역할
낙태를 반대하면서
상처받은 여성들은 어떻게 위로하는가?　　_ 빌 쉐넌 • 108

08 임신조절, 체외수정, 대리모에 대하여
사람에게 생명을 조절할 자유가
과연 허용되는가?　　　　　　　　　　_ 그레이스 커뮤니티 • 118

09 동성애로 고심하는 그리스도인을 돕기 위한 전략
동성애는 죄악이라 규정짓고
모두 배척해야 하는가?　　　　　　　　_ 존 스트리트 • 130

10 안락사, 자살, 사형에 대하여
우리에게 편안하게 죽을 권리와
정의롭게 죽일 권리가 있는가?　　　　　_ 그레이스 커뮤니티 • 146

3부: 정치적 행동과 사회 활동

11 하나님 나라 백성과 이 땅에 속한 시민의 의무 사이에서
그리스도인은 정치적 행동주의를
어떻게 생각해야 할까?　　　　　　　　　_ 존 맥아더 • 160

12 시장 경제와 성경적인 경제 활동에 대하여
자유 시장에서 믿음, 성실, 정직을
어떻게 지키는가?　　　　　　　　　　　_ 조나단 룰키 • 174

13 지구 온난화와 환경운동에 대하여
지구 최후의 날은
기후 변화로 올 것인가?　　　　　　　　_ 그레이스 커뮤니티 • 192

14 교회와 문화의 관점에서 본 인종차별주의와 화해
다문화 사회에서
다른 인종을 어떻게 대할 것인가?　　　　_ 마크 태트록 • 208

4부: 선과 악, 비극과 고통

15 하나님의 섭리와 악의 문제에 대하여
자연 재해와 각종 사고,
슬픔과 고통도 하나님의 섭리인가? _ 릭 홀랜드 • 222

16 개인적인 고난과 시험에 대한 적절한 반응
그리스도인에게 나쁜 일이 일어날 때
어떻게 받아들여야 하는가? _ 이르브 부세니츠 • 236

17 그리스도인들이 하나님을 신뢰할 수 있는 이유
고통이 끊임없이 닥쳐와도
하나님을 끝까지 신뢰할 수 있는가? _ 내이썬 부세니츠 • 248

18 구제사역과 그리스도인의 대사명에 관하여
상처받은 자에게 도움을,
잃어버린 자에게 소망을 주고 있는가? _ 제시 존슨 • 263

19 타락한 세상을 위한 하나님의 해답, 복음
우리는 깨어진 세상에
소망이 있는 기독교를 보여주고 있는가? _ 케빈 에드워즈 • 274

부록: 주제별 도움 성경 구절 가이드 • 284
주 • 298

RIGHT THINKING
IN A WORLD
GONE WRONG

서문 | 성경과 현실

존 맥아더

오늘날 복음주의 교회에서 성경을 믿음과 삶에 절대적 권위를 가진 하나님의 말씀으로 받아들이며 입술로 고백하는 사람들을 쉽게 발견할 수 있다. 그러나 교회에서 성경에 대한 믿음을 고백하는 것과 일상에서 개인의 실제 삶이 정확히 연결되는 일은 드물다.

말씀이 진리며 또 그 완전성을 주장하는 복음주의자들은 자신들의 사고와 삶의 체계를 확립하기 위해 성경 이외의 것에서 해답을 찾으려고 시도해서는 안 된다. 그렇지만 실제로 대다수 그리스도인이 세상에서 답을 찾는다. 예를 들면, 창세기 1-2장의 말씀을 정확하게 읽는다면 현대 진화론이 주장하는 우주론의 기초가 잘못된 것임을 알 수 있다. 변증학에서는 성경보다 철학과 인간의 이성이 자주 논쟁의 우위를 차지한다. 그리고 교회 성장학에서는 인구 조사와 마케팅 기술과 초점이 흐려진 복음을 통한 인간 중심의 신학이 성경의 명확한 진리를 대체한다.

이 목록에 도덕규범과 윤리의 주제도 반드시 추가되어야 한다. 스스로 그리스도인이라 고백하는 많은 사람이 개인적인 필요와 사회적 병증들에 대한 해결책을 얻기 위해 성경을 연구하는 대신 심리학과 사회학에서 그 답을 찾으려 한다. 포스트모던 사상의 등장은 그동안 교회가 간직해온 옳고 그름에 대한 이해를 비뚤어지게 했다. 또한 사랑이라는 이름으로 요구되는 비성경적 관용은 죄에 대해 너그러운 만큼 진리도 타협하는 지경까지 교회를 약화시켜 왔다. '오프라(Oprah)'나 '투나잇 쇼(The Tonight Show)' 혹은 일반적인 시트콤 같은 대중적인 TV쇼들은 미국의 그리스도인들이 매일 고민하는 이슈들에 실제적인 영향을 끼친다. 정치적인 영역도 윤리규범에 대한 복음적인 이해를 형성하는 데 중요한 역할을 한다. 예를 들면 '공화당'과 '민주당' 혹은 '자유주의'와 '보수주의' 같은 정치적 단어들이 무엇이 옳고 그른가를 정하는 새로운 기준이 되고 있다.

스스로 그리스도인이라 고백하는 수많은 사람이 매일 성경이 아닌 다른 것에 기초하여 살아가는 세상 사람들과 다를 바 없는 삶을 산다. 세상적인 방법을 선택한 결과로 그들의 삶은 하나님이 아니라 세상이 우선순위를 차지한다. 그들의 행동 패턴과 미래 계획은 구원받지 못한 친구들이나 이웃들과 다른 점이 거의 없다. 그들의 소비성향은 그들의 생각이 세속적이며 이루지 못할 헛된 꿈을 추구한다는 것을 드러낸다. 설령 자신의 부족함을 인정하더라도, 그 해답을 얻기 위해 심리학을 사용하거나 명상을 하거나 서점에서 스스로 해결책을 찾도록 돕는 책들을 뒤적인다. 그리고 실제의 죄들도 세상이 죄라고 말하는 대신 사용하는 '실수'나 '질환'이나 '중독' 같은 표현들로 대체한다. 이런 방법들을 이용해 자신들이 지은 죄의 결과가 가져오는 책임에서 벗어나 자유를 얻으려 한다. 그들은 전통적인 기독교 윤리주의의 외형적인 형태에 집착할 뿐, 자신의 삶에 적용할 수 있는, 성경적이고 예수가 중심인 특별한 원칙을 가지고 있지 않다.

그러나 기독교 윤리는 복음의 은혜로 변화되는 과정에 있는 죄인들의 삶 가운데 구체적으로 드러나야 한다. 진정한 기독교는 겉으로만 드러나는 윤리주의나 종교적 전통주의나 당파성이 강한 정략에 따라 정의되지 않는다. 반대로 진정한 기독교는 예수 그리스도를 향한 개인적인 사랑과 어떤 값을 치르더라도 그를 따르기 위한 열망(요한복음 14:15)의 기초 위에서 정의된다. 믿는 자들은 오직 성령께서 새롭게 하심으로 내면으로부터 일어나는 변화를 통해 일상의 삶에서 거룩함을 드러내는 것이 가능하다. 이 과정에서 세상은 어떤 도움도 줄 수 없고 단지 바라만 볼 뿐이다. 산상 수훈에서 예수님은 청중들에게(마 5:16) "이같이 너희 빛을 사람 앞에 비취게 하여 저희로 너희 착한 행실을 보고 하늘에 계신 너희 아버지께 영광을 돌리게 하라"(마 5:16; 벧전 2:12 참조)고 말씀하셨다.

진정한 기독교는 일상의 삶에서 드러난다

말할 것도 없이 기독교 윤리의 핵심은 복음이다. 오직 내주하시는 성령으로 말미암아(롬 8:13-14) 내면에서부터(딛 3:5-8) 변화 받은 사람만이 진정한 거룩함(갈 5:22-23; 벧전 1:16)을 나타낼 수 있다. 성경적인 기독교는 겉으로 드러나는 행동을 수정하는 것을 중요하게 여기지 않는다(마 5-7장 참조). 오히려 변화된 삶으로 분명히 드러나는 마음의 변화에 더 큰 관심이 있다(고전 6:9-11).

그러므로 진실한 기독교 윤리는 성령의 새롭게 하심 없이는 불가능하다. 우선 내면의 사람이 정결하지 않으면 외부적인 윤리주의나 종교의식의 준수는 단지 허울에 불과하다. 예수님은 "화 있을진저 외식하는 서기관들과 바리새인들이여 회칠한 무덤 같으니 겉으로는 아름답게 보이나 그 안에는 죽은 사람의 뼈와 모든 더러운 것이 가득하도다"(마 23:27)라는 말씀으로 위선자들을 나무라셨다. 예수님은 행위가 중요하지 않다고 말씀하신 것이 아니라, 하나님의 관점에서 마음이 가장 중요하다는 것을 알려 주신 것이다(삼상 16:7; 마 12:3-31 참조).

물론 하나님에 의해 진실하게 변화된 마음은 그의 아들 예수 그리스도에 대한 사랑으로 반응한다. 그리고 예수 그리스도를 사랑하는 사람들은 그분의 말씀(골 3:16 참조) 가운데 발견되는 명령들을(요 14:15) 따르고 순종하기를 간절히 소망한다. 그러므로 진정한 기독교 윤리는 성경에서 발견되는 윤리적 가르침을 적극적으로 지지하고 실천한다. 그러나 구원만을 얻기 위한 율법주의적인(사 64:6) 태도로는 진정한 기독교 윤리를 따를 수 없다. 반대로, 예수를 믿어(엡 2:8-9), 하나님이 값없이 주신 선물인 구원을 받고, 하나님을 사랑하는 마음을 (사 66:2 참조) 통해서 성경이 명령하는 윤리적 가르침에 기꺼이 순종한다.

만일 그리스도인들이 하나님의 자녀로서 자신의 신분에 맞게 행한다면, 반드시 성령의 능력을 힘입어 하나님의 말씀에 합당한 삶을 살 것이다. 다른 어떤 지혜나 도덕적 통찰력으로는 그렇게 할 수 없다. 그들은 성경에 속한 사람들로서, 일요일만이 아니라 매일의 삶에서 하나님의 말씀에 따라 살아간다(사 66:2 참조).

진리와 멀어진 행복은 없다

시편 19편 7-9절은 성경 말씀의 충족성과 권위에 대해 자세히 설명한다.[1] 이 말씀은 특별히 그리스도인들이 매일매일 삶에 적용할 수 있는 가장 명확하고 핵심적인 구절 중 하나다. 그 구절 중에서 "여호와의 율법은 완전하여 영혼을 소성시키며"(시 19:7)라는 말씀을 먼저 살펴보자. '완전'이라는 히브리 단어는 '전부 갖추어진' 혹은 '부족한 부분이 없는 상태'를 말한다. 그리고 '영혼'은 실제 내면의 사람 전체를 가리키는 표현이다. 그러므로 하나님의 말씀은 사람을 내면으로부터 완전하게 변화시키기에 충분하다. 이는 회심을 시작으로 전 인격의 성화로 이어지는 변화를 의미한다(딤후 3:15-17). 사람의 불완전함과 부족한 지혜와는(고전 1:18-31; 2:10-16) 달리, 성경은 죄인에게 예수 그리스도를 알게 하며, 성령의 능력을 통해 하나님께서 기대하시는 모습으로 사람을 변화시키는 모든 지혜를 포함한다.

시편 19편 7절은 "여호와의 증거는 확실하여 우둔한 자를 지혜롭게 하며"라고 확실하게 선언한다. 만약 하나님이 우리에게 자신을 계시하지 않으셨다면 그분에 대해서나 우리에게 요구하시는 것들에 대해 우리가 전혀 알 길이 없다. 그러므로 하나님의 말씀은 우리를 향하신 자신에 대한 '증거'다. 성경에서 하나님이 알려주신 하나님 자신에 대한 증거는 절대적으로 신뢰할 만하다. 그의 약속은 믿을 수 있기 때문에 그 명령에 순종한다. 또한 그 말씀을 실천하는 사람들은 구약에서 거룩한 삶의 기술이라고 말하는 지혜를 발견한다. 그리고 성경은 순박하고 무지하고 분별하지 못하는 사람들을 택하여 지혜로운 결정을 내리며 실제로 거룩한 삶을 사는 숙련된 사람들로 만들 수 있다.

성경은 우리가 어떻게 생각하고, 무엇을 말하고, 무엇을 행하며, 왜 그렇게 하는지를 포함하는 삶의 모든 영역을 간섭한다. 거룩한 삶을 살기 위해 우리가 알아야 하는 모든 것이 성경의 페이지들 안에 모두 포함되어 있다. 그 외의 어떤 것도 필요하지 않다.

또한 시편 기자는 "여호와의 교훈은 정직하여 마음을 기쁘게 하고"(시 19:8)라고 기록한다. 이는 성경이 우리가 그 안에서 발견되는 신성한 원칙들을 따를 수 있도록 우리 앞에 확실한 길을 펼쳐 놓았다는 의미다. 하나님은 우리가 인생의 여정에서 바른길을 찾아 성공적으로 항해할 수 있도록 그의 말씀을 주셨다. 그러므로 우리가 그 말씀대로 행할 때에 진정한 기쁨을 경험할 수 있게 된다. 아이러니하게도 하나님의 말씀을 떠나(지혜라고 믿는 다른 근원을 향해) 달아나는 사람들은 동시에 기쁨과 평화에서도 멀어진다. 많은 그리스도인이 자신의 행복을 부와 성취 혹은 명성에서 찾을 수 있다고 생각한다. 그러나 솔로몬이 어렵게 발견한 것처럼(전 2:1-26) 그런 세상의 유혹은 금방 사라져버리는 신기루와 같다. 세상은 종종 성경적 윤리가 행복에 걸림돌이 된다고 말하지만, 진리에서 멀어져 행복을 가질 수 있는 것이란 아무것도 없다. 항구적인 행복과 성취와 만족은 감각적인 쾌락을 추구하는 죄 많은 세상에서는 결코 존재하지 않는다.

시편 기자는 이어서 "여호와의 계명은 순결하여 눈을 밝게 하시도다"(시 19:8)라고 기록한다. 우리에게 순종하도록 명령하신 하나님의 말씀은 명확하고 이해 가능하다는 뜻으로 '순결'이라고 표현하였다. 물론 성경의 어떤 부분은 이해하기 어렵지만(벧후 3:15-16) 일반적으로 하나님의 말씀은 실수할 여지가 없도록 확실하다. 성경 말씀은 또한 신비스럽게 포장하거나 혼란스럽거나 당혹스럽게 만들지 않는다. 구원에 대한 메시지는 이해하기 어렵지 않고 필요한 진리들에 대해서는 의심할 여지를 남기지 않는다. 어둠과 혼돈으로 특징지어지는 세상에서 하나님의 말씀은 명쾌함을 준다. 성경을 통해 우리는 진리를 찾는 세상에서 진리를 알 수 있고, 옳고 그름의 차이를 판단할 수 없는 사회에서 그 차이를 이해할 수 있으며, 주변에 일어나는 일들에 대해 사람들이 두려워하는 상황에서도 평안할 수 있다.

가장 단순한 그리스도인도 비그리스도인 학자들이 모르는 많은 것들을 알고 있다(시 119:99). 우리는 세상이 어떻게 탄생했는지를 안다. 우리는 인류가 어디서 시작되었는지, 우리에게 주어진 인생의 목적이 무엇인지 알고 있다. 우리는 죄인 된 남자와 여자가 어떻게 창조주와 바른 관계를 회복할 수 있는지도 알고 있다. 우리는 지구가 궁극적으로 어떤 결말을 맞을지 알고 있다. 그리고 우리가 죽은 뒤에 우리에게 어떤 일이 일어날지를 알고 있다. 배우자나 자녀를 앗아가는 사고나, 국가적인 혹은 개인적인 환란이나, 경제적인 혹은 자연재해와 같은 인생의 어두운 일들이 왜 일어나는지 그 이유를 명확하게 밝히기 위해 우리는 어디로 가야 할까? 혼돈의 구름 속에 갇힌 세상을 위해 하나님의 말씀은 온전한 정신(sanity)과 명료함(clarity)과 소망(hope)을 제공한다.

시편 19편 9절에 계속해서 "여호와를 경외하는 도는 정결하여 영원까지 이르고"라고 말씀한다. 성경은 하나님에 대한 놀라운 위엄을 전달하여 우리 안에 경외심(혹은 두려움)을 일으키고 우리의 창조주께 예배하도록 이끈다. 그러므로 성경은 우리에게 진짜 하나님을 예배하는 바른길을 알려 준다. 하나님을 증명하는 성경과 하나님의 기대는 악에 의해 오염되거나 더러운 불순물이 끼어들 수 없다. 성경 말씀은 하나님을 향한 거룩한 존경을 만들어내는 순결한 언어들이다(시 12:6 참조). 그리고 그것들은 영원히 존재하며 어떤 시대나 어느 장소에서도 항상 신뢰할 수 있다. 게다가 말씀이 명령하신 예배를 통해 하나님의 사람들은 단지 이 세상에서 살아가는 인생으로서가 아니라 영원한 세계를 위해 사는 자들로 구별된다.

비평가들과 회의론자들(때때로 그리스도인이라고 고백하는 사람들도)은 성경이 정교하지 못하기 때문에 현시대에 적절하지 않다고 주장한다. 그러나 그들의 주장은 단지 자신들의 무지함을 드러내는 것에 지나지 않다. 성경은 절대적으로 순결하고 결점이 없으며 실수가 없다. 그러므로 업데이트를 하거나 수정할 필요가 없다. 나는 대학에서 철학을 배운 적이 있다. 내가 배운 거의 모든 철학은 이미 오래전에 쇠퇴했다. 나는 또한 심리학도 배웠다. 그때 내가 읽었던 거의 모든 정신요법은 이제 쓸모없어졌고 새로운 이론이나 기술로 대치되고 말았다. 그러나 한 가지 절대로 변하지 않는 것이 있는데, 바로 영원한 하나님의 말씀이다. 그것은 시대를 넘어서 우리의 모든 삶에 적절히 적용된다.

성경의 충족성에 대해서 마지막으로 그리고 가장 명확하게 지적하는 시편 19장 9절은 "여호와의 법도 진실하여 다 의로우니"라고 말씀한다. 온 세상의 재판관이신 하나님은 그의 법령과 기준을 성경에 밝히 드러내셨다. 그러므로 성경은 타협이나 변명이 필요 없는 진리를 선포한다. 따라서 그리스도인들은 진리를 자신들의 기호에 따라 변경하려는 포스트모던의 속임수에 말려들 필요가 없다. 하나님의 말씀은 진리다(요 17:17). 그것은 영원한 진리이므로 성경의 저자이신 하나님 또한 영원한 진리다. 성경은 '다 의로우니'라고 표현한다. 왜냐하면 말씀은 그것을 기록한 분을 반영하기 때문이다. 성경은 모든 것을 포함하며 오류가 없을 뿐 아니라 진리의 근원으로 충분하다. 어떤 것도 더하거나 제거해야 할 필요가 없다(신 4:2; 계 22:18-19). 말씀의 모든 것이 완전하며 그 능력을 받아 사람들이 변화되고 또 완성된다(딤후 3:16-17).

오래전에 북 캘리포니아 산을 오르다 계곡에서 한 젊은이를 만난 적이 있다. 그 젊은이는 뒤집힌 냉장고에 살았는데, 마약에 취한 상태였다. 주변을 산책하다가 그에게 내 소개를 해도 되겠느냐고 물었다. 우리는 잠시 대화를 나눴다. 그러던 중 나는 그가 보스턴 대학 졸업생임을 알게 되었다. 그가 "나는 도피했어요."라고 말했다. 나는 "그래서 답을 찾았나요?"라고 질문했다. 그는 "아니요. 하지만 적어도 내가 질문할 필요가 없는 상황에서 살게 되었어요."라고 대답했다. 얼마나 절망적인 말인가! 진리를 소유하지 못한 사람의 절망과 낙담이 바로 이런 것이다.

말씀은 어떤 사람들을 "항상 배우나 마침내 진리의 지식에 이를 수 없다."(디모데후서 3:7)라고 서술한다. 진리의 지식은 이성적 진리나 혹은 이 세상의 지혜를 가리키는 것이 아니다. 그것은 생명의 진리, 죽음, 하나님, 인간, 죄, 옳고 그름, 천국, 지옥, 소망, 기쁨, 평화를 의미한다. 사람들은 이와 같은 진리를 스스로 찾을 수 없다. 그래서 하나님이 우리에게 그의 말씀을 주셨다.

참된 거룩함과 정의를 실제 삶에 적용하려면

시편 19편의 몇 구절은 하나님 말씀이 우리의 믿음과 실천에서 가장 우선적인 표준이 되어야 한다는 사실을 훌륭하게 보여준다. 그 말씀은 진정한 기독교 윤리의 기초와 기준에 대해 말한다. 계시된 하나님의 지식으로 이루어진 성경은 생명 있고 거룩한 인생을 사는데 우리가 알아야 할 모든 것이다(벧후 1:3). 우리는 창조주와 심판자 되시는 하나님으로부터 받은 해답이 있다. 그런데도 어떻게 살아야 하는가에 대한 답을 다른 곳에서 찾아 헤매는 이유가 무엇인가?

우리가 성경을 집어 드는 것은 진리를 집어 드는 것과 같다. 예수님은 "너희가 내 말에 거하면 참으로 내 제자가 되고 진리를 알지니 진리가 너희를 자유롭게 하리라"(요 8:31-32)고 말씀하셨다. 인간은 진리를 발견할 때까지 탐구하고 고심하고 고투하며 찾아다닌다. 그런 후에야 비로소 자유를 얻는다. 성경은 하나님, 창조, 생명, 죽음, 남자와 여자, 어린이, 남편, 아내, 아버지, 어머니, 친구, 원수 등에 대한 최종적인 진리를 알 수 있는 근원이다. 성경은 우리가 어떻게 살아야 하며 어떻게 해야 충만하게 살 수 있는지를 안내한다.

성경과 상관없거나 성경에 기초를 두지 않은 윤리는 기독교 윤리라고 불릴 자격이 없다. 도덕적 질문들에 대한 우리의 반응은 정치나 경제, 개인의 기호나 대중의 여론 및 인간의 추론으로 결정되지 않는다. 반면에 진정한 기독교 윤리는 하나님이 우리 자신과 이 세상에 대해 말씀하신 진리에 기반을 둔다.

우리 개인을 위한 우리 자신의 기독교 윤리는 예수 그리스도를 사랑하는 마음(요 14:15 참조)에서 자라나는 순종으로 시작된다. 우리를 향한 하나님의 기대는 그의 말씀 안에 명확하게 설명되어 있다. 그러므로 만약 참된 거룩함과 정의를 실제 삶에 적용하려면 우리는 반드시 말씀을 알고 순종해야 한다. 하나님의 말씀은 완전하고 확실하며 바르고 순결하고 정결하며 진실하다.

하나님께서 우리의 권위가 되시기 때문에 성경은 우리의 권위며 그의 말씀은 영원히 존속한다. 성경을 회피하거나 무시하는 것은 윤리적 재난을 가져올 뿐 아니라 성경의 저자를 경멸하는 것이다.

우리가 하나님 말씀에 따라 살고 생각함으로써 하나님을 영화롭게 하소서!

01	엔터테인먼트와 그리스도인의 자유 시간에 대하여
02	인터넷에서 이루어지는 익명의 만남에 대하여
03	가상현실과 실제 세계를 다루는 성경적 입장
04	자신과 가족을 위해 미디어를 선택하는 지혜
05	스타가 되려는 욕망과 유명인 숭배에 대하여

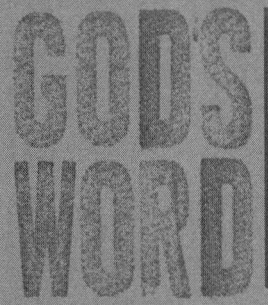

1부 | 엔터테인먼트와 여가 생활

01

엔터테인먼트와 그리스도인의 자유 시간에 대하여[1]
그리스도인은 엔터테인먼트를 어떻게 즐겨야 하는가?

존 맥아더 (John MacArthur)
그레이스 커뮤니티 교회의 설교목사다. 유명한 작가요,
설교가인 그는 마스터스 신학 대학의 총장으로 섬기고 있다.
'그레이스 투유(Grace to You)'라는 라디오 프로그램도 진행하고 있다.

목사로서의 내 책임은 성경 구절이나 교리를 뚜렷하게 밝혀서 하나님의 말씀이 사람들의 삶에 어떤 의미가 있는지 알려주는 것이다. 사람들을 말씀으로 인도하는 특별한 은혜를 누리며 나는 지금까지 수많은 사람을 만나보았다. 지금까지 만난 사람 중에 내게 도둑질이나 거짓말, 살인, 간음, 남을 속이거나, 다른 사람의 물건을 탐내는 것이 나쁜 일인지 아닌지를 묻는 경우는 한 번도 없었다. 또 그리스도인이 성경을 읽어야 하는지, 예배하고 기도해야 하는지, 다른 사람을 사랑해야 하는지, 예수 그리스도가 구원자이심을 다른 사람들에게 꼭 전해야만 하는지 질문을 받아 본 적이 없다. 왜냐하면 하나님의 말씀은 그런 주제들에 대해 틀림없고 명확한 답을 보여주기 때문이다.

그러나 성경에 구체적으로 언급되지 않은 이슈들이나 행동들, 100% 옳지도 100% 잘못되지도 않은 애매한 문제들에 대해서는 자주 질문을 받는다. 이런 문제에 해당하는 주제들을 '회색지대'라고 부른다. 이들은 '흑과 백' 그 어디에도 속하지 않으며 그리스도인들이 자기 나름대로 자유롭게 선택할 수 있다. 예를 들어 우리 삶에서 어떤 엔터테인먼트가 허용되는지, 어떤 종류의 음악까지 받아들일 수 있는지, 어느 정도까지 노출이 가능한 옷을 입을 수 있는지, 어디는 가고 어디는 가지 말아야 하는지, 어떻게 자유 시간을 사용할 수 있는지 등의 질문들이 이에 속한다. 그렇다면 성경은 이런 주제에 대해 어떻게 말할까?

당신은 "이런 주제들은 성경이 다루고 있지 않아. 그러니까 우리가 원하는 대로 하면 돼! 우리는 그리스도 안에서 자유를 누릴 수 있어!"라고 말할지도 모른다. 사실 성경은 우리가 살면서 만날 수 있는 모든 상황에 대해 어떤 결정을 내려야 하는지 구체적으로 답하지 않는다. 하지만 성경은 그리스도인으로서 각자의 자유를 통제하는 일반적인 원리와 범위를 설명하고, 우리가 회색지대에 속하는 문제들을 만났을 때 현명한 선택을 내릴 수 있도록 잘 안내한다. 하나의 예로 고린도전서에서 바울 사도는 그리스도인의 자유에 대해 상세하게 설명하는데, 나는 여기에서 우리가 행동을 선택할 때 적용할 수 있는 7가지 성경적 원리들을 발견할 수 있었다. 이 원리들을 잘 사용한다면 좀 더 정확한 결정을 내리고 진정한 자유를 누리며 하나님께 영광 드리는 삶을 살 수 있다고 확신한다.

하나님의 영광에 이르는 삶의 원리

1. 교화의 원리 이 행동은 영적인 유익을 가져올 수 있는가? 바울은 고린도전서 10장 23절에서 "모든 것이 가하나 모든 것이 유익한 것은 아니요 모든 것이 가하나 모든 것이 덕을 세우는 것은 아니니"라고 말한다. 고린도 교회의 성도 중에는 다른 사람들이나 심지어 자신의 영적인 유익조차 전혀 고려하지 않고 마음 내키는 대로 기독교인으로서 주어진 자유를 행사하는 사람들이 있었다. 바울은 이런 사람들의 영적으로 유익하지 않은 행동들은 전혀 가치가 없다는 것을 상기시키면서 그들의 잘못된 사고를 수정해 주었다. 말 그대로 '**유익한 것**'이란 '쓸모 있고 유용하며 유리한 것'이라는 뜻이고, '**덕을 세우는 것**', 즉 교화는 '영적으로 성장하게 하는 것'이라는 의미를 지닌다. 믿는 사람들은 바울의 가르침대로 자신에게 다음과 같은 질문을 지속적으로 던져야 한다. 이 행동은 나와 다른 사람들의 영적인 삶을 증진할 수 있는가? 이 선택은 나와 다른 사람들의 '거룩함'에 도움이 되는가? 그리고 이 행위는 진정 우리를 영적으로 성숙하게 하는 것인가? 만약 그 대답이 '예'가 아니라면 내 선택은 현명하지 않다.

다른 사람들을 믿음으로 성장시킬 방법은 여러 가지가 있다. "오직 우리 주 곧 구주 예수 그리스도의 은혜와 그를 아는 지식에서 자라 가라"(벧후 3:18)라는 명령도 실천 가능하다. 그러나 가장 기초적인 수준의 교화는 말씀을 묵상하고 그 가르침을 경청하는 것에서 시작된다(행 20:32; 골 3:16; 딤후 3:16-17 참조). 그리고 주위의 믿는 사람들과 교제하면서 그들에게 진정한 사랑을 나타내 보이며(고전 8:1; 히 10:24 참조), 순종하는 마음으로 교회를 섬기는(엡 4:12) 것으로 이루어진다. 따라서 인생에서 회색지대에 해당하는 문제를 만날 때, 지금 내리려는 이 결정이 우리 자신과 주위의 사람들에게 영적으로 얼마나 유익한지를 먼저 질문하는 것이 반드시 필요하다.

2. 종속의 원리   이 행동은 우리를 죄의 노예가 되게 하는가? 고린도전서 전반부에서 바울은 이미 그의 독자들에게 "모든 것이 내게 가하나 다 유익한 것이 아니요 모든 것이 내게 가하나 내가 무엇에든지 얽매이지 아니하리라"(고전 6:12)라고 말했다. 사도 바울은 오직 자신이 영적으로 유익한 일들만 하고 싶어 한다는 사실을 잘 알고 있었다. 그렇게 하기 위해서는 결과적으로 죄의 노예로 전락할 수 있는 어떠한 행동도 용납하지 않아야 한다. 그리고 영적인 유익을 주지 않는 그 어떠한 선택의 유혹에서도 과감히 벗어나야 한다. 바울은 자신의 유일한 주인은 예수 그리스도임을 믿었고 그래서 사람이나 다른 그 어떤 것에도 지배당하는 것을 허락하지 않았다.

고린도전서 6장 바로 앞부분에서 바울은 일반적인 죄들과는 달리 죄에 굴종하게 하는 성적인 죄를 다루었다. 하지만 이 종속의 원리는 음란한 죄에만 해당하는 것은 아니다. 삶을 지배하고 성령을 소멸하는 모든 습관과 행위에도 똑같이 적용된다고 볼 수 있다. 예를 들어, 에베소서 5장 18절에서 바울은 알코올 중독을 언급하면서 "술 취하지 말라……오직 성령으로 충만함을 받으라"라고 명령한다. 이 구절은 음란과는 상황이 다르지만 내포된 의도는 비슷하다. 자기 자신을 죄나 적어도 자신을 조금이라도 파멸할 가능성이 있는 어떠한 것에도 종속되거나 중독되는 것을 허락해서는 안 된다는 말씀이다. 만약 당신이 생각하는 행동이 나쁜 습관을 형성할 수 있는 것이라면 왜 행하려고 하는가? 바울처럼 사람이나 그 무엇에도 종노릇하는 것을 허락하지 말라. 왜냐하면 당신은 오직 한 분, 우리 주 예수 그리스도에게만 속한 사람이기 때문이다.

3. 노출의 원리 이 행동은 내 몸과 마음을 타락시키지 않는가? 바울은 고린도 교인들에게 성적인 타락에 대해 구체적으로 언급하면서 그들을 더럽힐 수 있는 모든 것으로부터 피하라고 명령하였다. "너희 몸은 너희가 하나님께로부터 받은 바 너희 가운데 계신 성령의 전인 줄을 알지 못하느냐 너희는 너희 자신의 것이 아니라 값으로 산 것이 되었으니 그런즉 너희 몸으로 하나님께 영광을 돌리라"(고전 6:19-20). 또한 바울은 에베소 교인들에게 악으로 특징지어지는 음란한 행위를 책망하고 피하라고 명령하면서 "그들이 은밀히 행하는 것들은 말하기도 부끄러운 것들이라"(엡 5:12)고 하였다. 그러므로 믿는 자들은 이런 가치 없는 행동에서 벗어나 진실하고 고결하게, 바르고 순결하게, 훌륭하고 칭찬받을 만하며 좋은 평판을 얻을 수 있는 일에 더 집중하여야 한다(빌 4:8).

지금 내리려는 결정이 타락한 세상에서 나를 죄에, 특히 음란하고 방탕한 것에 빠뜨리는 것은 아닌지 자문해 보라. 만약 그렇다면 그것들로부터 과감하게 멀어져야 한다. 로마서 12장 1-2절에서 바울은 "그러므로 형제들아 내가 하나님의 모든 자비하심으로 너희를 권하노니 너희 몸을 하나님이 기뻐하시는 거룩한 산 제물로 드리라 이는 너희가 드릴 영적 예배니라 너희는 이 세대를 본받지 말고 오직 마음을 새롭게 함으로 변화를 받아 하나님의 선하시고 기뻐하시고 온전하신 뜻이 무엇인지 분별하도록 하라"(롬 12:1-2)라고 기록했다. 내 몸을 어떻게 쓸지, 그리고 내 마음에 무엇을 담을지에 대한 선택은 내 결단이다. 하지만 결정의 순간에 항상 예수 그리스도의 영광을 먼저 고려하고 우선순위에 두는 것이 우리 그리스도인의 책임임을 잊지 말아야 한다(롬 6:12-13 참조). 그러기에 내 몸을 더럽히거나 마음을 오염시키는 것은 무엇이든지 반드시 피해야 한다.

4. 존중의 원리 이 행동은 다른 사람에게 유익을 주는가 아니면 시험에 빠뜨리는가? 초대교회에서 우상에게 바친 음식을 먹는 문제에 대해 논란이 있었다. 회색지대에 속하는 이 문제에 대해 바울은 "음식은 우리를 하나님 앞에 내세우지 못하나니 우리가 먹지 않는다고 해서 더 못사는 것도 아니고 먹는다고 해서 더 잘사는 것도 아니니라 그런즉 너희의 자유가 믿음이 약한 자들에게 걸려 넘어지게 하는 것이 되지 않도록 조심하라"(고전 8:8-9)라고 말했다. 그리스도인에게 주어진 자유를 행사할 때, 우리는 믿음이 약한 사람들이 상처받지 않도록 각별히 조심해야 한다. 나 자신보다 그들을 더 소중하게 여기며 우리의 자유보다 그들의 영적인 관심을 더 우선시할 때, 비로소 우리는 그리스도의 본을 따르는 것이다(빌 2:1-5).

이것이 사랑의 원리다. 로마서 13장 10절은 "사랑은 이웃에게 악을 행하지 아니하나니 그러므로 사랑은 율법의 완성이니라"라고 말씀한다. 만약 당신의 행동이 성경이 말하는 죄의 범위에 속하지도 않고 말씀에도 어긋나지 않으며 하나님도 허락하실 것 같은 행동이라 가정하자. 그러나 다른 그리스도인을 시험에 들게 하거나 죄에 빠지게 할 가능성이 조금이라도 있다면, 형제나 자매를 위해 사랑하는 마음으로 자신의 자유를 제한해야 한다. 이것은 자신의 유익만을 최고 가치로 여기는 자아도취에 빠진 사회가 받아들일 수 있을 만큼 매력적인 일은 아니다. 하지만 분명히 성경적이다. 사실 동료 그리스도인의 마음을 상하게 하는 것은 궁극적으로 주님께 죄를 짓는 것이다. 바울은 "이같이 너희가 형제에게 죄를 지어 그 약한 양심을 상하게 하는 것이 곧 그리스도에게 죄를 짓는 것이니라 그러므로 만일 음식이 내 형제를 실족하게 한다면 나는 영원히 고기를 먹지 아니하여 내 형제를 실족하지 않게 하리라"(고전 8:12-13)라고 말한다.

5. 복음전파의 원리 이 행동은 복음을 전하는 데 도움이 되는가? 그리스도인은 복음서에 기록된 대사명(마 28:18-20)을 삶으로 실천하려고 노력해야 한다. 그러므로 그리스도인은 언제나 자신의 행동을 주시하는 이 세상에 어떻게 긍정적인 영향을 끼칠까를 고려해야 한다. 자신의 전도사역에 대해 이야기하면서 바울은 "유대인에게나 헬라인에게나 하나님의 교회에나 거치는 자가 되지 말고 나와 같이 모든 일에 모든 사람을 기쁘게 하여 자신의 유익을 구하지 아니하고 많은 사람의 유익을 구하여 그들로 구원을 받게 하라"(고전 10:32-33)라고 기록했다. 바울에게는 자신의 자유를 행사하는 것보다 죄인들이 그리스도를 받아들이는 것이 훨씬 더 중요했고, 그러하기에 그는 복음을 위해 기꺼이 자신의 자유를 희생할 수 있었다(고전 9:19-23).

당신이 인식하든 그렇지 않든, 당신의 생활에서 스스로 허용하거나 거부하는 모든 행위는 그리스도를 증명하는 당신의 삶에 영향을 끼친다. 이것은 친구나 친척, 동료나 이웃 혹은 심지어 당신을 주목하는 낯선 사람에게조차 당신의 삶을 통해 하나님을 어떻게 증명하는지(testimony) 보여주는 실례가 된다. 그리스도인인 당신의 행동을 보고 다른 사람들은 하나님이 진리이거나 아니면 거짓, 둘 중의 하나라고 판단할 수 있다. 이처럼 회색지대에서 내리는 당신의 결정은 하나님께 부정적인 평판을 가져올 수 있고, 반대로 사람들에게 하나님의 존재를 새로이 바라보고 찬양할 기회를 줄 수도 있다. 그러므로 우리는 선택의 기로에서 우리의 결단과 행동이 어떠한 결과를 가져올 수 있을지 늘 고려해야 한다.

6. 윤리적 원리 이 행동은 내 양심에 위배되는가? 바울은 고린도전서 8-10장에서 우상에게 바쳐진 음식에 관하여 말씀하였다. 그는 로마서 14장에서도 이와 비슷한 주제를 다루면서 로마 교인들에게 또 다른 교훈을 준다. 여기서 그가 한 가지 분명하게 밝히는 점은 아무리 그리스도인들이 자유롭게 생각한다 할지라도 자신의 양심과 행위에 의심을 일으킬 만한 문제가 조금이라도 있다면 주의해야 한다는 것이다. "의심하고 먹는 자는 정죄되었나니 이는 믿음을 따라 하지 아니하였기 때문이라 믿음을 따라 하지 아니하는 것은 다 죄니라"(롬 14:23). 바울은 만일 우리가 믿음의 확신과 선한 양심에 반하는 행동을 하였다면 그것은 분명히 죄를 짓는 것임을 상기시킨다.

우리는 고린도전서 10장 25-29절에서 '양심을 위하여' 삼가야 할 행동에 관하여 참조할 수 있는 세 가지 기준을 발견할 수 있다. 첫째, 자신의 양심을 거스르는 행동이 결코 습관으로 굳어지지 않도록 주의하라. 둘째, 어떤 일을 하려고 생각할 때 양심에 불편함이 있으면 절대 하지 말라. 마지막으로, 확신이 서지 않는 상황에서는 어떠한 행동도 시작하지 말라. 깨끗한 양심의 가치에 대해서는 아무리 강조해도 지나치지 않다. 또한 하나님과의 관계에 방해되지 않기 위해서 청결한 양심을 유지하도록 하는 노력은 우리의 삶에 아주 중요한 원칙임을 알려주는 말씀이라고 할 수 있다(시 66:18 참조). 만약 당신이 정기적으로 기도하며 하나님의 말씀을 묵상한다면 당신의 양심은 옳은 것을 배우고 판단할 힘을 가진다. 그러면 당신은 "빛의 자녀들처럼 행하라……주를 기쁘시게 할 것이 무엇인가 시험하여 보라"(엡 5:8, 10)는 말씀대로 행하는 사람이 된다.

7. 찬양의 원리 이 행동은 하나님께 영광 돌리는 일인가? 7원리는 앞에서 언급한 6가지 원리의 요약이며 궁극적 목표다. "그런즉 너희가 먹든지 마시든지 무엇을 하든지 다 하나님의 영광을 위하여 하라"(고전 10:31). 우리는 하나님께 영광 돌리고 그분을 영원히 예배하도록 창조되었다. 하나님의 은혜로 변화를 받고 그분의 나라로 옮겨진 사람들에게 하나님을 기쁘시게 하는 것은 지상 최고의 목표며 삶의 가장 큰 이유라 할 수 있다(고후 5:9).

우리의 심장은 우리의 주님이시요 구원자이신 하나님을 삶으로 찬양하기 원한다고 소리친다. 그러므로 당신은 회색지대를 만났을 때 하나님께서 과연 우리의 선택으로 말미암아 영광과 찬양을 받으실 수 있을지 생각해야만 한다. 하나님의 말씀에서 발견되는 원리들과 일치하는 선택을 내릴 때 우리는 진실로 그분을 예배한다고 말할 수 있다. 반면에 우리가 어리석은 죄를 짓는 선택을 내리면 우리의 행동은 하나님을 욕되게 한다. 그러므로 하나님께 영광 돌리는 일이면 행하고 그렇지 않거나 조금이라도 의심이 가는 일이면 다른 선택을 하여야 옳다.

엔터테인먼트 세상을 살아가는 4가지 원리

우리가 지금까지 살펴본 7가지 원리들은 엔터테인먼트와 오락 그리고 레저와 관련된 모든 것을 포함하는 회색지대에도 적용할 수 있다. 이러한 엔터테인먼트들을 통해 우리가 어떤 기쁨을 얻을 수 있을지 생각해 보면서 우리의 선택에 도움이 될 만한 추가적인 원리들을 살펴보도록 하자. 나는 할리우드에서 16km 정도 떨어진 교회에서 40년을 목회하고 있다. 그러므로 엔터테인먼트 미디어가 어떻게 우리 문화를 잠식하는지 잘 알고 있다. 나는 평생 세상의 문화가 스포츠나 독서 같은 여가활동을 포함한 활동적이고 지성적인 놀이에서 텔레비전, 영화, 비디오 게임, 인터넷 같은 수동적이고 기운을 떨어뜨리는 유흥들로 방향이 바뀌는 것을 주목해 왔다. 그리고 과학기술의 발전이 우리 사회의 여러 요소를 개선하긴 했지만, 반면에 강력하고 새로운 수많은 유혹을 창출해 내는 것도 목격한다. 근본적으로 죄는 여전히 죄다(요 2:16 참조). 그런데 예전에는 결코 알 수도 접근할 수도 없었던 새로운 형태의 죄들이 지금은 너무 쉽게 그리고 빈번히 행해지는 것을 본다.

경제적 혹은 과학적인 측면에서 볼 때 엔터테인먼트의 세상은 엄청난 범위의 사업이라고 말할 수 있다. 한 예로 오늘날 흥행에 성공한 영화나 유행하는 비디오 게임들은 천문학적인 돈을 벌어들이고, 텔레비전 방송국이나 라디오 프로그램들은 수천만 명의 시청자들과 청취자들에게 수없이 다양한 프로그램을 내보낸다. 음악을 파는 가게들은 수천만 종류의 노래들을 고객들에게 판매한다. 온라인을 통해 미디어를 구매할 수 있게 만든 프로그램은 이보다 훨씬 많은 사람에게 판매할 수 있다. 이런 다양한 미디어 접근은 인터넷 덕분에 이전보다 훨씬 더 수월해지고 빨라졌다. 상업적 호기심으로 문을 연 인터넷 시장이 시작된 지 20년 만에 세계적으로 사용자가 15억만 명에 이른 것을 보면 그 변화를 쉽게 이해할 수 있다.

이런 과학기술들은 그 자체가 본질적으로 악한 것은 아니다. 사실 이런 기술들은 하나님의 진리를 전파하고 정의를 장려하는 데에 유용하게 사용될 수도 있다. 그러나 우리는 죄로 심하게 타락한 이 세상에서 초자연적인 힘을 가진 적들의 영향 아래 살고 있는 현실이다. 그러므로 모든 엔터테인먼트가 영적으로 중립적이고 안전하다고 순진하게 단정하며 행동할 수는 없다. 세상이 제공하는 많은 것들에 우리의 마음이 잠식될 수는 있겠지만 그리스도인으로서 우리는 영적으로 흠이 없도록 노력해야 한다.

그렇다면 엔터테인먼트가 지배하는 문화 속에서 어떻게 그리스도인으로서 합당한 삶을 살아갈 수 있을까? 예수 그리스도를 인생의 주로 고백하는 사람들은 삶의 모든 영역에서 그분의 권위에 순종하도록 부름 받았다. 다양한 엔터테인먼트를 포함하여 우리가 내리는 모든 선택은 하나님의 권위 앞에 드려져야 한다. 앞서 살펴본 7가지 원리와 더불어 4가지 원리를 추가하여 살펴보려 한다. 이 4가지 원리들은 그리스도를 사랑하고, 엔터테인먼트 선택을 포함한 인생의 모든 영역에서 하나님께 영광 돌리기 원하는 순수한 믿음을 가진 그리스도인들을 대상으로 쓴 것이다.

1. 그리스도의 주재권은 신실한 청지기적 책임을 요구한다

하나님은 우리 각자에게 시간, 돈, 은사, 힘과 같은 제한된 자원을 주셨다. 그리고 그 각각에 대해 신실한 청지기적인 삶을 요구하셨다(엡 5:15; 잠 13:11; 전 11:9; 마 25:14-34; 막 12:30 참조). 예수님은 '재물'에 대해서 말씀하시면서 "네 보물이 있는 그 곳에는 네 마음도 있느니라"(마 6:21)라고 하셨는데, 우리에게 주어진 자원들을 어디에 어떻게 사용할 것인가의 선택은 우리 삶의 우선순위가 어디에 있는지를 보여주는 실제적인 예가 될 수 있다. 따라서 진정한 그리스도인이라면 자신이 가진 자원을 자기만을 위한 여가나 오락을 위해서가 아니라 그리스도를 위한 복음 사역을 위해 어떻게 사용할 수 있을까 고민해야 한다.

최근 연구에서 미국사람들은 하루 평균 4시간 이상 텔레비전을 시청한다고 한다. 이는 인생을 70년으로 환산했을 때 거의 12년에 해당하는 시간이다. 어떤 프로그램들은 교육적이고 또 기분전환이 될 수도 있을 것이다. 그러나 이런 통계를 보면서 예수님은 인생의 1/6 이상의 시간을 바보상자를 쳐다보며 낭비하는 사람들에게 과연 무엇이라고 말씀하실까 궁금해진다(롬 14:10-12). (놀랍게도 텔레비전 시청은 사람들이 즐겁게 시간을 낭비하는 수많은 방법의 하나일 뿐이다. 오늘날에는 사람들이 인터넷에도 거의 비슷한 시간을 소비한다고 한다.)

텔레비전을 시청하고 영화를 보고 비디오 게임을 즐기며 보낸 시간과 영적인 성장을 추구하는 데 투자한 시간을 비교할 때 어느 것이 상대적으로 더 많은 유익을 주었는지 자신에게 물어보라. 당신은 얼마나 많은 돈을 순간의 유흥을 위해 사용하였는가? 그리고 그것은 당신의 영원을 위한 투자와 어떤 관련이 있는가? 내 욕심이나 내가 계획한 목표를 이루기 위해 노력한 열정과 하나님 나라를 위해 수고하며 일한 섬김 중 과연 어느 편에 내 돈과 시간과 에너지를 더 투자해 왔는가? 이것들은 모든 믿는 자들이 생각해야 할 핵심적인 질문이라 볼 수 있다. 왜냐하면 왕의 일을 맡은 청지기로서(마 25:14-30) 우리는 자신의 유흥보다 더 값진 것을 위해 부름 받았다는 것을 늘 기억해야 하기 때문이다.

2. 그리스도의 주재권은 불순하고 세속적인 것을 고발한다

이 문제에 대해 정말 좋은 말씀이 에베소서 5장 3-4절에 기록되어 있다. "음행과 온갖 더러운 것과 탐욕은 너희 중에서 그 이름조차도 부르지 말라 이는 성도에게 마땅한 바니라 누추함과 어리석은 말이나 희롱의 말이 마땅치 아니하니 오히려 감사하는 말을 하라." 이 두 구절만으로도 그리스도인으로서 우리가 엔터테인먼트가 전달하는 성적 타락과 부도덕, 음란한 농담, 어리석은 말과 감사하는 태도를 약화시키거나 탐욕을 부채질하는 모든 것들을 어떻게 다루어야 하는지 알 수 있다. 사실상 위의 말씀에 언급된 이런 나쁜 목록들은 현재 온 세계에서 행해지는 미디어의 잘못을 보여 주는 명백한 예들이라고도 볼 수 있다.

예를 들면, 영화는 일반적으로 언어, 폭력, 성적 요소 및 주제에 따라 등급을 매긴다. 많은 영화가 비기독교적(non-Christian)으로 보이는데, 사실은 반기독교적(anti-Christian)이다. 그렇다고 그런 영화가 공개적으로 기독교 신앙을 공격한다는 뜻은 아니다. 하지만 많은 영화가 더러운 언어와 음란한 유머를 사용하고(골 3:8; 딛 2:6-8), 평화보다 폭력을 찬양하고(딛 1:7; 요일 4:7-8), 거룩함보다 정욕과 부도덕을 더 매력적으로 포장해서 표현하고(살전 4:3-5; 벧전 1:16), 감사보다 불만과 욕망의 감정을 가르친다(엡 5:20; 딤전 6:6). 그렇게 성경과는 정반대의 반기독교적인 세계관을 조장한다(고후 10:5). 그렇다면 그리스도인들은 영화를 절대로 보지 말아야 할까? 그럴 필요는 없다. 그러나 우리 마음에 어떤 것을 담을지는 정확히 분별할 수 있어야 한다. 우리는 마음을 새롭게 하도록 부름 받았다(롬 12:2; 엡 4:23; 골 3:16). 그러므로 만약 마음을 세상의 오물들로 계속 채우고 있다면 자신에게 영적으로 엄청나게 몹쓸 짓을 하고 있음을 깨달아야 한다.

3. 그리스도의 주재권은 바른 우선순위를 결정한다

미디어에 이끌려 다니는 우리의 문화는 행복추구에 대해 새로운 정의를 내린다. 사랑스러운 가족, 하얀 울타리가 둘린 예쁜 집으로 상징되었던 아메리칸 드림은 이제 순간의 명성, 끝없는 부, 책임 없는 사랑, 꿈의 실현을 보장하는 백지수표 등으로 목표가 바뀌어버렸다. 이에 영향을 받은 사람들은 자신들이 꿈꾸는 행복의 기준을 새롭게 만들고 있다. 이런 현상들은 리얼리티 텔레비전과 인터넷의 발달로 발생했기 때문에 그 결과에 대한 책임을 피할 수는 없을 것이다. 그러나 궁극적인 문제는 인간의 마음에 존재한다.

우리는 만족, 성취, 기쁨을 추구하기 위해 창조되었고 그런 열망들은 본질적으로 악하지 않다. 하지만 타락한 세상은 그런 열정을 돈, 로맨스, 명성, 그 밖의 세속적 쾌락들로 대체해 놓았다. 그러나 우리 그리스도인들은 궁극적인 기쁨을 하나님 안에서 발견하도록 창조되었다. 그러므로 우리에게 세상은 결코 지속적인 만족을 가져다줄 수 없다. 솔로몬 왕은 이 교훈을 어렵게 체득하였다. 세상이 줄 수 있는 모든 것들을 경험한 후 솔로몬은 마침내 모든 것이 헛되고 헛되며 하나님 없이는 누구도 진정한 기쁨을 소유할 수 없다는 결론에 이르렀다(전 2:25-26; 11:9; 12:13-14).

그리스도인들은 그들의 행복, 로맨스, 검소, 남자다움, 정의, 성공, 성취 등에 대한 개념을 세울 때 엔터테인먼트가 중요한 역할을 하도록 허용해서는 안 된다. 다시 말해, 할리우드가 아니라 말씀과 성령이 우리의 세계관을 형성해야 한다. 그러나 슬프게도 오늘날 많은 그리스도인은 설교 말씀보다 자신들이 관람하는 영화에 더 많은 영향을 받고, 그리스도를 닮는 것보다 비디오 게임이나 텔레비전의 스포츠 이벤트에 더 뜨거운 열정을 드러낸다. 또한 그리스도의 풍요로운 말씀에 거하는 대신 자신들의 마음을 라디오 프로그램의 지저분한 잡담들로 가득 채운다. 영화나 텔레비전 속의 배우들이 행복을 보장하는 듯이 보이지만, 사실은 죄를 쫓아가는 내용을 연기할 뿐이다. 사람들은 그런 배우들을 보면서 대리만족으로 세상의 쾌락을 탐닉한다고 해도 과언이 아니다. 알고 보면 그 배우들도 다른 모든 사람과 같이 불행하기는 마찬가지고, 결국 정신을 차리고 보면 슈퍼마켓에서 판매되는 타블로이드 신문이나 잡지사만 도와주는 셈이다.

우리의 우선순위와 열정과 계획과 목표를 향한 추구는 예수 그리스도를 향한 사랑에 뿌리를 두어야 한다. 오직 그분 안에서만 진정한 만족을 발견할 수 있고(마 11:28; 요 7:37 참조) 그분을 섬김으로만 우리의 영원한 보화를 하늘에 쌓을 수 있다(마 6:20). 그분께 기쁨을 드리고 영광을 돌릴 때 우리는 삶의 가장 위대한 목적을 성취하는 것이다(고후 5:9 참조). 따라서 그리스도인으로서 우리는 예수님만이 우리의 감정과 포부와 소망의 목적이 되어야 한다(롬 14:7-8; 갈 2:20; 빌

1:20-21 참조). 히브리서 저자가 권면하듯이, 주님만을 바라보며 인생의 경주를 해야 한다. "이러므로 우리에게 구름 같이 둘러싼 허다한 증인들이 있으니 모든 무거운 것과 얽매이기 쉬운 죄를 벗어 버리고 인내로써 우리 앞에 당한 경주를 하며 믿음의 주요 또 온전하게 하시는 이인 예수를 바라보자 그는 그 앞에 있는 기쁨을 위하여 십자가를 참으사 부끄러움을 개의치 아니하시더니 하나님 보좌 우편에 앉으셨느니라"(히 12:1-2).

4. 그리스도의 주재권은 세계관에 대한 우리의 시각을 분명하게 한다

그리스도인들이 이 세상을 살아가면서 영원성의 본질을 이해하고 경건한 사고방식을 통해 바른 세계관을 가지면 올바른 우선순위와 거룩한 열정을 소유하게 된다. 만약 세상이 이 땅에서 끝난다면 재물을 축적하고 현재의 생활에서 행복을 추구하는 것이 현명한 일이 아니겠는가? 하지만 그것은 사실이 아니다. 이 세상은 여기서 끝나지 않는다.

진리의 말씀을 통해 알려진 실재는 순간적인 쾌락이나 내 욕심과 세속적인 추구와는 비교할 수 없이 훨씬 더 광범위하다. 하나님은 실존하신다. 하나님의 말씀도 진리다. 천국과 지옥도 존재한다. 복음도 사실이고 예수님도 실제다. 그의 죽음과 부활과 승천은 모두 사실이며 다시 오실 때가 가까운 것도 사실이다. 인생이 순간인 것도 사실이고 죽음의 필연성도 사실이며 미래에 상을 주신다는 것도 사실이다. 그리고 영원한 멸망 또한 사실이다. 하지만 엔터테인먼트가 가르치는 세상은 사실이 아니다. 실제로 대부분의 엔터테인먼트는 정확히 묘사할 수도 설명할 수도 없는 현실로부터의 도피일 뿐이다.

그리스도인으로서 우리의 세계관은 할리우드식 가상의 세계가 아니라 실재에 근거해야 한다. 사람들은 실재를 거부할 수 있다. 스스로 망상이나 환상을 만들어 자신의 주의를 혼란하게 만들고 헛되고 세속적인 삶을 계속 살아갈 수도 있다. 하지만 변하지 않는 진리는 언젠가 자신이 하나님 앞에 서야 한다는 사실이다(히 9:27). 그리고 그 순간에는 부도, 쾌락도, 이 세상 그 어떤 성취도 그들에게 아무 소용이 될 수 없다.

어리석은 부자의 비유는 무모하고 근시안적인 삶의 태도를 보여주는 놀라운 실례다. 누가복음 12장 16-21절에서 예수님은 이야기 하나를 들려주셨다.

> 또 비유로 그들에게 말하여 이르시되 한 부자가 그 밭에 소출이 풍성하매 심중에 생각하여 이르되 내가 곡식 쌓아 둘 곳이 없으니 어찌할까 하고 또 이르되 내가 이렇게 하리라 내 곳간을 헐고 더 크게 짓고 내 모든 곡식과 물건을 거기 쌓아 두리라 또 내가 내 영혼에게 이르되 영혼아 여러 해 쓸 물건을 많이 쌓아 두었으니 평안히 쉬고 먹고 마시고 즐거워하자 하리라 하되 하나님은 이르시되 어리석은 자여 오늘 밤에 네 영혼을 도로 찾으리니 그러면 네 준비한 것이 누구의 것이 되겠느냐 하셨으니 자기를 위하여 재물을 쌓아 두고 하나님께 대하여 부요하지 못한 자가 이와 같으니라.

입으로는 하나님을 안다고 고백하지만 지난번 봤던 영화의 주인공을 하나님보다 훨씬 더 실제로 느끼는 삶을 사는 사람들에게 예수님의 말씀은 경종을 울린다. 끊임없이 울리는 영적인 자명종 시계 소리를 무시해 온 사람들은 이제 깨어나야만 한다. 그리고 무엇이 중요한지 깨닫고 그 중요한 일에 당장 집중해야 한다(롬 13:11 참조). 그리스도인으로서 우리는 '순간' 보다 '영원'에 초점을 맞추어야 하고, 잠시 즐기는 엔터테인먼트는 영원할 수 없다는 사실을 늘 인식해야 한다.

당신은 그리스도께 속한 자인가? 세상에 속한 자인가?

영화, 텔레비전, 라디오, 비디오 게임, MP3, 인터넷 등과 같은 매체들과 그 외에 다른 온갖 형태의 대중 매체들이 세상에 널리 퍼져 있다. 이런 과학기술은 본질적으로는 악하다고 볼 수 없다. 다른 모든 여가 활동의 형태들 또한 다 나쁜 것은 아니다. 도리어 재미와 행복과 기쁨은 하나님에게서 온 선물이라 말할 수 있고 또 누려야 한다.

그러나 이 세상 속에서 미디어가 이끄는 엔터테인먼트를 열정적으로 받아들이기 이전에 우리는 반드시 우리가 '그리스도인'이라는 것을 명심해야 한다. 그리고 우리의 정체성은 우리를 둘러싼 이 사회가 아니라 예수 그리스도에 의해 정의된다는 것을 기억해야 한다. 따라서 이러한 구별됨은 우리가 생각하고 말하고 행동하는 모든 영역에 반영되어야 한다. 그리고 비록 우리가 사악한 정욕과 죄로 가득한 유흥에 따라 흘러가는 세상에 살고 있다 하더라도 거룩한 길을 걷도록 초청받은 사람들답게 굳건히 그 길을 걸어갈 수 있어야 한다. 이 세상에 살고 있지만 우리는 이 세상에 속한 사람들이라 할 수 없다(요 17:14-16). 이것은 우리가 모든 종류의 영화를 선별하지 않고 보거나, 텔레비전에 나오는 모든 우스갯소리에 즐거워하거나, 새로운 음악을 전부 다운로드하거나, 모든 온라인 비디오를 클릭하거나, 모든 인터넷 페이지를 찾아가서는 안 된다는 의미이기도 하다. 물론 율법주의자로 살아가라고 권하는 것은 아니다. 하지만 올바른 그리스도인의 자리에서 진정한 의미의 그리스도인이 되는 것이 무엇인지 심각하게 묵상해야 한다는 말이다.

02 인터넷에서 이루어지는 익명의 만남에 대하여
그리스도인은 온라인 미디어를 만남에 어떻게 활용해야 하는가?

릭 홀랜드 (Rick Holland)
그레이스 커뮤니티 교회의 행정목사로 일하고 있다. 또한 대학생 사역도 담당하고 있다.
리졸브 컨퍼런스와 마스터스 신학 대학에서 목회학박사 강해설교 과정 디렉터를 맡고 있다.

내가 아내를 처음 만났을 때 인터넷 데이트 서비스가 없었던 것이 정말 다행이라고 생각한다. 그리고 나는 이 사실에 영원토록 감사할 것이다. 왜냐하면 컴퓨터의 복잡한 공식이나 이진법 계산으로 우리 두 사람이 만나서 결혼할 가능성은 거의 없었을 거라고 확신하기 때문이다. 부부는 서로 보완된다고들 얘기하지만 우리 부부에게 그것은 지나친 농담이다. 사실 나와 아내는 모든 것에서 너무나 다르다. 예를 들어, 내 아내는 버섯을 좋아하고 나는 싫어한다. 아내는 고전 영화를 좋아하고 나는 대학 미식축구 경기를 좋아한다. 아내는 주말에 좋은 호텔에서 룸서비스를 받으며 수영하는 것을 여가로 생각하지만, 내 여가는 깊은 숲 속에서 사슴 사냥을 하는 것이다. 이런 예들을 나열하려면 끝이 없다. 간단히 말하자면, 예수 그리스도를 사랑하고 교회에서 사역하는 것 이외에 우리 부부에겐 서로 비슷한 점이 거의 없다는 것이다. 서로 너무나 달랐고 지금도 여전히 다르지만 우리는 결혼했고 서로 깊이 사랑하고 있으며 현재 우리의 결혼생활을 매우 즐기고 있다.

앞에서도 언급했듯이, 온라인으로 데이트 상대를 주선해주는 사이트 같은 곳에서는 나와 아내를 만나게 해줄 가능성은 전혀 없다고 생각한다. 그래서 인터넷 만남에 대해 나름의 부정적인 선입견이 있다. 그러나 우리 교회에 출석하는 두 부부가 이런 인터넷 데이트 서비스를 통해 만났고, 지금 매우 행복하게 살고 있는 것을 보면 그런 발상이 100퍼센트 나쁘다고 말할 수는 없다.

나는 수천 명의 대학생을 상대로 사역하는 목사다. 그래서 자연스럽게 데이트와 로맨스와 결혼이라는 주제가 내 머릿속을 떠난 적이 없다. 지금까지 수많은 사람이 수없이 다양한 방법을 통해 만나는 것을 보았기 때문에 '관계'에 대해 프로는 아니지만 어느 정도 판단할 수 있는 눈이 생겼다. 그 안목으로 보면 최근의 경향이 이-데이팅(eDating-인터넷에서 만나 데이트를 하는)으로 많은 부분 흘러가고 있다고 분명히 말할 수 있다. 최소한 오천만 명이 온라인 데이트 사이트를 사용하고 있는 것이 현실이니 단지 일시적으로 유행으로 끝날 상황은 아닌 듯이 보인다.

집에 앉아서 로맨스를 찾다

인터넷을 통해 로맨스를 찾는 것은 새로운 경향이 아니다. 그러나 그 발상이 대중문화로 자리매김한 것은 1998년에 톰 행크스와 맥 라이언이 주연한

〈유브 갓 메일 You've Got Mail〉이라는 영화를 통해서다. 이 영화는 인터넷 데이트 서비스를 주제로 다루지는 않았지만 사랑에 빠질 수 있는 새롭고 중요한 장소로서 사이버 공간을 낭만적으로 묘사했다. 이제는 키보드와 마우스 그리고 고속 인터넷 연결을 통해 집에 앉아서 로맨스를 찾는 일이 가능해졌다. 그러나 인터넷 로맨스는 영화에서 지적하는 것처럼 여러 가지 불편한 상황을 일으킬 수 있다. 키보드를 몇 번 클릭해서 창조해 낸 가상의 인물은 실제의 나와 너무도 다를 수 있기 때문이다. 그 영화의 소주제 중 하나는 바로 이런 문제와 관련이 있다. 지금 현실의 내가 진짜인가 아니면 컴퓨터의 가상공간에 만들어 놓은 존재가 진짜인가 하는 문제다. 영화 〈유브 갓 메일〉은 컴퓨터에서 만든 인격체를 진정한 자아로 착각할 수 있다는 사실을 암시한다. 하지만 그 영화가 주는 메시지를 어떻게 평가하는가에 상관없이, 온라인 로맨스와 그에 양립하는 성경적 세계관에 대한 몇 가지 중요한 질문들을 우리에게 제기한다.

나와 조화로운 사람이 내 짝일까?

이 장을 집필하다가 요즘 인터넷 데이트 서비스로 가장 유명한 '이하모니(eHarmony)'의 텔레비전 광고를 보았다. 그 내용은 20대의 잘 생긴 청년이 미소를 지으면서 "이하모니는 정말 나와 잘 어울리는 사람을 찾아 줄 것입니다."라고 열정적으로 설명하는 것이었다. 나는 곧 웹사이트를 방문하여 내가 예상했던 사실을 확인했다. 그것은 바로 '조화(compatibility)'가 인터넷 데이트 서비스의 가장 중요한 핵심이라는 사실이다. '이하모니'는 아래와 같이 자신들을 소개한다.

이하모니는 서로 조화로운 사람들을 찾아주는 시스템(Compatibility Matching System)으로 특허를 받았다. 우리는 이 시스템에 들어 있는 수백만 명의 후보자들 가운데 당신과 가장 잘 어울리는 사람들을 선택하여 최고로 엄선한 미혼자 그룹으로 범위를 좁혀주는 일을 한다. 단지 자신의 사진과 소개를 몇 줄 올리고 다른 사람들의 프로파일을 살펴보는 다른 사이트들과는 달리 '이하모니'는 당신의 파트너를 찾기 위해 과학적인 분석을 토대로 한다. 특별히 개인 특성을 29가지 차원으로 분류한 데이터를 기초로 만남을 주선한다. 다시 말해 우리는 장기간의 성공적인 관계를 예견할 수 있는 분석 시스템을 사용한다.[1]

이 사이트는 "성공적인 관계 형성을 위해 가장 중요한 데이터를 29가지 차원으로 나누고 그 데이터를 기초로 사람들을 주의 깊게 분류하여 확실한 만남을 보장한다."[2]라고 주장한다. 그들이 선전하는 핵심 문구인 '장기간의 성공적인 관계를 예견할 수 있는 과학적인 분석'이라는 말만 주목해 보아도 그들의 중심 의도가 무엇인지 파악할 수 있다. 그러다 보니 자연히 인터넷 데이트 서비스 회사들은 성공적인 만남의 상대가 될 가능성이 큰 회원들을 확보하기 위해 엄청난 경쟁을 벌인다. 또한 성공적 만남을 이룬 사람들의 이야기들과 통계들을 자기 회사에 대한 광고와 새로운 회원들을 끌어들이는 도구로 사용한다.

확실한 만남으로 서로를 이끌기 위해 거의 모든 인터넷 데이트 서비스 회사들이 내거는 핵심적인 광고 주제로 '조화'라는 단어가 사용되는데, 이것은 심각한 문제를 일으킨다. '조화'가 남녀 관계에서 과연 성경에서 말하는 기초가 될 수 있는가를 놓고 생각해보자. 성경에 관계와 결혼에 대한 말씀이 많이 기록되어 있지만 그리스도인의 결혼을 맺어주거나 지탱하게 하는 요인으로 '조화'를 언급한 곳은 찾을 수 없다. 그렇다고 '조화로운 면들'을 공유하는 배우자를 찾는 것은 잘못이라며 반대하지도 않는다. 단지 성경이 침묵하는 주제에 대해 우리는 우리의 지혜를 잘 사용해야 한다는 것을 강조하고 싶다(롬 14장 참조).

하나님의 말씀은 연인관계인 그리스도인들에게 서로 '보완'하라고 가르친다(창 2:18). 부부가 서로 보완해야 한다면 거기에는 두 사람 사이에 불화가 존재하거나 부족한 면이 있거나 아니면 극복해야 할 부조화가 있다는 말이다. 에베소서 5장 22-33절에서 바울 사도는 복음을 예로 들어 결혼을 서로 보완하는 관계로 설명했다. 다시 말해, 신랑인 그리스도와 신부인 교회와의 관계가 그리스도인의 결혼에 대한 모범을 보여주기 때문에, 마치 나침반이 북쪽을 정확히 가리키듯이, 그리스도인의 데이트와 결혼도 예수님과 교회와의 관계를 기준 삼아 그에 맞게 생각하고 행해야 한다는 것이다. 예수님이 죄인들과 맺으신 그 아름답고 신비로운 관계는 십자가를 통해서만 극복될 수 있었던 엄청난 부조화의 표본이다.

나와 아내 사이에 존재하는 수많은 차이점은 내가 이기적인 사람인 것을 알게 하고 나 자신이 더욱 그리스도를 닮을 수 있도록 도와주는 비옥한 옥토의 역할을 하였다. 그만큼 부부의 '부조화'는 서로 다른 기대, 다른 기호, 그리고 다른 필요들을 참아가며 서로 돕고 완성되도록 하는 역할을 한다. 모든 부부는 서로 너무 다르므로 서로를 보완하는 결혼생활을 통해 조화를 이루는 더 좋은 모습으로 변화될 수 있다.

하나님이 사람을 남자와 여자로 창조하신 것은 두 사람이 결혼생활로 서로 맞추면서 살게 하셨다고 나는 믿는다. 조화에 관해 성경은 남녀가 창조될 때의 해부학적인 디자인(창 2:24), 남편과 아내로서의 역할의 차이(벧전 3:1-7), 그리고 남녀가 연합할 때 오는 기쁨(잠 18:22; 31:10; 전 9:9; 아 1:2) 등으로 나눠서 설명한다. 하지만 성경에서 말하는 남녀의 조화는 서로 비슷한 관심의 공유와는 관계가 없으며, 도리어 서로 보완하는 역할임을 확인할 수 있다(엡 5:22-23; 딛 2:2-8).

그러나 실제로 비슷하거나 공통된 관심을 함께 나눌 수만 있다면 서로 충돌할 수 있는 요인들을 줄일 수 있다. 그리고 두 사람이 함께 누릴 수 있는 기쁨도 더 많아서 사실상 둘의 관계 형성에 크게 도움이 되는 것은 사실이다. 하지만 이처럼 조화가 주는 장점이 많아도 개인적으로 그리고 서로의 관계 안에서 다루어야 할 죄들은 여전히 존재한다. 그러므로 아무리 조화로운 관계를 맺는다 할지라도 서로를 거룩하게 살도록 도우면서 이를 통해 서로의 배우자를 완성해 가야 할 필요가 있다.

더욱이 그리스도인 커플들에게 진정한 조화는 공통된 관심사를 나누거나 선호도가 비슷하거나 개인적인 기질의 일치를 찾아내는 것만이 아님을 기억해야 한다. 다시 말해 그리스도 안에서만이 조화를 제대로 발견할 수 있음을 깨달아야 한다. 복음과 그리스도 안에서의 정체성이 두 사람을 궁극적으로 조화되게 만들므로, 공통점이 많은 사람들이라 하더라도 예수 그리스도 안에서 믿음을 나누지 않으면 진정한 조화를 이루기 어렵다. 반면에 그리스도를 사랑하고 서로를 사랑하는 사람들은 그들에게 차이가 존재하더라도 크게 문제가 되지 않는다.

예를 들어, 엄청나게 다른 신학적 배경을 가진 남녀 그리스도인이 만난다고 가정해보자. 이때는 개인적인 조화보다 신학적 차원의 조화가 더 중요할 수도 있다는 사실을 충분히 고려해야 한다. 은총론이나 성령의 은사, 교회에서의 남녀의 역할, 혹은 세례냐 침례냐 하는 문제 등에서 뚜렷한 견해 차이를 가지고 있는 사람들은 아무리 온라인 데이트 서비스에서 보장하는 커플이라 하더라도 진정한 조화를 이루기가 힘들 수도 있기 때문이다.

현실 세계와 다른 이상적 자아

일상의 현실 세계와 인터넷의 가상세계가 언제나 일치하지 않는다는 것은 분명한 사실이다. 우리가 받는 이메일 중 우리를 속이기 위한 메일이 포함되어 있다는 사실이 이를 증명한다. 사이버 세계에서는 모니터에서 보는 것이 실제와 많이 다를 수 있으므로 피라미드 사기, 신용 사기 및 근거 없는 허위 정보 같은 속임수가 활개를 친다. 물론 모든 이메일이 다 악하지는 않지만 제삼자가 다른 사람에게 전달한 메일을 다시 받았거나, 어떤 무료 사이트에서 당신의 개인 정보를 요구한다거나, 당첨금이 수억 원이 넘는 행사에 참여하라는 메일을 받았다면 그런 것들은 우리를 속이려는 시도일 가능성이 크다. 따라서 골치 아픈 일이나 고통을 겪지 않으려면 스팸메일을 걸러내는 필터를 사용하는 지혜가 필요하다.

인터넷 데이트의 세계도 이와 같다. 최근 보도에 따르면 온라인 데이트 신청자 중 90%에 가까운 사람들이 다른 사람들에게 잘 보이기 위해 거짓으로 자신을 포장한다고 한다.[3] 로버트 엡스타인은 "남자들은 주로 자신의 학력이나 수입, 신장, 나이, 결혼 여부에 관해서 거짓말을 한다. 그리고 적어도 약 13% 이상의 남자 구혼자들이 온라인을 통해 결혼한다. 여자들은 몸무게, 외모, 나이에 관해서 거짓정보를 올린다."[4]라고 알려준다. 다시 말하면 우리가 온라인에서 보는 것이 현실과 같으리라고 기대해서는 안 된다.

많은 사람이 인터넷에 거짓정보를 올리는 것이 사실이지만 인터넷 데이트 사이트에 정보를 올리는 모든 사람이 남을 속이고 있다고 보지는 않는다. 인간의 본질상 자신의 약점은 최소화하고 자신의 장점은 최대한 크게 보여주려 하는 것은 당연하기 때문이다. 그다지 심각하게 생각하지 않고 다른 사람들에게 가능한 한 매력적으로 보이기 위해 노력하는 것은 어떻게 보면 사람의 본능이다. 사실상 온라인에서는 '만남의 가능성'을 높여줄 수 있게 한 질문에 답변하는 방법만 알고 있다면 얼마든지 데이트를 할 수 있으므로 사람들은 자신의 이미지를 조립하여 심리학자들이 말하는 이상적 자아(ideal-self)를 만들어 내기도 한다.

하지만 다른 한편으로 사람들은 진실을 말해야만 하는 순간에 그러지 못하고 다른 사람들에게 자신의 좋은 인상만 남기기 위해 애쓴 것을 후회한다는 연구 결과도 있다. 온라인에서는 익명성을 통해 상상 속의 자신의 모습을 만들고자 하는 욕구를 실현할 수 있으므로 사람들이 거리낌 없이 거짓말을 하게 만드는 유혹이 크다. 그러나 실제로 자신의 동기가 불순하지 않다고 하더라도 프로파일의 결과가 실제 자기의 모습이 아니라면 사실상 기만이라 보아도 잘못은 아니다.

온라인 데이트 서비스를 이용하는 그리스도인들은 엄청난 분별력을 사용해야 한다. 실제로 어떤 '프로파일'은 당신을 속이려고 만들어졌거나 적어도 그들의 장점을 과장하는 경향이 있다는 사실을 알고 있어야 한다. 다시 말하지만 온라인 데이트 서비스 자체는 악하거나 또는 믿는 사람들이 금해야 할 대상은 아니다. 그렇지만 무엇이 진실이고 허울인지 분별해야 하는 상황에서 반드시 짚어야 할 매우 어려운 문제들을 포함하고 있다.

지금까지의 주제와는 조금 다르지만 현실의 범주를 다루면서 반드시 언급해야 할 문제가 하나 있다. 그것은 인터넷 데이트에서 좀 더 심화되었지만, 모든 데이트에는 본질적으로 비현실적인 기대로 말미암아 초래되는 위험이 존재한다는 사실이다. 영화 마지막 장면에는 "그 후로 오랫동안 행복하게 살았다."라는 말과 함께 번쩍이는 갑옷을 입은 멋있고 완벽한 기사가 흠잡을 것 없는 아름다운 소녀와 함께 말을 타고 석양이 지는 지평선을 향해 달려가는 장면이 자주 등장한다. 그러나 사실상 어린아이들의 만화부터 어른의 다양한 영화에까지 마지막 장면을 이렇게 묘사하면서 사람들에게 로맨스에 대한 잘못된 최면을 걸고 있다. 현실에서 로맨스란 각자의 약점과 결점이 있는 두 죄인의 만남일 뿐이다. 깊이 있고 풍성한 기쁨이 가득한, 그리스도를 중심으로 모신 결혼마저도 자기희생과 힘든 노력 없이는 성취될 수 없는 것이 결혼의 진정한 의미임을 알아야 한다.

온라인이든 오프라인이든 일반적으로 세상의 데이트는 자기만족을 지향한다. 따라서 당연히 미혼자들은 미래의 배우자가 자신에게 무엇을 해줄 수 있을지를 묻는다. 하지만 반대로 그리스도가 중심이 된 결혼은 서로의 만족을 목표로 한다. 그리스도인들은 자신의 배우자를 어떻게 섬기고 어떤 사랑을 보여줄 수 있을까를 먼저 생각한다. 이기심을 버리고 겸손한 태도로 데이트하고, 깊이 있게 생각하여 삶에 잘 적용할 수 있다면 풍성한 섬김이 있는 결혼생활을 영위할 수 있을 것이다. 또한 에베소서 5장 22-33절을 비롯하여 성경 여러 곳에 정리된 실제 결혼생활에 대한 말씀들은 로맨틱한 삶을 추구하는 사람들에게 실제로 필요한 통찰력을 제공한다.

그 관계에 책임감을 느끼는가?

온라인 데이트의 마지막 문제는 책임에 수렴된다. 교회나 직장 혹은 학교에서 로맨스가 시작되면 교제하는 두 사람만이 아니라 여러 사람의 책임이 뒤따른다. 목사와 부모와 친구들까지도 갑자기 두 사람이 서로에게 가지는 '특별한 관심'을 감지한다. 어떤 때에는 그들이 함께 참여해 시간을 보내는 소그룹 모임이나 친목 활동이나 교회 사역 가운데 주위의 다른 그리스도인들이 두 사람에게 조언을 하거나 피드백을 해주기도 한다. 따라서 데이트를 하는 두 사람은 주위 사람들이 자신들의 영혼을 소중히 여기는 것만큼 그들의 우정이 자라는 것도 소중히 여기며 자신들이 주목받는 것을 느낀다. 두 사람이 성급한 결정을 내리게 되면 결과적으로 애통함(헤어지게 되었을 때 오는)이나 비통함(순결을 잃을 때 오는)을 가져올 수 있고, 또한 이는 관심과 도움을 주고 있는 주위 사람들의 기대에 어긋나는 일이기 때문에 특별히 더 조심하게 된다.

그러나 온라인 데이트는 근본적으로 책임과 거리가 멀다. 컴퓨터는 대부분 개인적으로 사용하기 때문에 목사나 부모 혹은 친구들이 온라인에서 이루어지는 만남에 대해 자세히 알기 어렵다. 익명성은 현실에서는 하기 힘든 말들도 쉽게 할 수 있는 무한의 자유를 제공하는데다 컴퓨터로 연결된 두 사람은 장래의 배우자가 될 수도 있는 서로에게나 자신들의 친구, 심지어 가족에게

까지도 완벽히 낯선 사람이다. 게다가 온라인에서 만나는 그 사람이 배우자로서 좋은 사람임을 보증해주거나 또는 서로의 관계가 잘 될 것이라고 확증해 주거나 앞으로 일어날 수 있는 문제들에 대해 조언을 해줄 사람은 아무도 없다. 이런 면에서 온라인 데이트는 적절한 방법으로 배우자를 찾으려고 노력하는 그리스도인들을 때때로 매우 힘든 상황에 처하게 한다.

또한 현실에서 로맨스는 두 사람이 서로에게 사랑의 감정을 표현하기 전에 우정을 통해서 어느 정도 서로 알아가면서 시작된다. 하지만 온라인 데이트에서는 그렇게 하지 못한다. 시작부터 기초적인 우정관계를 만들 기회도 없이 바로 로맨스 단계로 갈 수밖에 없고, 그러다 보니 어느 순간 관계에 어려움이 생기면 그 로맨스는 즉각적으로 소멸할 수밖에 없다. 현실 세계처럼 관계가 밀접하게 연결되지 않아서 헤어지는 상황이 생기면 상대적으로 고통은 덜할 수도 있겠지만(통보 받는 쪽이 아니라면), 온라인 데이트를 하는 사람들은 지속적으로 '좀 더 나은' 사람을 찾거나 혹은 동시에 여러 관계를 즐기려는 유혹에 빠질 수도 있으므로 나쁜 습관을 낳을 가능성도 크다.

이런 종류의 유혹을 방지하기 위해 책임감 있는 조언은 현실 세계에서 일어나는 관계를 보호하는 역할을 한다. 같은 교회에서 여러 명의 자매와 동시에 데이트를 시도하는 그리스도인 청년이 없기를 소망한다. 그리고 친구들이나 멘토에게 조언을 구하려 하지도 않고 앞으로 초래될 결과에 대해 전혀 신경 쓰지도 않으면서 제멋대로 관계를 끊어버리는 일도 없기를 바란다.

성경 말씀으로 자신의 마음을 새롭게 하고 성령의 능력을 통해 일상생활에서 그리스도를 예배하는 삶을 추구하는 그리스도인 청년들은 정결과 고결한 태도로 온라인 데이트의 바다를 항해해야 한다. 어떠한 형식적인 기술보다 성경 말씀에 의해 훈련된 양심은 그리스도인에게 더 강한 차원의 책임을 갖게 한다. 또한 어디에나 존재하시는 하나님을 기억한다면 죄를 향해 나아가는 생각을 멈출 힘도 가질 수 있다(잠 15:3). 고립과 죄의 유혹 사이에는 아주 밀접한 관계가 있다고 잠언은 말씀한다(잠 18:1). 온라인 데이트의 세계에 참여하는 것과 관계없이, 정직하게 살기를 소원하는 사람들은 다른 그리스도인들로부터 솔직한 조언을 구할 수 있어야 한다.

데이트할 것인가 말 것인가?

초반에 내가 온라인 데이트는 본질적으로 악하지 않다고 말한 바 있는데, 이는 정말 중요한 의미가 있는 말이다. 솔직히 이와 같은 방법으로 결혼에 성공한 친구들이 있어서 나는 정말 기쁘다. 그러나 인터넷 데이트 서비스에는 다른 것들과는 다른 몇 가지 독특한 위험이 내포되어 있다. 온라인을 통해 형성되는 관계가 조화라는 관점을 기초로 한다면, 반면에 성경에서 말하는 로맨스는 그리스도 안에서 서로를 완성하는 것에 중점을 둔다. 또한 자신의 실제 모습과 기대가 온라인보다는 현실 세계에서 훨씬 더 솔직하게 표현된다는 사실도 염두에 두어야 한다. 따라서 초반부터 혼자 컴퓨터에 앉아 데이트를 시작한다면 어떤 방향으로 관계를 만들어 나가고 발전시켜야 하는지 스스로 생각하기가 어려워지고, 또 솔직한 조언을 해줄 사람들을 찾기도 어렵다는 사실을 기억하여야 한다.

요즘 너무 많은 그리스도인이 온라인에서 사랑을 찾으려고 하는 것이 솔직히 걱정된다. 배우자를 찾기 위해 온라인 쇼핑과 교회 가운데서 선택하라면 당연히 나는 교회가 결혼을 준비하기 위해 씨를 뿌릴 수 있는 가장 좋은 곳이라 믿어 의심하지 않는다. 주어진 선택의 경중을 가려보면, 지금 내가 섬기는 대학생들에게 온라인에 들어가 프로파일을 작성하는 일을 하라고는 절대 조언하지 않을 것이다.

올바른 로맨스를 위한 10가지 중요한 원리

지금부터 올바른 로맨스를 하기 위한 10가지 원리를 살펴보려 한다. 이 원리는 주로 대학생들과 사역하면서 10여 년에 걸쳐 계발된 것들이다. 어떤 데이트나 연애의 방법을 사용하더라도 아래의 10가지 원리를 기억한다면, 새로운 만남과 관계를 통해 하나님께 영광 돌릴 수 있게 젊은이들을 잘 인도할 수 있다고 확신한다.

1. 성품의 원리 성품의 원리는 내게 적합한 사람을 '찾는 것'보다 내가 적합한 사람이 '되는 것'을 강조한다. 하나님은 외면보다 마음의 상태를 우선시하시기 때문에(삼상 16:7) 우리도 그 모범을 따라야 한다. 배우자가 될 가능성이 있는 사람에 대한 평가는 먼저 성품에 기초를 두어야 한다. 특히 상대편보다는 먼저 자신이 말씀과 기도와 영적인 제자도의 삶을 통해 성장해야 함을 기억해야 한다(딛 2:1-8). 결혼을 위한 가장 좋은 방법의 하나는 연륜 있고 지혜로우며, 가능하면 같은 성(性)을 가진 경건한 멘토로부터 먼저 내가 성숙을 향해 나아가도록 배우는 것이라 말할 수 있겠다.

2. 승인의 원리   승인의 원리는 영적인 점검을 위해 하나님께서 우리의 인생 가운데 허락하신 솔직히 조언을 해줄 사람에게 기꺼이 순종하고자 하는 자세를 말한다. 사랑의 관계를 지속하기 위해 부모의 승인(엡 6:1-2)과 목사의 승인(엡 4:11-16)과 친구의 승인(잠 15:22)을 구해야 한다.

3. 만족의 원리   만족의 원리는 다른 사람과 정직한 관계를 발전시키기 위해 최상의 관계, 즉 자신과 하나님과의 관계를 출발점으로 삼는 것이다. 자신이 먼저 하나님 안에서 만족을 경험하지 못하면 결코 다른 사람과 함께 지속적인 행복을 누릴 수 없기 때문이다(시 63; 84:11; 빌 4:10-13).

4. 공통분모의 원리   그리스도인은 반드시 그리스도인과 사랑의 관계를 맺어야 한다(고후 6:14-18). 만약 불신자와 결혼하는 것이 하나님의 뜻이 아니라면 그 사람과 데이트하는 것도 옳지 않다. 그 이유는 영적으로 죽은 사람과 그리스도를 동시에 만족하게 할 수는 없기 때문이다.

5. 경작의 원리   관계를 발전시키려면 잘 경작해야 한다. 그리스도인들은 다른 그리스도인들과 함께하는 단체 모임에서 서로의 관계를 발전시켜 나갈 수 있다. 믿는 사람들은 먼저 서로 영적인 형제와 자매로 받아들이고 사랑의 관계는 차선으로 생각해야 한다. 교제를 시작한 두 사람만의 시간을 보내는 것도 중요하지만, 유혹을 최소화하기 위해 공공의 장소에서 여러 사람과 함께 만나는 노력도 현명한 만남의 방법 중 하나다.

6. 상보성의 원리   남자와 여자는 서로 보완하기 위한 목적으로 창조되었다. 그리고 하나님은 각자에게 맞는 서로 다른 역할을 주셨다 (창 1-3장, 엡 5:21-33). "성숙한 남자다움의 핵심은 자애로운 책임감으로 그의 역할에 맞게 여성을 적절한 방법으로 인도하고 필요를 공급하고 보호하는 것이다. 또한 진정한 여자다움의 핵심은 여성의 역할에 맞는 적절한 방법으로 존경할 만한 남성으로부터 인정받고 수용하며 능력을 갖추고 리더십을 갖는 것이다." 이것을 마음에 새기고 남성이 먼저 관계를 시작해야 한다. 인터넷 데이트는 여성도 남성과 동등하게 만남의 관계를 시작할 수 있도록 만들어졌다.

7. 우정의 원리   하나님은 인류가 창조주께 영광 돌릴 수 있는 반려자로서 남편과 아내가 함께 한팀이 되어 하나님을 섬기고 예배하며 세상에 하나님을 비추며 살아가도록 결혼을 만드셨다. 따라서 당신이 바로 '이 사람' 이라고 결정을 내리기 전에 그 사람을 잘 알도록 노력하여야 하고, 가능한 한 여러 상황에서 상대방을 잘 관찰하며 살펴보아야 한다.

8. 헌신의 원리   성경이 정의하는 진정한 사랑은 자기희생이나 헌신과 많은 연관이 있음을 강조한다. 그리스도인의 사랑은 불완전한 존재인 우리를 위해 조건 없는 헌신을 보여주신 하나님의 사랑을 본받는 것이다. 사랑을 추구할 때 우리는 변덕스런 감정인지 진정한 사랑과 헌신으로부터 온 감정인지 잘 분별하여야 한다. 진정한 헌신의 사랑이 결혼에 이르게 한다. 우리는 너무나 자주 사랑과 감정을 혼동한다.

9. 대화의 원리 성공적인 관계를 위해서는 성경에서 말하는 방법의 소통이 필요하다. 성경적인 대화는 언어로 표현되는 의사소통과, 정직한 마음의 태도를 보이고 정기적으로 그 의미를 더 깊이 나눌 수 있는 의사소통의 방식을 포함한다(엡 4:25-29). 성공적인 대화의 열쇠는 겸손이다. 자신의 의사를 더 잘 표현하고 또 경청하는 사람이 되기를 원한다면 대화의 관심과 주의를 자신이 아니라 상대방에게 두어야 한다.

10. 순결의 원리 연애하는 그리스도인들이 가장 자주 하는 질문은 신체접촉이 어디까지 허용되는가 하는 것이다. 이 질문은 최대한 죄를 짓지 않고 실제로 신체접촉을 할 수 있는 범위가 어디까지인지를 물어보는 것이다. 반면에 순결의 원리는 우리가 얼마나 순결하고 거룩할 수 있는가를 질문한다. 섹스는 하나님께서 결혼한 사람들에게 주신 선물이다. 그래서 데이트하는 사람들이 결혼 전에 그 선물을 열기 원하시지 않는다. 나중에 당신의 관계가 깨어져 당신의 행동을 후회하게 될 가능성이 있다면 지금 지혜롭게 그 행동을 피하는 것이 옳다. 당신이 현재 데이트하는 사람이 어쩌면 다른 사람의 배우자가 될 수 있다고 생각하는 것도 현명하게 처신할 수 있는 하나의 방법이 될 수 있다(살전 4:3-7 참조).

03

가상현실과 실제 세계를 다루는 성경적 입장
그리스도인은 비디오 게임을 어떻게 다루어야 하는가?

오스틴 던컨 (Austin Duncan)
10여 년 이상 학생사역을 섬기고 있고 현재는
그레이스 커뮤니티 교회의 고등부 사역을 맡고 있다.

이 장의 등급은 E(미국에서 비디오게임의 등급을 나눌 때 모든 연령층에 해당하는 등급-역주)에 해당하므로 연령에 관계없이 모든 독자가 읽을 수 있다.

예전에는 디지털 세계가 지하실같이 비좁은 공간에 갇힌 소수 청소년의 점유물이었다. 하지만 지금은 전 세계적인 현상으로 모든 사람이 비디오 게임을 하는 것처럼 보인다. 미국의 연구 기관인 '퓨 인터넷 & 아메리칸 라이프 프로젝트(Pew Internet & American Life Project)'는 미국 전체를 대상으로 비디오 게임에 관해 조사를 시행했다. 그 결과는 비디오 게임이 젊은 사람들의 일상 가운데 얼마나 깊숙이 자리 잡고 있는지를 명확하게 보여주었다. 2008년에 시행한 조사로는 설문에 응한 97%의 젊은이들이 비디오 게임을 한다고 답했다. 인종이나 수입 수준에 상관없이 남자는 99%, 여자는 94%의 비율이었다. 이 조사에서 7%의 사람들은 집에 컴퓨터가 없지만 플레이스테이션이나 엑스박스나 위 같은 게임 기계들을 소유하고 있다고 답했다.[1]

어른으로 성장한 비디오 게임

비디오 게임은 여전히 젊은 사람들의 문화에 깊이 뿌리를 박고 있긴 하지만 이제는 그들만의 점유물은 아니다. 비디오 게임을 하는 세대가 나이를 먹으면서 비디오 게임은 점점 더 어른들의 놀이문화로 자리 잡았다. 그래서 비디오 게임에서 청소년들이 차지하던 독점적 위치는 상실되었다. 글로벌 마켓 리서치 기관인 NPD 그룹의 2008년 보고서를 보면, 현재 미국사람의 63%가 비디오 게임을 하고, 게임을 하는 사람의 평균 나이는 35세이며, 또 그들은 약 13년간 게임을 해왔다고 한다. 게임을 하는 사람들의 나이가 올라갈수록 이 통계도 늘어나는데, 재미있는 예로 이제는 노인센터에서 비디오 게임을 정규적인 활동으로 즐긴다는 것을 들 수 있다. 그리고 게임 홍보대상에 어른들도 포함된다.[2]

운명을 건 도박

퓨(Pew)가 실시한 조사에서 응답자의 절반에 해당하는 사람들이 그 전날 비디오 게임을 했다고 대답했다. 포브 닷컴(Forbe.com)에 따르면, "영국에서 7천 명의 게이머를 대상으로 한 조사에서 12퍼센트에 달하는 사람들이 세계보건기구가 규정하는 중독성향(addictive behavior) 기준에 해당하는 것으로 나타났다."³⁾고 한다. 또한 닐슨에 따르면, 수년 동안 텔레비전 시청률을 모니터링하는 방법과 유사하게 비디오 게임의 사용빈도도 모니터링을 시작했다. 그 모니터링 결과 2007년에 대규모 다중 사용자 롤플레잉 게임(MMORPG) 중 하나인 월드 오브 스타크래프트(World of Starcraft)가 사람들이 가장 많이 사용하는 게임으로 등록되었다. 이 게임을 한 사람들은 한 주에 평균 1,023분 정도씩 게임을 했다고 하는데,⁴⁾ 이는 주당 17시간이 넘는 것으로 거의 파트타임의 직장인이 일한 시간에 해당한다.

막대한 수익을 올리는 게임 시장

게임은 어린이들이 시간을 보내는 오락거리에서 엔터테인먼트와 미디어의 주류산업으로 탈바꿈했다. 게임 산업은 거대하고 강력한 거인으로 성장했다. PwC(PricewaterhouseCoopers)는 비디오 게임 시장이 2003년에 223억 달러에서 2008년에는 556억 달러에 이르리라고 말한다. 게임 개발자들은 컴퓨터 기술을 기반으로 엄청나게 흥미로운 시각적 효과를 사용하여 황홀하고 생생하며 현실감이 넘치는 게임으로 발전시키고 있다. 이제는 게임 산업이 벌어들이는 경제적인 수익이 거대한 영화 산업과 견줄 수 있을 정도로 성장했다. 한 예로, '할로3'라는 게임은(10대 청소년들이 2007년 크리스마스 선물로 가장 갖고 싶어 했던 게임이다) 정식공개 전에 미리 백만 장이 넘게 판매되었다고 알려졌다. 그리고 그 게임이 팔리기 시작한 첫날 하루에 무려 1억 7000만 달러를 벌어들였다.

하나님의 말씀과 게임의 세계

나는 전자오락 산업 전체를 비난하려는 의도는 없다. 비디오 게임이 단지 시간을 낭비하게 한다는 이유로 건전한 오락에서 제외되는 것 또한 아니다. 즐겁게 시간을 보내는 자체는 전혀 악하지 않다. 어떤 면에서 아이들의 비만을 조장하고 시력을 나쁘게 하고 사회성을 약화시킨다는 이유 등으로 비디오 게임을 죄악시하는 것은 좀 억측인 것 같기도 하다.

하지만 비디오 게임이 상상 이상으로 유행하고 있으므로 게임이 사람들의 일상에 어떤 영향을 미치는지 성경적으로 평가해 볼 필요는 있다. 모든 그리스도인은 성경적인 사고로 삶의 전반적인 영역에서 그리스도를 영화롭게 하도록 노력해야 하는데, 비디오 게임도 예외는 아니다. 특별히 유년기나 청소년기에 형성된 습관을 바꾸기는 매우 어려운 일이다. 그러므로 부모들은 일찍부터 자신의 아이들을 나쁜 게임으로부터 보호하고 또 그들이 하는 게임을 잘 살펴보고 적절히 인도할 필요가 있다.

게임을 바라보는 4가지 성경적 세계관

비디오 게임에 적용할 수 있는 성경적 세계관은 성숙, 현실, 영원, 정결의 영역으로 나눠볼 수 있다.

1. 성숙   저기 게임 가게에 줄 서 있는 저 사람은 37살이야!
          "우리는 나이가 들었다고 게임을 그만두지 않습니다. 우리가 게임을 그만하면 그만큼 더 늙어가는 거지요." 이는 조지 버나드 쇼의 어록 가운데 자주 인용되는 구절로, 시간을 허비하거나 게임을 많이 하는 사람들이 가장 좋아하는 말이다. 나이를 먹는 게 나쁜 일이라면 이 말은 어느 정도 이치에 맞는다고 할 수도 있다. 실제로 나이 드는 것을 싫어하는 현상들이 우리 문화 곳곳에 은연중에 깔려 있다. 도리어 어리고 바보 같은 행동들이 부러움의 대상이 되기 때문에 그렇게 생각할 수 있을지는 모르겠지만, 나이에 대해 성경에서 말하는 관점은 다르다. 말씀에서는 노인의 성숙함과 지혜로움이 존경의 대상이다(고전 14:20; 엡 4:13; 히 5:14). 다시 말해, 자신의 세월을 게임에 낭비한 사람들은 세상 사람들이 말하는 젊음을 유지하는 것이 아니라 미성숙을 유지하는 것임을 깨달아야 한다.

그리스도인이든 아니든, 작가들은 모두 청년기가 길어지는 현상에 대해 다양한 의견을 제시한다. 레오나르드 삭스 박사는 그의 책『표류하는 소년들 Boys Adrift』에서 이렇게 말한다.

> 18세에서 35세 사이의 젊은 남성들이 부모나 친척들의 집에서 함께 사는 비율이 지난 30년 동안 급속히 증가하였다. 대략 이전보다 두 배 정도 많아졌는데, 반면에 같은 연령대의 젊은 여성이 부모나 친척들의 집에서 함께 사는 비율은 이전과 변함없이 일정하게 유지되고 있다. 젊은 여성과 남성들은 이제 다른 인생 대본을 따라 살아간다. 젊은 여성들은 직업을 가지고 직장에서 자신들의 위치를 확립하고 또 많은 경우 가정과 자녀를 가질 생각을 한다. 그러나 점점 많은 수의 젊은 남성들은 그렇게 살 생각을 하지 않는다.[5]

젊은 남성들은 특별히 십대를 훨씬 넘겨서도 청년기의 태도에 집착을 보인다. 그 원인을 분석해 보면 삭스 박사가 그의 책에서 지적하는 요인의 하나인 비디오 게임에 큰 책임이 있음을 발견할 수 있다. 많은 젊은 남성들이 성인의 의무를 저버리고 종종 결혼도 미루고 고등학생 정도의 성숙도를 유지하면서 20대를 보낸다. 그들은 공상이 아닌 현실에 사는 피터 팬이 되어 성장하기를 거부한다. 그들의 무책임한 정신 상태는 흰머리를 경멸하는 것을 넘어서서 진정한 아름다움이 무엇인지 이해하지도 못하고 참된 지혜를 거부한 채, 청소년들처럼 무모하게 자신만을 위한 재미를 쫓아다닌다. 그런 사람들은 성인으로서 감당해야 하는 의무가 무엇인지 인식하고, 경력을 쌓고 결혼을 하며 가정을 만드는 의무를 받아들임으로써 지금까지 그들을 지배한 게임 시대에 종지부를 찍을 준비를 해야 한다(고전 16:13 참고).

성경에서 말하는 성숙은 그리스도를 닮고, 지혜로워지며, 확실한 신념을 지키고, 섬기고, 자제력을 기르면서 신실하게 책임과 의무를 감당하는 것이다. 오늘날 젊은 남성들은 자신들이 즐기는 게임에 대해서는 매우 잘 알고 있다. 하지만 정결, 신학, 고난, 또는 하나님이 기뻐하시는 길이 어떠한 것인지, 어떤 식으로 아내를 얻는 것이 하나님의 방법인지에 관해서는 거의 아는 바가 없다. 그들은 인터넷의 가상세계에서는 영웅의 캐릭터로 활동하지만 실제의 현실 생활에서 희생이나, 존중, 혹은 용기에 대한 지식은 전혀 갖고 있지 않다. 게임 속에서는 가상의 우주선을 타고 디지털의 세계를 여행하지만 실제의 생활에서는 사실상 자신의 집조차도 벗어나지 못하는 사람들이 많다(창 2:24 참조). 그뿐만이 아니다. 그들은 게임에서 다음 레벨로 올라가기 위해 오랜 시간을 인내한다. 하지만 일상생활에서는 인내하는 삶을 살지 못한다. 8시간을 쉬지 않고 게임을 할 수는 있겠지만, 8시간을 쉬지 않고 일할 수는 없는 것이 그들의 현실이다.

자제력과 자기단련은 영적인 성숙도를 가늠하는 척도다(딤전 3:2 참조). 가끔 게임을 하는 것은 합당한 레저 활동이 될 수 있지만 비디오 게임에 중독되면 일반적으로 죄를 짓는 행위들(게으름, 이기심, 자제력 부족 등)이 나타난다. 베드로가 경고한 것처럼 "누구든지 진 자는 이긴 자의 종이 됨이라"(벧후 2:19). 그리고 바울도 고린도 교회 성도들에게 "모든 것이 내게 가하나 다 유익한 것이 아니요 모든 것이 내게 가하나 내가 무엇에든지 얽매이지 아니하리라"(고전 6:12)라고 말씀하였다. 미성숙한 그리스도인은 그리스도의 말씀으로 충만하고 성령이 인도하실 때에 만들어지는 자제력을 배워야 한다(갈 5:23; 엡 5:18; 골 3:16). 왜냐하면 생활의 한 영역에서 나타나는 자제력 부족은 필연적으로 다른 영역들에 영향을 미치고 오염시킬 것이기 때문이다.

2. 현실   당신이 선택한 가상의 판타지 세계에서 당신이 소원했던 모험, 돈, 로맨스, 힘, 영토, 명성, 매력, 음모 같은 것들을 한순간에 소유할 수 있다면 현실을 직시할 필요가 있을까?

초보자들에게는 아직 게임의 세계가 현실이 아니다. 게임에 깊이 빠진 사람들은 매우 실망할 일이지만, 은하계 동맹군은 존재하지 않는다. 적국의 우주인들이 사용하는 반지 모양의 행성도 없으며 난쟁이나 거인 혹은 숲 속을 날아다니는 요정들도 실제로 존재하지 않는다. 비디오 게임 속의 모습은 실제의 당신이 아니다. 당신은 미래의 전사, 국제적으로 이름난 스파이, 고급 수입차를 훔치는 도둑, 깡패집단의 형님, 기타를 내려치며 노래하는 록 스타, 스포츠의 영웅 가운데 그 누구도 아니다. 당신은 디지털의 판타지 세계가 아닌 현실에서 맡은 바 소임을 다하도록 하나님이 불러내신 그리스도인이다. 만약 비디오 게임이 일상생활의 우선순위와 책임을 감당하는 당신의 능력에 나쁜 영향을 주기 시작한다면 당신은 인생의 변화를 위해 대담한 결정을 내려야만 한다.

최근 야후 게임의 사설란에 남편이 '월드 오브 스타크래프트'에 중독되어 파경에 이른 한 부부의 슬픈 이야기가 실렸다. 그의 아내는 인터뷰에서 "남편은 직장에서 퇴근하고 저녁 6시 정도에 집에 도착했어요. 하지만 6시 30분부터 새벽 3시까지 게임을 했고, 주말이 되면 더 심해져서 아침부터 한밤중까지 쉬지 않고 게임을 했죠. 게임이 우리가 함께 보내는 모든 시간을 빼앗아 갔어요. 남편 인생에서 내 존재는 사라지고 없었어요."라고 말했다.[6] 그 사설에 따르면 그 남편은 고지서를 내거나 집안일을 나누어 감당하는 일 같은 모든 일상적인 의무를 무시했다고 한다. 어떨 때는 아내와 시간을 보내기 위한 단 30분도 게임을 멈추려 하지 않았다. 버림받았다고 느낀 아내는 결국 이혼을 했다. 비디오 게임 중독이 이혼 사유였다. 그녀는 남편에게 "당신은 공상의 세계 때문에 실제인 나를 포기했어요. 당신은 자신의 인생도 우리의 6년 결혼생활도 파괴했어요. 실제로 있지도 않은 것들 때문에 모든 것을 포기해 버렸다고요."[7]라고 말했다.

판타지 세계 때문에 자기 가족을 버려둔다는 것은 어리석고 이기적이며 그 자체가 죄다. 하지만 이것을 알면서도 많은 사람이 게임을 멈추려 하지 않는다. '월드 오브 스타크래프트'는 자신들의 게임을 이용하는 사람들이 천만 명이 넘는다고 자랑한다.

많은 게임은 실제의 삶을 가장하여 게임을 하는 사람들이 자기 마음대로 조종할 수 있는 아바타(온라인 캐릭터/가상의 세계에서 본인을 대신하는 인물)를 만들게 하였다. 아바타는 실제 본인의 모습이나 나이, 성별, 인종, 의식, 머리스타일 등과 관계없이 게임을 하는 사람이 원하는 모습대로 완벽한 캐릭터를 만들 수 있다. 심즈(The Sims)와 세컨드 라이프(Second Life) 같은 게임들은 실제 사람같이 아바타를 정교하게 만들어서 게임을 하는 사람이 몇 시간을 자신의 아바타를 통해 환상의 세계에서 다른 인생을 살 수 있게 한다.

그러면 이런 자기중심적이고 비뚤어진 편견을 가진 사람들이 성경적 세계관과 어떤 연관이 있을까? 솔직히 별로 없다. 기독교의 핵심은 자신을 부인하고 이기심을 버리며(마 8:34) 하나님을 사랑하고(마 12:30) 이웃을 사랑하는 것이다(마 12:31). 우리가 오랜 시간 동안 자신만을 위해 살면서 비현실적인 욕망을 탐닉한다면 쾌락주의와 이기주의의 삶에 빠져들 뿐만 아니라 적극적으로 그리스도를 찾으며 다른 사람들을 섬길 기회마저 저버리게 된다(빌 2:1-4).

더욱이 현실에 뿌리를 두어야 하는 우리 자신의 정체성을 정확히 이해할 수 없는 위험에 처한다. 『자아의 놀이터 Playground of the Self』의 저자 크리스틴 로젠(Christine Rosen)은 통찰력 있는 관찰을 우리에게 제공한다. "우리는 자아의 새로운 놀이터로써 비디오 게임을 만들었다. 첨단기술의 방법으로 가상의 현실에서 자신을 창조하고 또 갖가지 다른 모양으로 변형해가는 동안 현실과 가상현실 사이의 경계가 점점 허물어지다가 마침내 자신의 실제는 사라져버리게 하였다. 또 실제로 가능한 여러 가지 이유로 자신이 만들어 놓은 캐릭터가 다른 사람들에게 도둑맞지나 않을까 하는 염려도 한다. 사실상 현실과 가상현실을 혼동하여 우리 자신의 실제 신분을 통째로 혼란에 빠뜨려 버리는, 현실을 무시하는 괴이한 아이러니에 빠졌다."[8]

환상과 실제 사이의 경계선이 흐려지기 시작하는 순간 그리스도인들은 더욱 어려운 상황에 부딪힌다. 지금의 인생은 게임이 아니며 앞으로 다가올 인생도 게임이 아니다. 미래 하나님의 심판은 공상과학이나 컴퓨터의 롤플레잉 게임 같은 가상이 아니라 실제로 임한다. 그럼에도 지속적으로 가상세계에 사는 사람들은 그러한 사실을 인식하지 못하고 가상의 공간과 현실을 구별하기 어려운 순간을 지속적으로 맞이하며 살아간다. 이처럼 비디오 게임은 우리의 영적인 감각을 마비시키고 그리스도에게 집중할 수 없도록 한다(히 12:1-3). 그렇다면 게임을 하지 않는 것이 훨씬 더 현명하지 않겠는가?

그리스도는 실재하며 그의 복음도 그러하다. 사역의 기회는 무수히 많이 널려 있다. 그러나 너무 많은 그리스도인이 현실을 값싸게 대체해 버리는 일들에 아까운 시간을 낭비한다. 그들은 가상현실에서 용을 퇴치하고 공주를 구해낼 수 있을지 몰라도, 게임에 시간을 낭비하면서 구원받지 못한 친구들이나 이웃들이 사탄에게 사로잡혀 고통당하는 것은 신경 쓰지 않는다. 새로운 피조물로서(고후 5:17) 그리스도인들은 예수 그리스도의 죽음과 부활이라는 비교할 수 없는 사실에 기초하여 살아가야 한다. 우리는 그리스도와 함께 살리심을 받았고(골 3:1) 예수님은 우리 안에 거하신다(골 1:27). 그러므로 예수 그리스도가 우리 자아 정체성의 기초가 되신다는 사실을 늘 기억해야 한다.

3. 영원 가장 복잡한 게임에서 휴대폰의 단순한 카드게임까지 게임은 많은 시간을 잡아먹는다. 게임이 시간을 잡아먹는다는 측면에서 보면, 블로그를 운영하는 일이나 텔레비전을 시청하는 것이나 인터넷 서핑은 모두 같다. 그런 오락과 유흥에 매일 많은 시간을 소비

한다면 인생의 많은 부분을 낭비하고 있다는 뜻이다. 특별히 텔레비전 시청에 관해서 존 파이퍼는 "천국에 올라가서 예수님을 만나자마자 이렇게 고백하고 싶은 사람은 없을 것이다. '저는 매일 밤마다 게임을 했습니다. 그리고 가족을 너무 사랑해서 그들과 함께 날마다 텔레비전을 보았습니다.'9) 텔레비전은 이 시대에 인생을 낭비하게 하는 가장 큰 적이다."라고 했다. 사실상 똑같은 말이 비디오 게임에도 적용된다.

컴퓨터 기술이 많이 발달하면서 요즘 나오는 비디오 게임을 배우려면 며칠이 걸리는 경우가 많다. 어떤 게임은 몇 주간의 시간을 투자해야 겨우 터득할 수 있다. 게임은 40달러나 50달러 정도 내면 살 수 있지만 실제로 수백 시간을 낭비하는 결과가 다반사니, 돈으로 환산할 수 없는 많은 시간이 허비되는 것이다. 많은 게임이 게임을 하는 사람이 만든 캐릭터가 여러 단계를 거치면서 기술이 늘고 더 많은 무기를 갖추도록 디자인해 놓았다. 그러나 현실을 직시하고 얘기한다면 게임을 많이 하는 사람들은 손목굴 증후군(carpal tunnel syndrome)에 걸리거나 고작 소설에 등장하는 무기에 대한 지식을 쌓는 정도의 수준에 머무를 뿐이다.

게임이나 TV, 그리고 컴퓨터 등에 낭비한 시간은 영원히 되찾을 수 없고 중요한 일을 위해 다시 사용될 수 없다. 아무 가치 없는 일에 시간을 낭비하는 대신, 건전한 일, 기도, 섬김, 교제, 전도, 사고를 하는데 그 시간을 사용하라. 하나님의 말씀은 시간이 매우 소중하다고 가르치신다(시 90:12; 39:4-5 참조). 시간을 잘 사용하는 사람은 선한 청지기로 불린다. 우리는 인생이 우리 자신의 것이 아니라 그리스도의 것임을 기억해야 한다(고전 6:20). 하루에 몇 시간씩 지속적으로 시간을 낭비하면 그리스도에게 헌신한 우리의 삶 자체를 낭비하는 것과 같다.

에베소서의 중심 주제 중 하나는 그리스도인의 '행함'이다. 바울 사도는 인생에 대한 비유로 '행함'을 사용한다. 그리스도인들은 선한 일을 하면서(엡 2:10), 사랑 안에서(5:1-5), 진리 안에서(5:6-13) 그리고 우리의 부르심에 합당한 방법으로(4:1-6) 행하여야 한다. 우리는 또한 목적이 분명하고 지혜로운 방법으로 행하여야 한다. 바울 사도는 "그런즉 너희가 어떻게 행할지를 자세히 주의하여 지혜 없는 자 같이 하지 말고 오직 지혜 있는 자 같이 하여 세월을 아끼라 때가 악하니라 그러므로 어리석은 자가 되지 말고 오직 주의 뜻이 무엇인가 이해하라"(엡 5:15-17)라고 말씀한다. 이 말씀에서 바울은 일정 관리를 잘하는 시간 관리법에 대해서 말하는 것이 아니다. 하나님을 예배하고 섬기며 기쁘시게 하려고 인생에서 만나는 모든 기회를 최대한 이용한다는 점에서 인생 전체를 관리하는 법에 대해 말씀하는 것이다. 지혜롭게 행하는 자는 자신의 제한된 시간을 영원에 비추어 바라보며, 주어진 모든 기회를 통해 하나님께 영광 돌리는 자임을 명심해야 한다.

4. 정결   가장 유명한 비디오 게임 중 대다수가 성인을 위한 등급(M-mature) 분류된다. 겨우 몇 종류만이 성인 전용등급(AO-Adults Only)으로 판매된다. 최근의 한 연구에 따르면 남자 청소년들의 절반 이상이 게임의 등급을 고려하지 않고 도리어 M등급의 게임을 가장 선호한다고 한다.[10] 영화와 비슷하게 비디오 게임도 어린이들에게 불쾌감을 일으키거나 적합하지 않은 요소를 많이 포함하므로 그에 따른 등급을 받는다. 대부분 그런 게임은 그리스도인들에게도 적합하지 않다. 얼마나 유명한 게임인가에 상관없이, 그리스도인들은 폭력을 찬양하고 인간의 가치를 훼손

하고 탐욕을 조장하고 속임수에 상을 베풀고 신성모독을 하고 성적인 타락을 즐기는 게임은 절대로 해서는 안 된다(잠 6:17; 엡 5:3; 딤전 4:12). 우리가 즐기는 엔터테인먼트는 반드시 주님을 찬양하고 그의 성품을 반영해야 한다. 우리가 즐기는 오락이 그리스도인으로서 생각하는 법과(빌 4:8) 행하는 방법(막 12:30-31; 고전 10:31)에 상반하지 않도록, 다시 말해 부정적인 가치를 조장하지 않도록 철저히 막아야 한다.

최근에 발매된 GTA4(Grand Theft Auto IV)의 예를 들어보자. 비즈니스의 관점으로 보면 이 게임은 엄청난 성공을 거두었다. 판매를 시작한 날 하루 만에 3,500만 장을 팔아 지금까지 게임판매 기록을 단숨에 갈아치웠고 첫 주에 벌어들인 돈만 5억 달러에 달했다. 어느 연구에 따르면 GTA 시리즈는 12세에서 14세 사이의 남자 어린이가 가장 좋아하는 비디오 게임이 되었다고 한다.

원래 이 게임은 성인을 위한 M등급으로 17세 이상에게만 판매되어야 한다. 게임 라벨에는 '피,' '강도 높은 폭력성,' '거친 언어,' '마약과 알코올 사용,' '심각한 성적 내용' 그리고 '부분적 알몸 노출'이 포함되어 있다는 경고문구가 적혀 있다. 실제 게임에서 벌어지는 내용도 만만치 않다. 게임을 하면서 사람을 죽이고 남의 것을 빼앗고 훔치며 성적인 쾌락을 즐기면서 최대한 적에게 잡히지 말아야 점수를 쌓을 수 있다. 더욱 심각한 것은 그래픽이 너무도 세밀하게 묘사되어 게임이 현실처럼 생생하게 경험하는 것 같은 느낌이 든다는 것이다. MTV 뉴스 기자 스테판 토틸로(Stephen Totilo)는 이렇게 말했다.

> (게임 개발자는) GTA4를 전형적인 비디오 게임의 느낌이 나지 않게 하려고 노력했다. 경찰이나 악당, 평범한 시민을 향해 총을 발사하면 실제와 거의 유사한

느낌을 받는다. 사람이 실제같이 피를 흘리고 게임 속의 차를 조종하는 핸들은 차의 종류에 따라 실제와 똑같이 반응하게 만들었다. 점점 발전하는 컴퓨터 기술과 애니메이션 기술 덕에 게임은 점점 더 실제와 똑같게 만들어지고 게이머의 실력이 결과를 결정한다. 그렇다면 이런 비디오 게임들이 '단순한' 게임에 지나지 않을까? 당신이 즐기는 게임을 어떻게 생각하는가? 또한 그 게임이 당신의 실제 삶에 어떤 영향을 미친다고 생각하는가? 이 질문들의 답이 비디오 게임의 심각성을 보여줄 것이다.[11]

심지어 그 게임을 개발한 사람 가운데 한 명인 라즐로 존스(Lazlo Jones)는 워싱턴포스트지에 그 심각한 현실을 이렇게 말한다. "만약 당신 자녀에게 이 게임을 허락한다면 당신은 나쁜 부모임이 틀림없다."[12]

사도 바울이 그리스도인들에게 게임에 포함된 내용과 같은 죄가 가득한 세상의 오락을 멀리해야 한다고 명령한 에베소서 5장의 내용을 살펴보자.

> 음행과 온갖 더러운 것과 탐욕은 너희 중에서 그 이름조차도 부르지 말라 이는 성도에게 마땅한 바니라 누추함과 어리석은 말이나 희롱의 말이 마땅치 아니하니 오히려 감사하는 말을 하라 너희도 정녕 이것을 알거니와 음행하는 자나 더러운 자나 탐하는 자 곧 우상 숭배자는 다 그리스도와 하나님의 나라에서 기업을 얻지 못하리니 누구든지 헛된 말로 너희를 속이지 못하게 하라 이로 말미암아 하나님의 진노가 불순종의 아들들에게 임하나니 그러므로 그들과 함께 하는 자가 되지 말라 너희가 전에는 어둠이더니 이제는 주 안에서 빛이라 빛의 자녀들처럼 행하라(5:3-8).

그리스도인들이 에베소서의 말씀을 거스르지 않으면서 동시에 GTA4 같은 게임을 즐기는 것은 불가능하다. 우리가 육체의 정욕을 피하기를 원한다면(롬 13:14) 반드시 엔터테인먼트의 명분 아래 유혹에 빠지지 않게 조심해야 한다.

그리스도인은 삶의 모든 영역에서(비디오 게임도 포함해서) 정결이 최고의 우선순위가 되어야 한다. 그러므로 만약 비디오 게임을 하는 것이 성경의 원칙을 위반하고 양심에 거리낌을 준다면 말할 필요도 없이 그것을 죄로 생각하고 피해야 한다. 바울은 빌립보 교인들에게 이렇게 말했다.

> 끝으로 형제들아 무엇에든지 참되며 무엇에든지 경건하며 무엇에든지 옳으며 무엇에든지 정결하며 무엇에든지 사랑 받을 만하며 무엇에든지 칭찬 받을 만하며 무슨 덕이 있든지 무슨 기림이 있든지 이것들을 생각하라(빌 4:8).

게임을 멈추라

비디오 게임을 하면 당신의 뇌가 두부처럼 변하면서 엉뚱한 사람들을 공격한다고 주장하는 사람들의 말을 들어본 적이 있는가? 아마도 없을 것이다. 그러나 비디오 게임에 대해서 목사와 부모와 게임 경험이 있는 사람들에게서 깊이 있는 조언을 구할 필요가 있는지 묻는다면 절대적으로 그렇다고 대답할 수 있다.

모든 면에서 비디오 게임은 미국 문화에 깊고 튼튼하게 뿌리내렸다. 하지만 그리스도인들이 죄를 짓지 않으면서 재미있게 즐길 수 있는 비디오 게임들 또한 많이 출시되었다. 절제하면서 게임을 하면 영적으로 크게 위험에 처할 일은 없다. 그러나 수많은 게임이 적지 않은 위험을 내포하고, 그 게임들 안에 묘사된 죄들은 그래픽의 기술이 발전할수록 더욱 생생해지므로 더욱 조심해야 한다. 게임이 더 개선되고 내용이 복잡해질수록 점점 더 중독성이 강하고, 사람들은 게임의 노예가 될 가능성이 크기 때문에 그리스도인들은 이 문제에 대한 성경의 가르침에 겸손히 순종해야 한다.

영적으로 성숙하며 현실의 책임을 감당하고 항상 영원을 마음에 새기고 개인적인 정결을 지키라고 하시는 그 부르심에 따라 그리스도인들은 엔터테인먼트를 제어할 수 있어야 한다. 목사들과 부모들, 어린이들과 청소년들, 게임을 하는 사람과 그렇지 않은 사람들 모두가 어떤 엔터테인먼트를 선택할 것인지 결정할 때 반드시 성경 말씀을 기초로 삼아야 한다. 어쩌면 이 같은 결정이 게임기의 전원을 뽑아버리게 할지도 모른다. 그렇지만 그 결과, 그 어떤 비디오 게임도 줄 수 없는 진정한 삶과 기쁨이신 하나님을 발견할 수 있도록 더 많은 시간을 확보할 것이다.

04

자신과 가족을 위해 미디어를 선택하는 지혜

미디어를 선택하고 활용하는 기준이 있는가?

커트 게브하즈 (Kurt Gebhards)
그레이스 커뮤니티 교회의 주일학교 사역을 책임지고 있으며
청년싱글 주중 교제사역을 감당하고 있다.

　　　　우리 문화 속에 미디어가 깊이 뿌리내리고 있다는 현실에 대해 반대주장을 펼칠 사람은 없다. 그러나 우리가 그리스도인으로서 미디어를 소비할 때에 절제하는 태도를 보여야 한다는 주장에는 동의하지 않는 사람도 있을 것이다. 그러나 실제로 어떻게 우리 자신과 가족을 위해 좋은 미디어를 선택할 수 있을까? 이 질문은 대부분 그리스도인들이 일상생활에서 자주 직면하는 문제다.

　서양문화는 지금 미디어의 홍수에 깊이 잠겨 있다. 영화관, 텔레비전, 비디오 게임, 노트북 컴퓨터, 휴대전화, 문자메시지, 음악 다운로드, 이메일, 팟캐스트(아이팟을 이용해 오디오와 비디오 파일을 볼 수 있는 프로그램-역주) 및 블로그들이 우리의 눈과 귀를 자극하며 쉴 새 없이 공격을 퍼붓는다. 매일 우리는 케이블 TV

의 드라마를 비롯해 온라인의 팝업 광고에 이르기까지 도저히 감당할 수 없는 미디어의 홍수에 질식해 가고 있다. 심지어 많은 미디어가 죄를 마치 그 결과를 책임지지 않아도 되는 즐거운 오락 정도로 묘사한다.

누구나 잠시라도 급속하게 성장하며 또 그 속도를 늦추려고 하지 않는 미디어에 대해 생각해본다면 염려하지 않을 수 없을 것이다. 더 이상 집 밖을 나서지 않아도 모든 종류의 유혹과 죄에 노출되는 것을 피할 수 없다. 단순히 텔레비전을 켜거나 인터넷에 접속하는 것만으로도 영적인 위험에 빠질 수 있다. 그러나 대부분 그리스도인들이 문제의 심각성을 적절하게 인식하는 것 같지 않다.

이 문제는 심각하게 다루어야 한다.

거룩하며 정결한 삶으로 초대받은 그리스도인들은 자신의 마음을 정결하게 지켜야 할 책임이 있다. 특별히 자녀를 둔 그리스도인 아버지와 어머니는 자녀의 보호막이 되어야 한다. 부모는 자녀의 작은 손을 씻어주고 상처 난 곳에 밴드를 붙여주고 정기적으로 예방 주사를 맞히며 아이의 건강을 지키려고 노력한다. 이처럼 그들의 작은 눈과 귀와 마음에 미치는 영적인 부분도 무시해서는 안 된다.

엔터테인먼트와 정면으로 맞닥뜨릴 때 승리할 수 있는 하나님의 안전 지침은 무엇일까? 하나님의 도우심을 힘입어 우리의 자녀를 세상의 악한 영향으로부터 보호할 방법에는 어떤 것들이 있을까? 우리 자신과 자녀를 위해 지혜로운 결정을 내릴 방법을 발견하기 위해 성경 말씀을 찾아보자. 이 장에서는 두 가지 목표를 지향한다. 첫째 목표는 우리가 바른 미디어를 선택할 수 있도록 도와주는 말씀을 확인하는 것이고, 둘째는 혼란으로 가득 찬 미디어 세상에서 자신의 가족을 바르게 인도할 수 있도록 부모들을 돕는 것이다.

미디어를 선택할 때 고려할 성경적 원리

지금 우리가 살고 있는 이 세상에서 미디어는 강력한 영향력을 행사한다. 그러나 그리스도인들 안에 거하시는 성령 하나님보다 강력하지는 않다. 우리의 마음을 성령의 검이신 하나님의 말씀으로 가득 채우며 그분의 능력 안에 거한다면 우리 자신과 가족을 위협하는 미디어를 무장해제시킬 수 있다. 성경이 미디어에 대해 구체적으로 언급하지는 않지만, 우리가 경건한 결정을 내릴 수 있도록 일반적인 원리들을 제공한다. 성경 말씀에서 미디어의 선택에 관한 3가지 중요한 원리들을 찾아보자.

1. 자신의 연약한 부분을 약화시키는 유혹을 멀리하라

우리는 자신이 부서지기 쉬운 연약한 존재임을 기억해야 한다. 그리스도인들도 여전히 주님을 떠나 엉뚱한 곳에서 헤매는 경향이 있고(사 53:6) 다양한 형태의 유혹에 빠지기도 쉽다(약 1:13-16). 우리 믿음의 본보기인 위대한 바울 사도도 내면의 죄 때문에 고통받았다. 그렇다면 우리 같은 사람들은 얼마나 더 쉽게 죄의 영향을 받겠는가(롬 7:15, 24). 성경 말씀도 우리가 쉽게 유혹받으며 영적으로 무너지기 쉬운 존재라고 말씀한다(벧전 2:11).

하나님은 말씀을 통해 우리에게 부도덕한 행실을 하지 말라고 반복적으로 경고하신다. 야고보서 1장 27절은 진정한 신앙은 "자기를 지켜 세속에 물들지 아니하는" 것이라고 말한다. 우리는 또한 세상의 영향력으로부터 거리를 두며 살라고 부름 받았다(요일 2:15-17). 하나님의 경고를 무시한다면 자신을 위험에 빠뜨리는 어리석은 실수를 범하고 만다.

이런 점들을 우리의 마음 중심에 새기고 "열심을 다해" 마음 상태를 주의 깊게 살펴야 한다(잠 4:23). 나 자신이 가장 큰 내 적이며 내 안에 사는 그 적인 육체의 정욕을 반드시 정복해야 한다(렘 17:9). 사탄은 세상 쾌락을 미끼로 우리를 유혹하지만 실제로 우리를 죄에 빠뜨리는 것은 우리 자신의 정욕이다(약 1:14). 썩어질 육체를 위해 우리의 마음에서 벌어지는 싸움에 지지 말고 성령을 위하여 "씨앗을 뿌려야" 한다(갈 6:8). 우리가 거룩한 씨앗을 뿌리면 의로운 열매를 거둘 것이다. 그러나 악의 씨앗을 심으면 죄악의 열매를 거둔다.

유혹은 아주 교활하고 교묘해서 무엇이 도덕적이고 비도덕적인지 분별하기가 쉽지 않다. 할리우드가 정의하는 죄의 개념을 우리의 것으로 삼아서는 안 된다. 죄에 대한 성경의 정의와 미디어의 정의 사이에는 너무나 확연한 차이가 있다. 불륜, 마법, 동성연애, 거짓말, 도둑질, 사기 및 욕설 따위의 죄를 생각해보라. 이런 죄를 탐닉하면 큰 슬픔이나 후회, 양심의 가책, 고통, 곤란과 징계의 결과를 맞이한다. 결국 불신자들은 지옥에서 영원한 죽음의 고통을 당하게 될 것이다(고전 6:9-11).

그러나 미디어는 일반적으로 이런 죄들을 찬양하고 그것들이 재미와 만족과 성취인 것처럼 묘사한다. 죄가 가져오는 부정적인 결과에 대해서는 거의 드러내지 않는다. 유행하는 영화, 드라마, 컴퓨터 사이트, 노래들은 죄가 사람들을 행복으로 인도한다는 거짓말로 우리 마음을 유혹한다. 그러나 이것은 성경의 진리와 정반대되는 주장이다. 우리가 세상의 속임수에 빠지면 우리의 영혼은 위험에 처한다.

또한 반복적으로 미디어를 탐닉하면 감각이 둔해진다. 만약 당신이 깨어 있지 않으면, 우리의 사고의 능력은 떨어지고 윤리의 경계선은 희미해질 것이다. 그러나 내 친구 목사가 말한 것처럼 그리스도가 우리 죄를 대신해 죽으신 바로 그 죄에서 기쁨을 찾아서는 안 된다. 컴퓨터로 만들어진 음란한 이미지를 탐닉하고, 부도덕한 일에서 재미를 찾고, 우리 삶의 현실에 대해 불만족하며 우리의 마음을 반기독교적 메시지로 채우는 따위의 일들은 우리가 반드시 피해야 할 죄들이다.

그러나 죄를 피하는 것은 미디어를 다루는 성경적 접근법 가운데 아주 작은 부분일 뿐이다. 그리스도인들은 부도덕한 죄를 피하는 것뿐 아니라 적극적으로 그리스도를 좇는 삶을 살아야 한다. 우리는 "어둠의 행위"를 벗어버리고 "빛의 갑옷을 입어야 한다"(롬 13:12). 이것을 마음에 새기고 그리스도인들이 적용해야 할 중심 원리를 살펴보자.

2. 하나님께서 우리에게 허락하신 시간을 최대한 활용하라

에베소서 5장 16절은 그리스도인들에게 "세월을 아끼라 때가 악하니라" 하고 도전한다. 야고보 사도는 우리의 인생이 빠르게 지나간다는 것을 상기시켰다(4:14). 세월을 아낀다는 말은 선한 일에 열중하며(딛 2:14) 선한 행위에 최선을 다한다는(딛 3:8) 의미다. 하나님이 우리를 죄에서 구원하신 목적은 우리 각자가 선한 일을 행하도록 하시기 위함이다(에베소서 2:10).

영화, TV 쇼, 인터넷, 그리고 다른 여러 형태의 미디어들은 하나님이 우리에게 주신 삶의 목적을 이루지 못하도록 날마다 우리를 끊임없이 유혹한다. 잠깐만 보겠다고 TV 앞에 앉았다가 3시간이 훨씬 지나고서야 귀한 저녁 시간을 모두 낭비해버렸다고 후회한 적이 몇 번이나 있는가? 또는 이메일을 체크하려고 컴퓨터를 켰다가 두 시간 후에도 여전히 인터넷 서핑을 하는 자신을 발견하기도 한다. 상대적으로 적은 시간을 사용하더라도 매일 반복되는 시간을 모두 더해보면 인생의 많은 시간을 별생각 없이 컴퓨터 모니터만 쳐다보다가 낭비한 꼴이 된다. 시간 낭비는 기회 낭비와 같은 말이다. 기회를 낭비하는 것은 불의한 청지기라는 뜻이고, 하나님께서 결산하실 때에 주어진 시간을 어떻게 사용했는지 말씀드려야 한다(롬 14:10,12; 고후 5:10).

생각 없이 미디어를 사용하면 그리스도인이 가야 하는 목적지와 반대되는 길로 달려가게 된다. 시편 기자가 그랬던 것처럼 하나님께 우리의 남은 날들을 계수할 수 있는 지혜를 구하라(시 90:12). 당신은 하나님께서 주신 귀한 시간이라는 선물을 어떻게 사용하고 있는가?

3. 미디어를 선택할 때도 하나님을 예배하라

그리스도인들은 삶의 모든 영역에서 하나님을 사랑해야 한다. 예수 그리스도는 모든 소유를 팔아서 산 값진 진주다(마 13:45-46). 그분을 알고 따르는 것보다 소중한 것은 없다(빌 3:8). 그리스도가 우리의 최고 가치다(벧전 2:7). 그분은 우리에게 무한한 기쁨과 만족을 주신다(시 16:11). 그리스도와의 교제는 저 깊은 기도의 광산에서 발견하는 보화와 같다(시 63:1-5). 그분과 교제할 때에 우리가 가진 전부를 투자하면, 그분은 우리에게 헤아릴 수 없는 큰 축복을 안겨 주신다.

이런 진리를 알고서도 우리가 일상의 사소한 일들과 인생의 부도덕한 것들에 정신을 빼앗긴다는 사실이 얼마나 놀라운가! 만약 우리가 그의 "인자하심이 생명보다 낫다"(시 63:3)는 것을 안다면 어떻게 수많은 하찮은 것에 그리 쉽게 유혹을 받겠는가? 우리는 모든 것 위에 뛰어나신 하나님을 경배해야 한다(딤전 6:12). 미디어가 어떻게 하나님을 향한 당신의 소망을 흐리게 만들어 버렸고 예수 그리스도를 향한 열정을 식게 하였을까? 왜 그런 것들을 포기하고 대신에 그 시간을 사용하여 예수 그리스도를 따르는 삶을 살려고 하지 않는가? 그렇게 한다면 시간 낭비에 대해 걱정하지 않아도 될 텐데 말이다.

앞에서 설명한 세 가지 원리와 함께 우리가 미디어를 선택할 때에 고려해야 하는 추가적인 성경적 원리들을 살펴보자.

- 우리가 행하는 모든 영역에서 예수 그리스도가 높임을 받으시도록 하라 (골 1:18).
- 모든 것이 가능하나 모든 것이 유익한 것이 아님을 유념하라(고전 6:12).
- 하나님 외에 우리를 주장하려는 어떠한 영향력에도 지배당하지 말라(롬 6:14).
- 특별히 성적인 욕망을 주의하라. 왜냐하면 성적인 죄의 결과가 너무도 중대하기 때문이다(고전 6:15-20).
- 세속적인 삶이 당신을 파멸로 몰고 가는 것을 두려워하라(마 13:22).
- 죄로 가득한 사람들과 어울리는 것이 당신을 망친다는 것을 기억하라 (고전 15:33).
- 작은 어리석음도 엄청난 결과를 낳을 수 있음을 인식하라(전 10:1).
- 세속적 인생철학에 대해 깊이 마음을 두지 말라(시 1:1).
- 세상과 친구가 되지 말라(약 4:4).

- 악한 일에는 경험 없는 순진한 어린아이가 되라(고전 14:20).
- 악한 일에 노출되지 말라(잠 22:3).
- 죄로 이끄는 음욕의 유혹에서 도망치라(딤후 2:2).
- 물질주의와 우상 숭배 같은 탐욕과의 싸움에서 승리하라(골 3:5).
- 죄가 가득하고 가치 없는 이미지들에 눈길을 주지 말라(시 101:3).
- 생각과 행동에 순결을 추구하라(히 12:14).
- 육체의 욕망에 기회를 주지 말라(롬 13:14).
- 우리가 자유롭게 즐길 수 있는 모든 것들을 공급하신 주님께 감사하라 (딤전 6:17).
- 주님이 주신 자유는 자신을 위해서가 아니라 섬김을 위해서 사용하라 (갈 5:13).
- 선과 악을 분별할 수 있는 능력을 키우라(히 5:14).
- 당신의 모든 생각이 주님께만 사로잡히도록 하라(고후 10:5).
- 세상의 더러움에 얽매이지 않도록 조심하라(벧후 2:20).
- 쉼과 기쁨, 평안과 만족을 주님 안에서 발견하라(마 11:28-30).
- 신실한 자들에게 하늘의 상을 주심을 기뻐하라(히 11:6).
- 당신의 삶에 그리스도의 영광이 가득 차게 하라(빌 4:8).
- 주님의 눈은 선한 자와 악한 자의 모든 행실을 보고 계신다는 것을 기억하라(잠 15:3).
- 경건을 통해 자족을 배우라(벧전 6:6).
- 네 마음을 그리스도에게 고정하라(골 3:1-2).
- 이웃을 섬기는 일에 헌신하라(고전 12:15).

• 당신이 하는 모든 일들로 하나님이 영광 받으시도록 하라(고전 10:31).

가족이 함께 지킬 미디어 사용 원칙

위에 설명한 원리들과 더불어 그리스도인 부모들은 가족을 위해 지혜로운 결정을 내릴 수 있도록 노력해야 한다. 우리의 의사와 상관없이 자녀들은 미디어가 목표로 삼은 주요 소비계층이다. 부모의 지도와 안내가 없으면 아이들은 특히 미디어에 취약할 수밖에 없다. 왜냐하면 일반적으로 그들은 무엇이 옳은지 잘 분별할 수 없으며, 또 이전 어떤 세대보다 더 많은 미디어에 노출되어 있기 때문이다. 부모들은 미디어가 줄 수 있는 해악을 충분히 숙지할 필요가 있으며 또한 늘 경계태세를 유지해야 한다. 아버지와 어머니가 집에서 주도적으로 미디어에 관한 규칙을 세워야 하고 먼저 경건한 기준을 실천함으로 모범을 보여야 한다. 부모가 애쓰고 노력하면 반드시 좋은 결과를 얻게 될 것이다(잠 22:6 참조).

1. 미디어를 관리하는 좋은 모범을 보이라

부모는 자녀가 따를 수 있는 좋은 모범이 되어야 한다. 현명한 선택을 하고 자제력을 발휘해야 한다. 우리의 정신이 번쩍 들게 하는 사실은 우리 자녀가 우리의 행동을 보고 그대로 배운다는 것이다. 그들은 우리가 하는 것만큼 보고 배운다. 아무리 좋은 프로그램이라 하더라도 부모가 많은 시간을 텔레비전 시청에 소비한다면 우리 아이들이 무엇을 배우겠는가? 만약 우리가 스포츠 중계방송을 보기 위해 예배에 빠지고, 음란한 영화를 보면서 나쁜 부분만 빨리 넘기면 된다고 정당화시키며, 또한 시트콤에 나오는 빈정대고 음란한 대사에 장단 맞추어 웃는다면, 거기서 우리 아이들이 어떤 교훈을 얻겠는가? 아이들은 우리가 가르치는 말과 상관없이 우리가 자유 시간을 사용하는 모습에서 우리가 예수님을 가장 사랑한다고 한 말이 진실이 아님을 깨닫는다.

2. 죄의 영향에 대해 경계태세를 유지하라

부모는 경각심을 가지고 자신의 가족을 살펴야 한다. 자녀가 노출되어 영향을 받을 수 있는 환경을 알아야 하고 관리해야 한다. 아이가 헤드폰을 쓰고 음악을 듣고 있다면 부모는 아이가 어떤 음악을 듣는지 확인해야 한다. 아이의 방에 인터넷이 연결된 컴퓨터가 있으면 부모들은 아이가 어떤 웹사이트를 방문했는지 알아야 하며, 좋지 않은 내용을 포함한 사이트들은 차단해야 한다. 텔레비전이 있다면 아이가 무슨 프로그램을 보는지 알아야 한다. 이러한 이유 때문에 부모들은 아이들이 혹시나 받을 수 있는 유혹과 위협을 고려해서 텔레비전이나 휴대전화나 인터넷이 연결된 컴퓨터 같은 개인적인 미디어 도구들을 어린 자녀들에게 허락해야 하는지 심각하게 고려해야 한다.

가정에서 미디어의 소리가 하나님의 소리를 집어삼키지 않도록 주의하라. 만약 우리가 우리 주위에 보호막을 세우지 않으면 우리는 미디어의 급류에 쓸려가고, 더욱 심각한 것은 우리의 자녀도 그렇게 된다는 것이다. 우리는 자녀의 법적인 보호자로서뿐 아니라 영적인 보호자로서 엔터테인먼트의 공격으로부터 우리 자녀를 보호하기 위해 노력해야 한다. 하나님은 부모를 그들의 자녀에게 가장 중요한 영향을 끼치는 사람으로 세우셨다. 그러므로 거실에 놓인 기계 박스들에게 자신들의 역할을 양도해서는 안 된다.

3. 가족의 영성을 세워가라

가정에서 저녁 시간은 텔레비전을 시청하기에 좋은 시간이 아니라 가족에게 투자할 가장 좋은 시간이다. 그 중요한 시간을 아이들과 보내지 않고 텔레비전을 시청하며 보낸다면 하나님께서 허락하신 부모로서 당신의 역할을 무시하는 것이다. 오락과 엔터테인먼트는 순식간에 지나간다. 이 시간을 당신의 자녀와 깊이 교제하고 그들을 그리스도께 인도할 수 있는 복음의 기회로 대체하라.

당신이 자녀와 시간을 함께 보내고, 삶을 투자하고, 서로 깊이 알아가며 사랑을 표현하고 함께 놀아주기 위해서는 텔레비전을 꺼야 한다. 자녀가 성장하여 집을 떠날 때가 되면, 지나간 세월을 회상하며 당신이 후회할 일들은 무엇이겠는가? 나는 지금까지 '아이들과 함께 텔레비전을 좀 더 많이 보았다면……'이라거나 '아이들과 보내는 시간이 좀 더 적었더라면……' 하고 말하는 사람을 본 적이 없다.

부모는 (특별히 아버지들은) 자녀의 영성 계발에 적극적인 역할을 감당해야 한다. 목사나 다른 영적인 영향을 끼칠 수 있는 사람들은 아이들에게 보조적 역할을 할 뿐이다. 경건한 자녀로 기르기 위한 가장 최우선의 영적 책임은 가정에 있다. 하나님은 3,500여 년 전에 이스라엘의 부모들에게 "네 자녀에게 부지런히 가르치며 집에 앉았을 때에든지 길을 갈 때에든지 누워 있을 때에든지 일어날 때에든지 이 말씀을 강론할 것이며"(신 6:7)라고 명령하셨다. 우리가 미디어의 효과를 인지하고 방어하려면 자녀에게 하나님과 죄와 구원의 진리에 대해 열심히 가르쳐야 한다.

부가적으로, 가족이 미디어에 대처할 수 있도록 전략을 만들 때, 부모는 다음의 다섯 가지 실제적인 문제들을 고려해야 한다.

1) **당신이 어떤 미디어에 가장 많은 시간을 사용하는지 정직하게 검토하라.** 정기적으로 시청하는 TV 쇼들을 기록하라. 이 장에서 배운 성경적인 기준에 비추어 볼 때 변화해야 할 부분은 없는가? 당신을 망치는 미디어에 노출되어 있지 않은가?

2) **당신에게 주어진 시간을 하나님의 영광을 위해 지혜롭게 사용할 의무가 있음을 기억하라.** 당신은 텔레비전을 시청하고 인터넷을 서핑하거나 다른 미디어를 사용하는 데 너무 많은 시간을 낭비하지 않는가?

3) **당신이 그리스도의 부르심에 합당한 신실한 삶을 살기 위해 무엇을 해야 할지 생각하라**(마 25:23). 당신은 레저와 쾌락을 위해 그리스도가 주신 자유를 남용하지는 않는가(갈 5:13)? 그렇지 않으면 주님을 섬기기 위해 열심히 노력하고 있는가?

4) **당신이 미디어에 사용하는 시간과 하나님의 말씀을 묵상하는 시간을 비교해보라.** 하나님의 보배로운 말씀보다 당신 자신의 오락과 유흥에 더욱 많은 시간을 보내지는 않는가? 이 문제를 해결하기 위해 실행할 수 있는 계획을 세워보라.

5) 당신이 자녀에게 어떤 모범을 보이는지 정직하게 평가하라. 더 계발하거나 변화해야 할 부분들은 없는가? 가족과 함께 당신의 부족한 부분을 나누고 새롭게 실천할 수 있는 계획을 세워보라. 부모로서 가정에서 자녀를 위해 영적 리더십을 발휘하고 좋은 안내자로서 책임을 감당해야 한다.

"단호하게, 나는 그렇게 살기를 다짐한다"

우리가 사는 세상은 레크리에이션과 휴식을 갈망한다. 엔터테인먼트 사업은 우리 모두에게 소소한 기분전환은 당연하다는 생각을 불어넣는다. 그리고 우리 앞에 수많은 선택을 유쾌하게 늘어놓는다. 당신은 하루 종일 힘들게 일했으므로 텔레비전 앞에서 좀 풀어져도 되는 '자격'이 있다고 유혹한다. 그러나 예수 그리스도를 따르는 사람들에게 하나님의 말씀은 좀 더 높은 기준을 요구한다. 우리는 우리의 모든 에너지를 그리스도를 위해 그리고 믿음의 선한 싸움을 싸우며 세상이 줄 수 있는 어떤 것들보다 더 가치 있고 영원한 만족을 주는 일들에 사용하여야 한다. 우리는 그리스도의 영광을 위해 살도록 부름 받았다.

우리가 이렇게 산다면 우리의 가정은 죄악이 가득한 세상에서 거룩한 요새가 되며 하나님을 위해 포기한 것들은 하늘에서 넘치는 상으로 돌아올 것이다. "단호하게, 나는 그렇게 살기를 다짐한다. 내가 죽는 날에 그렇게 살았다고 말할 수 있기를 소원한다."라고 기도한 위대한 신학자이며 저술가였던 조나단 에드워드의 삶에 동참해야 한다. 그리스도의 눈부시게 찬란한 영광으로 한없는 기쁨을 누릴 수 있는데 왜 당신은 실제가 아닌 흐릿한 텔레비전의 장면들을 보면서 시간을 낭비하는가? 우리의 눈을 믿음의 주요 온전케 하시는 그리스도에게 고정하자. 그렇게 하면 잠시 머물다 지나가는 세상이 주는 환상에 마음을 빼앗기지 않을 것이다.

05

스타가 되려는 욕망과 유명인 숭배에 대하여
유명해지고자 하는 욕망에 어떻게 대처해야 하는가?

톰 패튼 (Tom Patton)
그레이스 커뮤니티 교회에서 등록교인과 새신자부를 담당하고 있으며
신혼부부와 가정사역의 주중교제 사역도 맡고 있다.

        우리는 명성과 유명세에 엄청난 집착을 보이는 세상에 살고 있다. 미국은 모든 사람이 '유명인사'로 창조되었다고 믿는 염치없는 문명이 되었다. 우리는 창조주에 의해 인생과 자유와 아메리칸 드림을 추구할 수 있는 양도할 수 없는 권리를 부여받았다고 들어왔다. 저녁 뉴스의 리포터로 가장한 가십 칼럼니스트부터 온 나라에 깔린 유명세와 부를 약속하는 연예인 스카우터까지 우리 사회는 인간 엔터테인먼트의 바이러스에 감염되어 있다. 그러나 아무도 예방주사를 맞으려고 줄을 서지 않는 것 같다.

스타가 되고 싶어요

내가 이 글을 쓰는 동안 현재 미국 텔레비전에서 가장 유명한 프로그램이 '아메리칸 아이돌'(가수를 찾기 위해 각 도시를 순회하며 경쟁을 통해 우승자를 가리는 유명한 프로그램-역주)이라는 것은 결코 우연이 아니다. 시즌마다 수많은 무명인이 일반 사람들의 숭배 대상이 되기 위해 경쟁한다. 이와 비슷한 '내슈빌 스타,' '아메리카 갓 탤런트,' '스타 서치' 같은 쇼들은 우리 사회에 스타가 되고 싶은 사람이 수없이 많다는 사실을 명백히 보여준다. 이제 '백만장자가 되고 싶은 사람?'이 아니라 '스타가 되고 싶은 사람?' 이라는 질문으로 대체되었다. 행복은 '대성공'에 있다는 거짓말로 무장한 아메리칸 아이돌의 선지자들은 열정과 화려함으로 신기루를 만들어 사람들을 끌어들인다. 이제는 엔터테인먼트가 모든 것을 평가하는 유일한 기준이 되어버린 느낌이다. 유명인이라는 신분은 지금까지 누구에게도 주어지지 않은 엄청난 지위를 부여받았음이 분명하다.

유명인들을 숭배하는 사람들은 공공의 모든 영역에 사람 중심의 종교를 심기 위해 온갖 노력을 기울인다. '피플'이나 '베니티 페어' 같은 잡지들은 그 이름이 상징하는 것처럼 열정과 뛰어난 능력을 갖춘 스타들의 생활을 홍보한다. 라디오 토크프로그램의 진행자들은 떠오르는 정치인들의 열정에 가득 찬 연설을 언급하면서 그들을 향해 신에게나 할 듯한 칭찬을 늘어놓는다. 올림픽에서 금메달을 딴 운동선수들은 아침 시리얼 광고부터 농구화에 이르기까지 가장 많은 돈을 지불하는 회사에 팔려간다. 블록버스터 영화의 배우에서 자신의 롤스로이스 자동차를 자랑하는 텔레비전 설교자들에 이르기까지 미국에 사는 모든 사람이 유명하게 되기를 바란다. 그리고 폭발적인 발전을 이루어낸 미디어의 보급 덕분에 모든 사람이 유명해지는 일이 가능한 것처럼 여겨진다.

리얼리티 텔레비전의 엄청난 성공으로 무례하고 남을 생각하지 않는, 가장 무시할만하고 괴상한 생활방식이 성공을 위한 새로운 기준이 되었다. 인터넷의 엄청난 물량공세는 수많은 소비자에게 자신을 '방송' 하라고 부추긴다. 이런 현상의 저변에 깔린 철학은 모든 사람이 자신을 유명하게 만들 '이야기'를 가지고 있다는 것이다. 그 이야기가 윤리적이거나 알릴만한 가치를 소유하고 있는지는 중요한 문제가 아니다. 중요한 것은 악명을 얻어서라도 탐욕적인 아메리칸 드림을 성취할 수 있느냐는 것이다.

현실에서 못다 이룬 꿈

현대에 들어와서 미국은 광고판, 미디어, 영화 등 유명인의 생활방식을 홍보할 상상할 수 있는 모든 도구를 사용하여 아메리칸 드림을 조장해왔다. 그리고 우리에게 주어진 막대한 자유와 전례가 없이 열린 한없는 기회들 덕분에 우리는 저마다의 꿈을 성취할 수 있다고 믿게 되었다. 우리의 배경이나 교육 정도나 성공에 걸림돌이 될 만한 어떤 장애물이 있을지라도 우리가 열심히 일하고 자신을 믿기만 하면, 우리는 경제적으로 안정을 누릴 뿐 아니라 부자가 되고 존경받고 유명해지고 행복할 수 있다는 것이다.

어떤 이들은 이런 생각들이 미국의 탄생을 이룬 중요한 정신이라고 주장한다. 건국의 아버지 알렉산더 해밀턴은 미국의 건국이념 저변에 "가장 고귀한 정신을 지배하는 열정인 명성을 사랑하는" 동기가 깔렸다고 했다. 그러나 '명성'이란 원래 '매우 뛰어난 업적의 인정'이라는 의미였으나 지금은 '그냥 남이 알아주면 되는 정도의 유명세'라는 뜻으로 대체되었다. 사람들은 만족하지 못하는 현재의 자신들의 삶에 대리 만족을 주는 텔레비전이나 영화를 보면서 현실에서 도피하려고 한다. 그리고 배우들의 모습을 통해 자신을 바라본다. 스타가 되기 위한 간절함을 가지고 삶의 의미와 목적과 불과 몇 십 분밖에 지속하지 않는 기쁨을 얻기 위해 미디어를 찾는다. 이전에는 엔터테인먼트가 현실에서 도피하기 위해 사용되었다면 이제는 아무도 피하기를 원치 않는 현실이 되어버렸다.

유명해지고 싶은 욕망의 덫

우리 문화에 만연한 유명인 숭배는 모든 사회가 유명해지고 싶은 욕망이라는 한 정점에 수렴된다. 유명인 숭배는 무의식중에 자신들이 되고 싶은 명성과 부를 가진 자들을 시샘과 부러움의 대상으로 예배하는 허상의 종교다. 그들의 꿈을 믿으며 언젠가는 자신도 그들과 같은 경배의 대상이 될 수 있다는 약속을 붙들고 산다. 우리 사회는 뛰어난 능력과 탁월한 성품을 동시에 소유하고 오랜 시간을 통해 준비된 사람들을 모방의 대상으로 삼아야 한다. 그러나 오늘날은 할리우드의 영향 아래 유명인 숭배에 빠진 사람들이 자신들의 능력을 점검할 수 있는 어떤 객관적인 기준도 포기한 채 오직 특별한 개성을 추구하는 일에 모든 것을 내걸었다.

여기에서 핵심적으로 다루고자 하는 중심 주제는 만족을 모르고 끊임없이 엔터테인먼트를 갈구하는 우리 사회와 어떻게 이런 무시무시한 식욕을 가진 엔터테인먼트 산업이 미국의 우상 숭배 가운데 거대한 브랜드로 자리 잡게 되었는가 하는 것이다. 유명인이 되고 싶은 열망은 원래 용감하고 도덕성을 갖춘 영웅들로부터 긍정적인 영향으로 시작되었으나, 지금은 자기 권력의 확장이나 교만으로 가득 찬 부정적인 모습들로 대체되었다. 그리고 엔터테인먼트 산업은 재능 있는 어린이들이 성장할 수 있는 기반으로 사용되었으나, 지금은 자기홍보를 위해 다른 사람들을 착취해도 된다는 면허증 정도로 왜곡되었다. 결과적으로 유명세에 대한 집착은 실제 능력보다 더욱 매력적으로 여겨질 뿐 아니라 성공하기 위해서 반드시 필요한 것이 되었다.

깊이 생각하지 않은 사람들은 이런 새로운 형태의 우상 숭배 산업에 충격을 받는다. 그러나 세계 역사를 살펴보면 얼마나 많은 사람이 인간 숭배에 매혹되고 또 그것을 얻으려고 몸부림쳐 왔는지를 알 수 있다. 실례를 하나 들자면, 1세기 때 로마에서는 전쟁에서 승리하고 돌아오는 개선장군에게 관례에 따라 '트라이엄프(triumph)'라는 이름을 수여하였다. 트라이엄프는 전쟁에서 획득한 전리품과 포로들을 앞세우고 전쟁에 함께 참여한 군인들과 퍼레이드를 하며 귀환하는 지휘관에게 대중들이 선사하는 최고의 찬사였다. 그들은 마중 나온 사람들에게 우레와 같은 환영을 받았다.

개선장군이 탄 전차 안에는 특별한 임무를 부여받은 노예 한 사람이 탄다. 환영 인파들이 지르는 함성이 하늘을 찌르고 그들의 찬양 소리에 마음이 벅차올라 개선장군은 자신이 신이 되었다고 착각하기에 이른다. 그때쯤 전차에 함께 탄 노예가 지휘관의 귀에 속삭인다. "기억하세요. 당신은 단지 인간에 지나지 않습니다!"

1세기 로마의 황제 숭배에서 나타난 수치스런 인간의 신격화나 21세기 록 오페라 '지저스 크라이스트 수퍼스타'에서 보여준 신을 인간화시키는 신성 모독에서 나타나는 타락은, 인류가 끊임없이 자신의 이미지를 숭배하기 위해 피조물임을 부인하고 신이 되고자 시도해왔음을 보여준다.

자기 숭배의 죄

우상 숭배의 죄는 마음의 죄다(겔 14:3-7 참조). 이 죄는 남자와 여자가 하나님을 사랑하는 것보다 다른 것들을 더 사랑하거나(막 12:30-31; 계 2:4-5 참조), 하나님 이외에 다른 것을 섬기거나(살전 1:9 참조), 하나님이 찬양과 경배의 대상이 아닐 때(신 6:14 참조) 나타난다. 우상 숭배라고 하면 화려하게 장식된 건물에서 황금 신상 앞에 절하는 이미지를 떠올릴 수 있지만 대부분 우상 숭배는 자기예찬과 자기만족 같은 교묘한 형태를 띤다. 만약 사람이 하나님같이 되기 원하면 필연적으로 이 죄에 빠진다(창 3:5 참조).

우상 숭배의 가장 생생한 실례는 구약성경에서 이스라엘 백성이 십계명을 받는 장면에서 찾을 수 있다. 하나님이 시내산에서 거룩한 율법을 주실 때 가장 먼저 우상 숭배의 죄를 금지하셨다. "너는 나 외에는 다른 신들을 네게 두지 말라 너를 위하여 새긴 우상을 만들지 말고 또 위로 하늘에 있는 것이나 아래로 땅에 있는 것이나 땅 아래 물 속에 있는 것의 어떤 형상도 만들지 말며"(출 20:3-4). 그러나 얼마 지나지 않아서 아론은 이스라엘 백성들을 이끌어 순금으로 만든 송아지 모양의 동상을 예배하는 우상 숭배의 죄를 범하게 하였다(출 32:1-4). 그 이후부터 이스라엘은 그들의 역사 전반에 걸쳐 항시 존재하는 우상 숭배의 유혹에 빠져들었다. 하나님의 선택을 받은 이스라엘 백성은 너무도 빈번하게 하나님 대신 다른 신들을 선택하는 슬픈 역사를 되풀이했다.

신약성경에서 사도 바울은 로마서의 첫째 장에서 우상 숭배 뒤에 깔려 있는 근본적인 원인에 대해 설명한다. 하나님은 자신을 예배하도록 인간을 창조하셨다. 그러나 인간은 죄 때문에 하나님을 거부하였고 자연히 다른 피조물들을 예배했다. 인간은 본래, 하나님보다 더 못한 우상들을 숭배하면서 지속적으로 다른 것들에 마음을 돌리지 않는다면, 하나님께서 인간들의 마음 깊숙한 곳에 심어놓으신 그분의 진리를 밀어낼 수 없다. 바울은 이렇게 설명한다. "이는 그들이 하나님의 진리를 거짓 것으로 바꾸어 피조물을 조물주보다 더 경배하고 섬김이라 주는 곧 영원히 찬송할 이시로다 아멘"(롬 1:25). 인간은 하나님을 예배하려 하지 않고 진정한 예배의 대상을 모조품으로 대체한다. 마땅히 창조주를 예배하여야 함에도 그분이 만드신 피조물들을 찬양하는 어리석음을 저지른다.

세상의 남자와 여자들은 '대지(mother earth-지구를 여신에 비유하여 인격화한 표현-역주)' 나 거짓 종교 혹은 자신들이나 자신들의 행복을 예배한다. 예배의 대상이 진정한 하나님이 아니라면 그것이 바로 우상 숭배. 바울은 하나님에 대해 말씀하면서 "창세로부터 그의 보이지 아니하는 것들 곧 그의 영원하신 능력과 신성이 그가 만드신 만물에 분명히 보여 알려졌나니 그러므로 그들이 핑계하지 못할지니라"(롬 1:20)라고 설명하였다. 그런 우상 숭배자들은 그들을 둘러싼 모든 피조물과 내면의 양심이 외치는 증거조차 무시하면서(롬 2:15) 모든 경건하지 않은 삶을 통해 하나님에 대한 진리를 막으려 한다(롬 1:18). 그들은 거부할 수 없는 하나님의 존재를 직면하면서도 자신들의 굳어진 마음에 진리를 받아들이기를 의도적으로 거절한다. 그리고 더 깊은 자기만족을 위해 자신의 삶을 허비한다.

우상 숭배의 허상

죄인들은 하나님의 진리에 복종하기 전까지 그들이 진정으로 추구하는 것들을 결코 얻을 수 없다. 그들은 예수님이 야곱의 우물에서 만났던 사마리아 여인과 비슷하다(요 4:14). 그 여인은 순간의 갈증만을 해소하는 세상의 우물에서 영적인 목마름을 해결하려 했다. 오직 하나님만이 영혼의 목마름을 해결하실 수 있다. 이런 사실에도 믿음이 없는 자들은 슬프게도 자신들의 갈증을 채울 수 있다고 믿는 것들을 찾아 평생토록 헤맨다. 그래서 그들은 명성과 재물, 능력, 부, 건강, 직장, 지혜, 교육, 사랑이나 혹은 텅 빈 영혼의 간절한 절규를 침묵시킬 수 있는 무엇인가를 찾으려 한다. 그러나 그들이 세상에서 발견한 어떤 것도 영혼의 갈구에 답을 줄 수 없다. 한 가지 욕망이 충족되었다고 생각하는 순간 먼지같이 날아가고, 또 다른 것을 찾아 헤매다가 잡으면 날아가는 일이 반복되고, 마침내 인생은 절망 속에서 끝을 맺는다.

이것이 유명인을 숭배하는 사람들이 맞닥뜨리는 달콤한 솜사탕의 유혹 같은 아메리칸 드림의 운명이다. 멀리서 반짝반짝 빛나는 아름다운 솜사탕은 매우 탐스럽게 보인다. 그러나 직접 사서 한 입을 물면 생각했던 것만큼 훌륭하지 않다는 것을 깨닫게 된다. 솜사탕이 잠시 달콤한 것은 사실이다. 그러나 그 맛이 주는 행복은 오래가지 않는다. 입안에서 녹자마자 영원히 사라져 버린다. 그다음엔 어떤가?

솔로몬 왕은 세상의 누구보다 이 사실을 잘 알았던 사람이다. 그는 하나님께서 주신 초자연적인 지혜로 그가 살던 시대에 가장 부유하고 가장 유명하며 가장 강력한 힘을 소유했다. 솔로몬은 자신의 행복을 찾기 위해 그가 가진 모든 것을 마음대로 사용했다. 그는 쾌락(전 2:1-3), 수많은 성취(2:4-6), 물질 소유(2:7-8), 명성과 인기(2:9-10), 그리고 엄청난 지혜(2:12-14)를 사용하여 영원한 즐거움을 얻으려고 노력했다. 그러나 모든 것이 헛됨을 깨달았고, 마침내 진정한 기쁨과 만족은 세상에 있지 않고 오직 하나님 안에서만 찾을 수 있음을 발견했다(2:24-26; 12:13-14).

솔로몬이 그의 모든 삶에서 시행착오를 통해 깨달은 것처럼 우리도 진정한 행복을 찾으려면 하나님을 바라보아야 한다. 이전에 우리에게 행복을 줄 수 있다고 생각했던 모든 것을 버리고 부활하신 주님을 따라야 한다. 그분이 주시는 구원이 우리가 구하는 진정한 만족이다. 그것은 행복의 무지개를 찾아 헤매는 것처럼, 명성과 재물을 추구하여 얻어지지 않는다. 진정한 행복은 모든 만족의 진정한 근원 되신 하나님을 붙잡을 때 비로소 발견할 수 있다.

우상 숭배에 대한 올바른 반응

유명인 숭배는 하나님만이 줄 수 있는 것들을 약속한다. 모든 우상 숭배가 그러하듯 그 헛된 약속들을 연모하고 쫓아다니면 결국 실망하고 아무것도 얻을 수 없다. 그렇다면 우리는 엔터테인먼트를 향한 끝없는 욕망을 가진 문화에 어떻게 반응해야 하는가?

1. 예수 그리스도의 삶을 따르라

그 해답은 진리 되신 예수 그리스도의 삶을 이해하는 것에서 시작된다. 만약 당신이 진정한 행복과 기쁨을 원한다면 이전에 자신에게 행복을 줄 수 있다고 믿었던 모든 것을 버리고 부활하신 주님을 따라야 한다. 지금까지 당신의 인생에서 당신을 창조하신 하나님을 멀리했다는 사실을 깨달을 때, 당신의 죄가 죄인들을 용서하기 위해 아들을 십자가에 죽게 하신 하나님의 마음을 상하게 한다는 사실을 이해할 때, 당신이 추구하던 것이 사실은 구세주가 허락하신 구원의 지혜라는 사실을 알게 될 때, 비로소 당신의 마음은 회개의 기쁨으로 가득 차고 그분이 주시는 구원이 당신이 그토록 찾아 헤매던 만족이었음을 깨닫게 된다. 또한 성령님이 오셔서 세상의 욕망으로 가득 찼던 당신의 마음을 하나님이 주시는 기쁨으로 변화시키신다.

2. 무릇 지킬만한 것보다 더욱 네 마음을 지키라

다음으로 우리는 유명인 숭배의 강력한 유혹에서 우리의 마음을 지켜내야 한다. 우리가 우상 숭배를 회개하였고 예수 그리스도를 믿는 믿음을 통해 구원의 은혜를 받았지만 우리는 여전히 유혹에 빠질 수 있는 존재라는 사실을 기억해야 한다. 때때로 우리는 오직 하나님께 돌려야 하는 영광을 가로채 우리 자신의 만족을 얻으려고 할 수도 있고, 주님이 예레미야를 통해 책망하신 것처럼 할 수도 있다. "네가 너를 위하여 대사를 경영하느냐 그것을 경영하지 말라"(렘 45:5).

예수 그리스도 안에서 진정한 만족을 발견하는 사람들도 때로는 이전에 가졌던 자기숭배의 욕망에 관심을 빼앗기게 된다. 초기에는 우상 숭배를 헛되고 실망으로 가득 찬 것들로 바라보지만 시간이 지나면서 그 영향력과 유혹이 강력하여 우리의 잘 준비된 방어막과 생각이 무너질 수 있다. 하나님께서 허락하신 특별한 재능이 있는 자녀를 잘 계발시켜주는 것은 물론 중요하다. 그러나 빛나는 스타들로 가득 찬 세상에서 우리도 또 하나의 별이 되려 하기 전에, 나 자신의 영광을 위해 활활 타오르는 등불의 빛을 줄이는 법을 배워야 한다.

3. 모든 것을 주의 영광을 위해 하라

마지막으로, 유명인 숭배 현상을 전도에 사용해야 한다. 유일한 진리 되시는 하나님을 소유하기 전에는 어디에서도 만족을 얻을 수 없다는 진리는 모든 문화에 통용된다. 젊은 부자 관원이 부와 건강과 성공을 소유했지만 예수님을 찾아왔다. 그 이유는 그에게 진정으로 필요한 것이 영원임을 알았기 때문이다(눅 18:18). 그는 자신이 추구하는 것들이나 현재 소유한 모든 것이 그에게 진정한 행복을 줄 수 없음을 알았다. 예수님은 그에게 모든 소유를 버리라고 했지만, 그는 조금만 더 부유해지면 만족을 얻지 않을까 하는 마음으로 예수님의 제안을 거부했다. 사람들은 좀 더 큰 사무실, 더 많은 연봉, 더 나은 경력, 다른 배우자, 건강한 몸, 조기 은퇴 등을 원한다. 그러나 우리에게는 이 모든 것이 필요하지 않다. 또한 전에도 그런 적이 한 번도 없었다! 죄인에게 주시는 성경의 대답은 이것이다. 당신이 이 세상에서 조금 더 가지고자 원하는 소원 모두가 하나님을 조금 더 얻고자 하는 소망이 되어야 함을 깨닫지 못하면 결코 만족을 얻을 수 없다.

06	이혼과 재혼을 다루는 교회의 원칙과 목회적 입장
07	태아의 생명과 여성의 인권을 존중하는 교회의 역할
08	임신조절, 체외수정, 대리모에 대하여
09	동성애로 고심하는 그리스도인을 돕기 위한 전략
10	안락사, 자살, 사형에 대하여

2부 | 생명 윤리와 사회 도덕

06 이혼과 재혼을 다루는 교회의 원칙과 목회적 입장
현실이 된 이혼과 재혼을 어떻게 다루어야 하는가?

목회적 관점

*몇 년 전 그레이스 커뮤니티 교회의 장로들은 '이혼과 재혼에 대한 성경적 견해: 장로들의 관점'이라는 제목의 소책자를 발간했다. 이 장에서 그 책의 일부분을 사용하였다.[1]

하나님은 이혼을 싫어하신다. 왜냐하면 모든 이혼은 두 사람이 하나님 앞에서 약속한 신성한 결혼 서약에 대한 불성실과 연관되기 때문이다. 그리고 이혼은 당사자인 부부들에게나 또한 그들의 자녀들에게 적지 않은 상처를 남기는 결과를 가져오기 때문이다(말 2:14-16). 성경에서 이혼이 허락된 것은 오직 사람의 죄 때문이었다. 이혼은 사람이 죄를 지었을 때 허락되었으므로 결혼을 만드신 하나님의 원래 계획에는 이혼이 포함되지 않았다. 그러므로 모든 그리스도인은 하나님과 같이 이혼을 미워해야 하며 결코 이혼 이외에 다른 방법이 없을 때에만 그렇게 해야 한다. 하지만 가장 큰 죄들이 얽혀 있는 관계라 하더라도 하나님의 도우심으로 깨어진 결혼을 회복시킬 수 있다.

마태복음 19장 3-9절에서 예수님은 이혼이 결혼의 본래 목적인 부부 사이의 친밀한 연합과 영원성을 명백하게 위반한 사람의 죄 때문에 허가된 것이라고 말씀하셨다(창 2:24). 예수님은 또한 '마음의 완악함'을 이유로 율법이 이혼을 허락했다고 가르치셨다(마 19:8). 법적인 이혼은 부부 중 한 사람이 성적인 죄를 짓거나 부부로서의 의무를 포기하는 경우에 한해서 나머지 한 사람에게 허락된다(마 5:32; 19:9; 고전 7:12-15). 예수님은 이런 때에만 이혼이 허락된다고 말씀하셨지만, 이 말씀을 하신 본래 목적은 이것이다. 즉, '무엇이든지 이유가 있으면' 이혼을 할 수 있다고 믿던 그 당시 유행하던 생각을 바로잡고, 이혼하려는 사람의 마음 바탕에는 죄가 있음을 가르치고자 하셨다(마 19:3). 그러므로 그리스도인들은 정말로 특별한 경우(아래 설명을 보라)를 제외하고 결코 이혼을 생각해서는 안 된다. 또한 그런 경우에 해당하더라도 다른 방법을 찾지 못해 이혼할 수밖에 없음을 안타깝게 여겨야 한다.

성경이 말하는 이혼의 근거

신약성경은 이혼할 수 있는 근거 두 가지를 제시한다. 배우자가 성적인 죄를 지었거나 혹은 믿지 않는 배우자가 그리스도인 배우자를 버리는 두 가지 상황에만 이혼이 허락된다.

첫째 상황에 해당하는 이혼의 근거는 예수님이 사용하신 헬라어 '포르네이아'(마 5:32; 19:9)라는 단어에서 찾을 수 있다. 이 단어는 일반적으로 간음, 동성애, 수간, 근친상간 같은 모든 성적인 죄를 통칭한다. 구약성경에서 하나님은 우상 숭배를 일삼는 북이스라엘과 이혼했다고 기록하였다. 그 이유는 하나님이 우상 숭배를 성적인 죄로 취급하셨기 때문이다(렘 3:6-9).[2] 부부 중 한 사람이 성적인 죄를 지어서 결혼의 언약을 깨뜨리고 부부간의 연합과 친밀함을 위반한 경우에 나머지 한 사람은 지극히 고통스러운 상황에 처한다. 성경은 결혼 서약을 지킨 사람이 죄를 지은 배우자가 회개하고 용서와 화해가 이루어지도록 가능한 모든 시도를 하라고 가르친다. 그런 다음 화해가 이루어지지 않을 경우에 이혼할 수 있도록 허락했다(마 5:32; 고전 7:15).

성경에서 이혼을 허락한 두 번째 근거는 믿지 않는 배우자가 그리스도인 배우자와 결혼생활을 더는 원치 않는 상황에 해당한다. 믿지 않는 배우자가 이혼을 원할 때 그 사람과 지속적인 결혼생활을 유지하는 것이 더 큰 긴장과 충돌을 가져올 수 있다. 그래서 바울은 "혹 믿지 아니하는 자가 갈리거든 갈리게 하라"(고전 7:15)고 말했다. 그러나 믿지 않는 배우자가 결혼 관계를 영원히 떠나지만 여러 가지 이유로 법적인 이혼절차를 밟지 않는다면 그리스도인 배우자는 법적으로나 윤리적으로 매우 애매한 상황에 부닥친다. 이런 때에는 "형제나 자매나 이런 일에 구애될 것이 없느니라"(고전 7:15)라고 한 말씀의 상황에 해당하므로 그리스도인 배우자는 더는 결혼에 제한받지 않고 이혼이 허락된다. (믿지 않는 배우자가 결혼 언약을 깨뜨린 사람으로 간주되므로 믿는 배우자를 놓아 주어야 한다.)

성경에서 말하는 재혼의 근거

그리스도인에게 재혼은 오직 성경이 허락한 근거로 이혼한 부부 가운데 죄를 짓지 않는 사람에게만 허락된다(롬 7:1-3; 고전 7:39).

성경이 허락한 이유와 상관없이 이혼한 사람은 하나님과 그의 배우자에게 죄를 범한 것이므로, 그 사람이 이혼한 후에 다른 사람과 결혼을 하면 '간음'을 범하는 것과 동일시된다(막 10:11-12). 그래서 바울은 성경이 허용하지 않는 이유로 이혼한 그리스도인 여인들에게 "만일 갈라섰으면 그대로 지내든지 다시 그 남편과 화합하든지 하라"(고린도전서 7:10-11)고 명령했다. 만약 성경적인 방법을 따르지 않고 이혼한 여인이 죄를 회개하면 그 회개의 진실한 열매로 이전 남편과 화해하려고 노력해야 한다(마 5:23-24). 이 원리는 성경적인 근거와 다른 이유로 이혼하고 나중에 회개한 남자에게도 똑같이 적용된다(고전 7:11). 그 사람은 이전의 배우자가 재혼했거나 세상을 떠나 더 이상 화해가 불가능한 때에는 재혼할 수 있다.

성경은 또한 이혼한 사람과 결혼을 생각하는 사람들에게 경고의 말씀을 준다. 만약 성경적인 근거가 아닌 이유로 이혼하고 여전히 화해하지 않은 사람과 결혼하면 간음으로 간주된다(막 10:12).

교회는 이혼을 어떻게 다루어야 하는가?

성경적인 이유와 상관없이 이혼하려는 그리스도인들은 하나님의 가르침을 공개적으로 거부한 것이므로 교회의 치리 대상이 된다. 성경적인 근거에 해당하지 않음에도 이혼하고 재혼한 사람은 하나님께서 처음부터 그 이혼을 허락하지 않으셨으므로 간음죄를 범한 것이다(마 5:32; 막 10:11-12). 그 사람은 마태복음 18장 15-17절에 설명된 방법에 따라 교회의 치리를 받아야 한다.

만약 자신을 그리스도인이라는 사람이 자신의 배우자를 저버림으로써 결혼의 언약을 위반하고 교회의 치리 과정 중에 회개를 거부하면, 성경은 그를 교회에서 내보내고 믿지 않는 자와 같이 대하라고 가르친다(마 18:17). 그런 과정에서 죄를 범한 사람의 배우자는 고린도전서 7장 15절의 말씀에 따라 이혼할 자유를 갖게 된다. 그러나 이혼하기 전에 교회 치리의 결과로 죄를 범한 배우자가 돌아올 가능성을 고려하여 적절한 시간적 여유를 가져야 한다.

지역교회의 리더들은 이혼 경험이 있는, 특히 성경적인 가르침을 적용하기가 쉽지 않은 이유로 이혼한 독신의 그리스도인들에게 그들이 처한 상황을 성경적으로 이해할 수 있도록 도움을 주어야 한다. 어떤 경우에서는 이혼을 경험한 사람들이 이혼할 당시에 진정한 그리스도인이었는지 확인해보아야 한다. 왜냐하면 각각의 경우에 그들의 현재 상황에 적용해야 할 성경적 원리들이 다를 수 있기 때문이다(고전 7:17-24). 또한 모든 교회가 치리를 행사하지 않기 때문에 목사들과 장로들은 성경적 근거가 아닌 이유로 이혼한 사람이 현재 다른 교회에 출석하고 있다고 할지라도 회개하지 않고 지속적으로 죄를 짓는다면 그를 믿지 않는 자로 대해야 한다. 이런 경우에 다른 한편의 죄를 짓지 않은 배우자가 이혼에 대한 성경의 원리를 적용하려고 할 때, 이전 배우자의 현재 상황이 여전히 영향을 끼친다(고전 7:15; 고후 6:14).

현재 이혼을 고려하는 그리스도인이 있다면 자신이 처한 상황을 정확하게 알기 위해 겸손하게 교회의 리더들에게 도움과 지도를 구하여야 한다. 하나님은 이런 일들을 위해서 교회에 리더들을 세우셨기 때문이다(마 18:18; 엡 4:11-16; 히 13:17).

그리스도를 믿기 전에 이혼했다면

구원이란 한 사람이 완벽히 새로운 삶을 시작한다는 의미이다. 그런데 새로운 삶이란 결혼과 이혼을 포함한 인생의 모든 영역에서 하나님께서 알려주신 말씀에 순종하는 삶이라고 정의할 수 있다. 고린도후서 5장 17절에 보면 믿는 자들은 그리스도 안에서 '새로운 피조물'이 되었다고 한다. 그러나 새로운 피조물이란 지나간 고통의 기억, 나쁜 습관, 혹은 지난 결혼생활에서 문제를 일으켰던 원인이 모두 사라지고 없다는 뜻이 아니다. 그것은 예수님께서 성령님과 성경 말씀을 통해 당신을 변화시키는 과정이 시작되었음을 의미한다. 구원을 얻은 믿음의 증거는 여러 가지로 표현되는데 결혼과 이혼에 관하여 하나님께서 하신 말씀에 기꺼이 순종하려는 자세도 포함된다.

고린도전서 7장 20-27절에 따르면 구원을 얻기 위해서 어떤 특별한 사회적 위치나 결혼의 여부 같은 전제조건이 필요한 건 아니다. 사도 바울은 하나님께서 믿는 자들이 각자의 환경에서 그리스도를 발견할 수 있도록 섭리하셨다고 가르친다. 결혼한 상태에서 그리스도를 영접하게 되고 또한 믿음이 없는 배우자가 떠나기를 원하지 않는다면 계속해서 결혼을 유지하기 위해 노력해야 한다(고전 7:15; 벧전 3:1). 이혼한 후에 그리스도인이 되었고 옛 배우자와 화해를 할 수 없는 경우(배우자가 재혼했거나 세상을 떠난 경우)라면 자유롭게 독신으로 남거나 다른 그리스도인과 결혼할 수 있다(고전 7:39; 고후 6:14).

이혼했지만 회개했다면

비성경적인 근거로 이혼하고 이후에 회개한 경우를 살펴보자. 하나님은 그 사람이 자신의 죄를 회개하는 즉시 용서의 은혜를 베푸신다. 진정한 회개의 증거는 고린도전서 7장 10-11절의 가르침에 따라, 가능하다면 그의 이전 배우자와 화해를 이루려고 노력하는 모습에서 나타난다. 만약 화해가 불가능해졌다면(위의 '성경에서 말하는 재혼의 근거'에서 제시한 이유에 따라), 하나님께 용서를 받은 사람으로 교회 리더들의 지도와 권고에 따라 조심스럽게 다음 관계를 추구해야 한다.

비성경적인 근거로 이혼하고 재혼하였다면, 그 사람이 죄를 회개하는 순간까지 간음의 죄를 짓는 것으로 간주한다(막 10:11-12). 하나님은 그 사람이 회개하는 즉시 죄에 대한 용서를 베푸신다. 그리고 용서를 받은 이후로부터 현재의 결혼을 잘 유지해야 한다고 성경은 가르친다.

이혼과 목사의 자격

교회는 확실하게 결혼에 대한 성경적인 가르침을 지켜야 한다. 특별히 리더들이 모범을 세워야 한다. 디모데전서 3장 2절에서 리더는 "한 아내의 남편"(원어의 표현대로, 한 여자의 남자)이 되어야 한다고 말씀한다. 12절에서도 동일하게 반복되는 이 구절은 장로나 집사는 재혼할 수 없다는 의미가 아니다.[3] 다만 다른 사람들에게 모범이 되도록 한결같이 자신의 아내에게 신실해야 한다는 의미다. 이 말씀은 리더가 구원받기 이전의 삶을 다루는 것은 아니다. 왜냐하면 여기에 열거된 조건들이 과거 행실에 대한 내용이 아니기 때문이다. 오히려 이 말씀에 언급된 모든 특성은 현재 그 사람이 기독교인으로서 어떻게 살고 있는가에 초점을 맞춘다.

바울은 에베소서 5장 22-29절에서 결혼을 그리스도와 교회 간의 관계에 비유한다. 이처럼 목사의 결혼도 실제의 삶에서 다른 사람들에게 모범이 되어야 한다. 이혼한 사람이 목사나 장로, 혹은 집사가 되려는 경우에 교회는 그 사람이 가정을 잘 다스리고 다른 사람들을 구원과 성화로 이끄는 능력이 검증되었는지 잘 알아봐야 한다. 그의 가정은 신실하고 경건한 삶의 모델이 되어야 한다(딤전 3:4-5; 딛 1:6). 교회는 그 사람이 이혼하게 된 상황과(구원받기 전인지 후인지 어떤 이유로 이혼했는지 등) 그리고 아직 그의 평판에 영향을 끼칠 만한 일들이 남아 있는지 주의 깊게 살펴보아야 한다. 왜냐하면 하나님은 다른 사람들 앞에서 목사들이 가능한 한 가장 경건한 모델이 되기를 원하시기 때문이다. 만약 리더들이 "책망할 것이 없으며"(딤전 3:2)라는 말씀대로 살기를 진정으로 바란다면 기꺼이 성경에서 말하는 세밀한 점검을 받으려 할 것이다.

07

태아의 생명과 여성의 인권을 존중하는 교회의 역할
낙태를 반대하면서
상처받은 여성들은 어떻게 위로하는가?

빌 쉐넌 (Bill Shannon)
그레이스 커뮤니티 교회에서 20년 이상 목회자로 일하고 있다.
그는 주중교제 사역에서 제자훈련 상담을 책임지고 있다.

　　　　　　나는 내 셋째 손녀를 처음 본 그 순간을 결코 잊을 수 없다. 그 아기는 무척이나 예뻤다. 아내와 나는 '평범한' 병실에서 새 생명이라는 '절대 평범하지 않은' 기적을 기쁨과 황홀한 마음으로 바라보았다. 우리는 하나님께서 어떻게 그렇게 앙증맞은 손과 발, 손가락과 발가락들을 지으셨는지 감탄하였다. 우리는 그 아이가 자라서 우리 가족 중 누구를 닮을지 궁금해하면서 그 아이의 건강하고 튼튼한 모습에 기뻐하였다. 우리는 잠시도 그 아이에게서 눈을 뗄 수가 없었다. 그 아이는 의심할 필요도 없이 우리 가족의 일부였고 우리 삶에 그 아이를 보내신 하나님께 감사드렸다.

　그렇지만 우리는 그 아이가 태어날 때까지 좀 더 기다려야 했다. 왜냐하면 그 아이가 태어나기까지는 아직 7개월의 시간이 더 필요하기 때문이었다. 사실 우리는 임신 기간 중 첫 3개월에 해당하는 어느 날에 우리 손녀와 처음 만났다. 그 아이의 엄마가 임신에 관련된 병으로 입원하게 되었고 입체 초음파 검사기계를 통해 그 아이를 처음으로 본 것이었다. 그러나 그 아이는 그때 '땅콩'이라는 애칭으로 불리는, 겨우 알아볼 수 있는 눈과 귀, 팔꿈치, 손가락, 발가락, 코를 가진 7주밖에 안 된 태아였다. 하지만 나는 그 아이의 또렷한 모습에 감탄했다. "이 모습을 보고 어떻게 인간이 아니라고 말할 수 있겠어?"하고 내 아내에게 물었다. 우리가 봤던 이미지는 식별할 수 없는 어떤 덩어리가 아니라, 조그마한 몸 안에서 아주 작은 심장이 박동치는 명확한 우리의 손녀였다.

태아의 생명 vs 여성의 권리

내가 손녀를 처음 만났을 때 그 아이는 채 두 달도 안 된 상태였다. 정말 상상하기조차 어렵지만 그때가 매년 수백만 명의 아이들이 태어나지도 못하고 죽임을 당하는 바로 그 단계다. 최근의 통계로는 미국에서 모든 임신 중 유산을 제외한 22퍼센트가 낙태에 이른다고 한다. 로우 vs.웨이드 사건(Roe v. Wade)의 판결(1973년 제인 로우가 낙태 허용을 요구한 소송에서 미국 연방 대법원은 여성은 임신 후 6개월까지는 낙태할 수 있는 헌법상의 권리가 있다고 판결하였다-역주) 이후 미국에서 4,500만 건의 낙태가 이루어졌다. 낙태의 61퍼센트 정도는 태아가 9주가 되기 전에 행하고, 약 28퍼센트는 9주에서 12주 사이에 행한다. 지금까지 낙태하는 가장 주된 이유는 산모의 사회적인 상황 때문이라고 한다. 다른 말로 하면, 산모가 임신에 불편을 느끼거나 어떤 이유에서든 아이를 원하지 않을 때 주로 낙태를 한다. 그리고 낙태를 경험한 사람들의 적어도 65퍼센트는 자신들이 그리스도인이라고 말한다(43퍼센트는 복음주의 기독교인들이고 27퍼센트는 가톨릭이다).[1]

1973년에 연방법원이 내린 로우 vs. 웨이드 사건의 판결은 낙태에 관한 획기적인 사건이 되었다. 그 판결 이후 미국의 법률 시스템은 여성이 임신 초기 즉 태아가 '독립적으로 생존(엄마의 자궁 바깥에서)' 할 수 있는 이전 단계에 해당하는 기간에 한해 낙태할 수 있는 헌법상의 권리를 가진다고 판단하고 있다. '생존 가능'이란 본질적으로 낙태 옹호주의자들도 인정하는 주관적인 기준이다. 아이는 태어나는 즉시 온전한 법적 권리를 부여받는다. 하지만 단지 몇 개월(혹은 몇 시간) 전만 해도 똑같은 아이인 그를 사람으로 여기지 않는다는 것은 정말 아이러니하다.

하나님은 태아를 사람으로 보실까?

대법원이 아직 태어나지 않은 아기들에 반하는 결정을 내린 이후, 낙태는 미국사회에서 광범위하게 받아들여지는 의료행위가 되었다. 그러나 정부의 판단을 통해 낙태를 합법화한 사실이 하나님이 보시기에는 어떨까? 이 질문에 답하기 위해 태아에 대한 하나님의 견해를 확인하여야 한다. 하나님은 태아를 사람으로 보실까? 단순한 원형질로 보실까? 만약 성경이 여전히 엄마의 뱃속에 있는 태아를 사람으로 인정하지 않는다면, 태아를 조금 일찍 제거하는 행위를 심각하게 다룰 이유가 없다. 그러나 하나님의 말씀이 태어나지 않은 태아가 분명한 사람이라고 밝히고 있다면, 낙태는 살인과 다를 바 없다(창

9:6; 출 20:13).

성경은 많은 구절에서 태아는 수태되는 순간부터 사람이라고 말씀하고 있다. 예를 들면, 욥기 10장 8-12절과 31장 13-15절은 아직 엄마의 뱃속에 있는 태아라도 신성한 가치와 인간적 자질을 가진다고 말한다. 동일하게 시편 139편 13-16절은 엄마의 태 안에서 아기를 지으시는 하나님의 창조 사역을 찬양한다. 이사야 49장 1-5절, 예레미야 1장 4-5절, 갈라디아서 1장 15-16절은 하나님이 태어나지 않은 아기들을 통하여 그의 사역을 하실 수 있다고 기록한다. 더욱이 누가복음 1장 41-45절은 마리아가 엘리자베스를 방문했을 때 태속에 있던 세례 요한이 기쁨으로 뛰놀았다고 말씀한다. 그리고 시편 51편 5절은 수태하는 순간부터 인간의 죄성이 시작된다고 알려준다. 만약 태아가 사람으로 인정받는 것이 출생 이후부터라면 위의 성경 말씀이 주장하는 일들은 절대 불가능하다.

성경은 다른 여러 구절에서 태어나지 않은 아기들과 태어난 아기들을 같이 인정한다. 그러므로 하나님은 둘 다 같은 사람으로 보신다는 것을 알 수 있다. 예를 들면, 출애굽기 21장 4절과 21장 22절에서 '아이' 혹은 '아이들'로 번역되는 히브리어 단어가 4절에서는 태어난 아기에 대해 쓰였는데 21절에는 태어나지 않은 생명에게도 똑같이 사용되었다. 또한 신약성경에서도 태어나기 전의 생명에게(눅 1:41,44) 사용된 헬라어 단어가 자궁 밖에 있는 생명에게도(행 7:19) 똑같이 사용되었다. 그러므로 태어나지 않은 아기가 태어난 아기와 같은 방법으로 표현된다는 것은 놀랄 일이 아니다(창 25:22-23; 욥 31:15; 사 44:2; 호 12:3). 이런 이유로 선지자 예레미야는 그가 출생 전 모태에서 죽을 수 있었고, 어머니의 자궁이 그의 무덤이 될 수 있었다고 말한다(렘 20:17). 그러므로 하나님의 위대한 선지자 가운데 한 사람이 출생 전에 죽는다는 것은 사람이 아닌 다른 것들의 죽음과 동일시될 수 없다.

성경은 모든 인간이 다른 인간의 자손이라는 사실을 말씀한다. 창세기 1장 24-25절은 피조물의 각 '종류'는 그 각각의 '종류'에 따라 생육하고 번성할 것을 단호하게 명령한다. 그러므로 세상에 이미 존재하는 사람들은 새 사람들을 출산하여 새 세대를 이룬다. 다른 말로 하면 재생산 과정을 통해 사람이 사람 아닌 것을 태어나게 한다는 말은 불가능하다는 의미다.

사람 안에 있는 하나님의 형상은(창 1:26; 약 3:9) 특별히 낙태에 의해 심한 타격을 받는다. 결국 낙태는 아기를 살해함으로 태아 속에 있는 하나님의 형상을 파괴한다. 또한 생식의 과정을 종결시켜 다음 세대에서 하나님의 이미지를 번성케 하라는 하나님의 명령을 위반하게 한다. 성경 말씀은 하나님의 형상으로 지어진 두 사람의 만남으로 태아가 생겨났기 때문에 그 태아도 하나님의 형상을 소유하고 있다고 가르친다.

성경은 태어나지 않은 인간을 살해하는 잔인한 행동을 책망하면서(출 21:22-23 참조) 출생하지 않은 태아도 진정한 사람임을 강력하게 주장한다.[2] 이런 사실들로 보아 대법원에 의해 합법화되었다 하더라도 낙태는 하나님의 거룩한 법에 정면 도전하는 것으로 볼 수밖에 없다.

낙태가 정말 여성의 행복을 지켜주는가?

낙태의 권리는 다른 어떤 것보다 어머니의 감정과 유익이 최우선임을 주장하는 수치를 모르는 여성 운동가들에 의해 좌우된다. 그래서 어머니가 가진

'선택권'이 태어나지 않은 아기의 '생존권'을 무효화시킨다. 그 결과로서

> 절대적인 진리를 믿지 않는 세계관을 바탕으로 여성의 임의적인 선택 이외에는 어떤 기준도 받아들이려고 하지 않는다. 또한 여성해방론자들의 주장을 맹종하는 사람들은 성경의 윤리, 생명에 대한 헌법의 권리, 자궁에서 생명이 발달하는 과학적 사실, 잔혹한 낙태기술 등과 같은 객관적인 주제들에 대해 깊이 있게 고려하지 않는다.3)

래리 에퍼슨(Larry Epperson) 박사는 낙태의 자유를 원하는 사람들의 바탕에는 '성적 자유'와 개인적인 편리함을 지속하기 위한 이유가 있다고 설명한다. 그들이 요구하는 '권리'는 무분별한 성관계를 통해 얻어진 원치 않는 결과에 대한 해결책으로 난잡한 삶을 멈추는 대신에 태아들을 살해하는 엄청난 결과를 가져온다.4)

낙태를 선택한 여성들은 순간적으로 하나님의 윤리적 기준을 무시할 수는 있지만 평생토록 자신들이 내린 비극적인 선택의 결과로 말미암아 죄책감과 비탄에서 벗어날 수 없다. 하나님은 그들을 아이의 양육자로 지으셨다(딤전 2:15; 딛 2:4 참조). 그리고 그들의 양심에는 하나님의 법이 새겨져 있다(롬 2:14-15 참조). 때때로 그들은 다른 사람들(남자친구나 남편 등)에 의해 낙태를 결정하도록 이용당하기도 한다. 그 결과 하나님을 모르는 사람이라도 후회와 수치의 감정으로 절망한다(시 32:3-4 참조).

일반적으로 이런 여성들은 치유를 원하지만 어떻게 해야 하는지 모른다. 어떤 사람들은 우울증에 걸리거나 자살을 선택하기도 한다. "핀란드에서 13

년에 걸쳐 자국민 전체를 연구한 결과에 의하면, 자살이나 사고 혹은 범죄에 희생당한 사람 중 낙태를 경험한 사람들이 그렇지 않은 사람들의 비율보다 248퍼센트나 높게 나타났다. 이 연구는 또한 그렇게 사망한 사람 중에 낙태를 경험한 사람들이 자살을 택한 경우가 많다는 것을 발견했다."[5] 또 다른 연구는 "낙태를 경험한 여성 중 자신을 파괴하는 행동을 하는 사람들이 점점 증가한다는 결과를 내놓았다. 낙태 후에 정신적 충격을 경험한 100명이 넘는 여성들을 조사한 결과 80퍼센트가 넘는 사람들이 '자기혐오'의 감정을 드러냈다. 그리고 49퍼센트는 약물을 남용하며 39퍼센트는 알코올을 사용하기 시작했거나 그 정도가 더 심해지고 있다고 보고했다."[6] 포괄적이지는 않지만 이런 보고서들은 낙태 후에 정신적, 감정적 고통이 따른다는 사실을 뒷받침한다.

죄책감과 수치심은 죄를 전제조건으로 한다. 그리고 죄는 예수 그리스도의 복음 안에서 발견되는 용서를 통해 치유될 수 있다. 어머니가 하나님과 자녀에게 죄를 지었을지라도 다른 죄를 지은 죄인들과 똑같이 하나님의 은혜를 통해 진정한 소망을 발견할 수 있다. 밧세바와 간음하고 우리야를 죽인 후에 쓴 시편 32편 5-6절에서 다윗은 "내가 이르기를 내 허물을 여호와께 자복하리라 하고 주께 내 죄를 아뢰고 내 죄악을 숨기지 아니하였더니 곧 주께서 내 죄악을 사하셨나이다"라고 고백했다.

교회가 어떻게 도울까?

현재 임신 중인데 낙태를 고려하고 있거나 이미 낙태한 여성들을 교회가 어떻게 도울 수 있을까?

　기본적으로 교회는 여성들을 교육하는 일을 도와 처음부터 낙태 같은 결정을 내리지 않도록 해야 한다. 이것은 낙태에 대한 성경적인 가르침과 낙태 반대운동에 관한 자료들(입양이나 산후조리에 대한 정보 등)을 교인들에게 나누어주는 것도 포함된다. 또한 근처 임신부 지원센터와 팀을 이루어 임신에 관하여 여러 가지 질문이 있는 여성들에게 도움이 될 만한 상담과 지원을 제공해야 한다.

　우리가 태어나지도 않은 손녀를 만나게 해 준 곳도 바로 그런 센터였다. 그처럼 초음파 기계를 사용하여 엄마들에게 뱃속의 아이들을 만날 수 있도록 도와주기도 한다. 2006년에 캘리포니아의 노스힐에 있는 임신부 지원센터를 방문한 낙태를 고려하는 여성들 가운데 초음파 기계를 사용하지 않은 사람들 중에서 낙태를 시행한 경우는 61퍼센트에 달하였고, 반면에 초음파 기계를 사용한 사람들은 단지 24.5퍼센트만이 낙태를 선택했다.[7] 이는 임신부 지원센터가 교회와 힘을 합쳐 여성들에게 낙태가 해답이 아니라는 것을 확신시켜 줄 수 있는 한 가지 예에 지나지 않는다.

　그렇다면 이미 낙태를 경험한 여성들을 위해 교회는 무엇을 할 수 있을까? 이상적인 시나리오는 태아에 대해서 부당한 결정을 내리기 전에 임신 중인 산모들을 상담하는 것이다. 그러나 낙태를 돌이키기엔 때가 이미 늦었지만 용서와 구원이 절박하게 필요한 산모들에게 목사들과 다른 그리스도인들이 소망의 복음을 전해줄 수 있다. 회심이 잘못된 선택으로 인한 기억과 고통을 지울 수는 없지만, 십자가에서 예수 그리스도의 희생을 통해 모든 죄가 사함을 얻는다는 사실을 발견함으로써 하나님 안에서 초자연적인 평화를 누릴 수 있다. 시편 103편 8-12절은 하나님의 은혜를 받아들이는 사람에게 주시는 약속이다.

> 여호와는 긍휼이 많으시고 은혜로우시며
> 노하기를 더디 하시고 인자하심이 풍부하시도다
> 자주 경책하지 아니하시며
> 노를 영원히 품지 아니하시리로다
> 우리의 죄를 따라 우리를 처벌하지는 아니하시며
> 우리의 죄악을 따라 우리에게 그대로 갚지는 아니하셨으니
> 이는 하늘이 땅에서 높음 같이
> 그를 경외하는 자에게 그 인자하심이 크심이로다
> 동이 서에서 먼 것 같이
> 우리의 죄과를 우리에게서 멀리 옮기셨으며

낙태 권리 운동에 대해 교회는 어떻게 반응해야 할까? 그레이스 커뮤니티 교회는 그리스도인들이 적극적으로 모든 입법기관과 법률적 수단을 동원하여 낙태를 근절시켜야 한다고 믿는다. 이것은 우리의 헌법에 포함된 표현, 출판, 청원, 결사의 자유를 포함한다. 그러나 우리의 법적인 권리를 행사할 때 우리는 태어나기 전의 아기들뿐 아니라 우리를 반대하는 사람에게도 예수 그리스도의 사랑을 나타낼 수 있도록 (원수로 보지 않고 전도의 대상으로) 조심스럽게 접근해야 한다.

교회는 낙태를 근절하기 위해 불법이나 부정직한 방법을 절대 사용해서는

안 된다. 그것은 성경적이지 않을 뿐 아니라(롬 13:1-7 참조), 그리스도의 존귀한 이름에도 영광이 되지 않는다(고후 10:3-4). 그러므로 우리는 하나님의 목적을 성취하기 위해 폭력 사용을 허가해서는 안 된다. 대신에 우리는 복음을 선포하는 일에 집중해야 한다. 결국 지속적으로 진정한 변화(개인적 혹은 국가적 차원 모두)를 가져오는 일은 오직 예수 그리스도의 복음 안에서 발견될 수 있기 때문이다.

08

임신조절, 체외수정, 대리모에 대하여
사람에게 생명을 조절할 자유가 과연 허용되는가?

목회적 관점

*이번 장은 그레이스 커뮤니티 교회의 목사들과 장로들이
이 주제에 대해 수년 간 연구하고 정리한 자료들에서 차용하였다.
그레이스 커뮤니티 교회의 입장을 나타낸다.

자녀를 갖는 것이 하나님을 기쁘시게 한다는 사실에는 의문의 여지가 없다. 이것은 디도서 2장 3-5절과 바울이 젊은 과부들에게 권면하는 디모데전서 5장 14절의 말씀을 통해 분명히 알 수 있다. 결혼의 목적에는 친밀한 교제의 기쁨(잠 5:19)도 있지만 출산(창 1:27) 또한 중요한 목적 가운데 하나다. 그래서 시편 127편 3-5절에서 자녀는 하나님의 선물이며 자녀를 많이 둔 사람들은 축복받은 사람들이라고 말한다. 가족이 많으면 그만큼 책임도 많이 따른다. 하지만 경건하게 자란 자녀는 세상에 좋은 영향을 끼치며 하나님께 영광 돌린다.

성경은 임신조절을 허용하는가?

그런데도 성경은 결혼한 사람들이 산아제한을 하거나 일정기간 자녀를 갖는 시기를 조절하거나 혹은 자녀의 수를 결정하는 일들을 금하지 않는다.[1] 그리스도인들은 윤리적인 결정을 내릴 때 반드시 성경적인 가치관을 반영해야 한다. 그와 마찬가지 임신조절을 하는 이유도 성경에 기반을 두어야 하며 단순히 세상의 문화가 정하는 데로 끌려가서는 안 된다.

원칙적으로 성경은 임신조절을 금하지 않지만, 그렇다고 모든 임신조절법이 받아들여지는 것은 아니다. 고린도전서 7장 5절은 성경적으로 받아들일 수 없는 임신조절의 한 형태로서 남편과 아내가 오랫동안 떨어져 있는 것을 금지한다. 또한 낙태에 이르게 하는 어떤 형태의 임신조절법도 거부되어야 한다. 생명은 수태 순간부터 시작된다. 그러므로 의도적으로 태아를 없애는 것은 살인과 같다. 수정을 방지하는 것 이외에 어떠한 형태이든지 태아나 수정란을 파괴하는 임신조절법도 잘못이다. (낙태에 대한 우리의 입장을 더 자세히 알려면 이전 장을 읽어보라).

낙태를 목적으로 하지 않은 경우 피임법, 콘돔, 일반적인 난관결찰 수술, 정관 절제술과 같은 임신조절 방법은 성경과 전혀 상충하지 않는다. 만약 남편과 아내가 하나님과 자신들의 양심적인 판단에 따라 더 이상의 자녀가 필요 없다고 결정한다면 성경은 이 결정을 반대하지 않는다.

이 모든 경우에 남편은 무엇보다 자신의 이기심을 버리고 아내를 섬기고 소중히 돌보아야 한다(엡 5:25-29). 그는 아내가 편안하게 느끼지 못하는 피임법을 사용하도록 강요해서는 안 된다. 피임이 필요하다면 아내와 남편이 함께 어떤 피임법이 그들에게 가장 적합할 것인지 선택해야 한다. 이때 서로의 감정적인 상태와 호르몬의 상황, 그리고 육체적인 면들을 모두 고려하여 결정해야 한다.

우리는 앨버트 몰러(Albert Mohler)의 말에 동의한다.

> 복음주의 기독교인 부부들은 가족계획을 위해서나 성생활의 기쁨을 위해서 피임기구를 사용할 수 있다. 부부는 이에 관련된 모든 문제를 주의 깊게 생각하고 하나님의 선물인 자녀를 기꺼이 받을 수 있도록 마음을 열어야 한다. 피임기구 사용의 도덕적 정당성에 대해 부부가 명확히 인지해야 하며 그리스도인으로서의 삶과 온전히 일치해야 한다.[2]

경구피임약 사용에 대한 논의

최근에 드물지만 초기 유산을 일으키는 'the Pill'이라고 알려진 경구피임약 OCP의 사용에 대한 논쟁이 늘고 있다. 만약 제시된 증거가 확실하다면 우리는 합당한 피임법으로 OCP의 사용을 거부해야 한다.

본질적으로 OCP는 여성의 몸이 스스로 임신 중이라고 인식하게 하여서 임신을 방지하는 작용을 한다. 가장 일반적인 형태의 임신조절 약은 에스트로겐과 프로게스틴의 합성인 복합제제 경구피임약(combined oral contraceptive 혹은 COC)이다. 이 두 호르몬은 서로 복합적으로 작용하여 배란을 억제함으로써 수정될 난자가 생기는 것을 방지한다. 또한 경관 점막(cervical mucous)을 두텁게 하여 정자가 나팔관을 타고 올라가지 못하도록 억제한다. OCP는 이 두 가지

중요한 상황이 가능하게 하여 수정을 방지하는 데 99퍼센트 가까운 효과를 나타낸다.[3]

경구피임법은 두 호르몬과 직접적인 관련이 있다. 이 두 호르몬은 에스트로겐과 프로게스테론이다. 필(Pill)의 복용은 모든 호르몬(FSH-여포자극호르몬, LH-황체형성호르몬, 에스트로겐, 프로게스테론)의 수치가 가장 낮은 월경주기의 다섯 번째 되는 날 시작한다. 필은 매일 복용하며 총 21일 동안 지속한다. 필 안의 호르몬들은 매우 쉽게 흡수되고 즉시 효력을 발생한다. 필이 일으키는 효과는 몸에서 자연적으로 일어나는 효과와 같아서 몸이 그 차이를 감지하지 못한다. 필에 포함된 호르몬들이 FSH와 LH의 분비를 억제함으로 뇌하수체에 영향을 미친다. 이 현상은 뇌하수체가 체내에 에스트로겐과 프로게스테론의 수치가 적절하다고 인식하기 때문에 일어난다. 이로 말미암아 뇌하수체가 더는 호르몬을 만들어낼 필요성을 느끼지 못한다. LH와 FSH의 생산이 억제되면 난자의 성숙과 배란이 방지된다. 배란이 없으면 당연히 임신할 수 없다. 이런 방법으로 경구피임약이 배란억제를 유도하고 임신을 방지한다.[4]

그러나 경구피임약을 복용한 여성의 체내에서 가끔 배란이 일어난다. 이를 '돌발 난자(breakthrough egg)'라고 부르는데 이때에는 수정이 가능하다. 이 현상은 상대적으로 드물게 발생하긴 하지만 이 때문에 필의 복용에 대한 윤리적인 문제가 발생한다. 이에 대한 구체적인 질문은 필이 난자가 자궁에 착상하는 것을 방해하는 역할(자궁벽이 얇아지게 하여 '적대적 자궁내막(hostile endometrium)'으로 불리는 상황을 만들어)을 하지 않느냐는 것이다. 만약 그렇다면, 난자가 자궁에 착상하지 못하게 하는 작용의 결과로 산모의 몸이 거부반응을 일으켜 건강한 수정란이 자궁에 착상하는 것을 방해하고 잠재적인 유산을 일으킬 수 있다.

논쟁의 중심은 경구피임약이 실제로 '적대적 자궁내막' 현상을 만들어 착상을 억제하거나 방지하느냐는 것이다. 때때로 논쟁자들의 주장이 과학적이라기보다 감정적인 경우가 있다.[5]

그러나 이 문제에 대한 그리스도인의 입장은 무엇인가?

우리는 확고하게 낙태 반대 입장을 취하며 인간의 생명이 착상부터가 아니라 수정과 함께 시작된다고 믿는다. 하지만 우리는 경구피임약을 바르게 복용했음에도 유산을 일으킬 수 있다고 믿을만한 과학적 혹은 의학적 증거를 갖고 있지 않다.

일반적으로 사람들은 '배란이 완벽하게 억제되었을 때'(99퍼센트가 넘는 확률) 경구피임약이 자궁내막을 얇게 만든다는 사실에 동의한다. 그러나 FSH와 LH의 분비를 억제하는 배란의 방지가 실패하였을 때 자궁벽을 얇게 만드는 작용이 적대적 자궁내막을 만들까? 그리고 실제로 배란(그리고 궁극적으로 수정)이 일어나게 될까?

최근 의학 저술을 연구해보아도 우리는 OCP를 복용한 후에 실제로 배란이 일어날 수도 있다는 결론을 내릴 이유를 찾을 수는 없다. 첫째로, 자궁내막이 어느 정도 얇아져야 수정란이 착상되는 과정에 영향을 미치게 되는지 확실하지 않다. 사실, 최근 현미경을 통한 자궁내막 연구들은 자궁막 두께 차이와 착상가능성의 연관성을 확증할 수 없다는 것을 보여준다. 오히려 자궁내막을 얇게 만드는 경구피임약 사이클을 관찰해서 밝혀낸 중요한 결과로 새로운 문제들이 일어나고 있다. 대부분 산과의사(obstetricians)들은 산모가 OCP를 복용하고 있는 동안 임신한 아기들을 분만시켰다. 그 아기들은 정상이었고 유산이나 선천적 장애의 비율은 일반적인 전체 인구 통계에서 나타나는 아기들의 그것과 크게 다르지 않았다.[6]

둘째, 앞에서 밝힌 이유보다 더 중요한 사항으로 경구피임약을 복용하는 중에 수정이 일어났을 때 산모의 자궁내막이 얇게(혹은 '적대적' 으로) 유지된다고 하는 가정에 대해 의문을 제기할 충분한 이유가 존재한다. 수정이 일어났을 때 산모의 몸에서 피임약의 효과를 무효화시키고 자궁내막에서 수정란을 받아들이는 결과를 가져오는 중요한 호르몬의 변화가 일어난다는 의학적인 증거들이 제시되고 있다.

> 난자는 수정되자마자 정상적으로 5일에서 7일 정도 산모의 몸에서 자궁으로 여행한 뒤 착상한다. 이 기간에 배란이 발생한 효과로 에스트로겐과 프로게스테론이 증가한다. 이것이 경구피임약의 모든 효과를 상쇄하는 현상이 아닌가?[7]

2005년 낙태를 반대하는 프로라이프 의사협회에서 발간한 논문에 제임스 존스턴(James P. Johnston)이 이런 의문들에 대해 확실한 답을 주었다.

> '적대적 자궁내막 이론' 을 지지하는 사람들은 OC(경구피임약)가 자궁내막을 얇게 만드는 결과에 기초하여 유산을 일으킨다고 한다. 존스턴의 논문은 명확히 OC의 효과로 자궁이 얇아지고 선(腺)이 감소한다는 주장을 뒷받침한다. 그러나 그 논문은 약을 복용하고 배란이 일어나지 않은 주기에 이 결론을 도출했다. 약을 복용하는 중 배란이 일어나지 않은 주기에 발견한 사실을 근거로 OC가 약을

복용하는 주기에 일어난 배란으로 말미암아 수정된 배아의 착상을 방해하리라고 추론한다. 그러나 이 추론은 사실이 아니다. OC를 복용하는 여성이 배란하고 임신이 되면 모든 것이 변한다. HCG(사람 태반의 융털에서 만들어지는 물질인 인간 융모성 성선자극호르몬)가 황체에 영향을 주고 황체는 에스트로겐과 프로게스트론을 다량으로 방출함으로 자궁은 수정란에 충분한 영양을 공급하게 된다.

정상적인 월경주기 중 배란일에는 자궁내막이 착상에 수용적이지 않다는 것에 주목할 만하다. 만약 그날에 배아가 나팔관을 통해 자궁으로 들어가더라도 '적대적 자궁내막'으로 불리는 상태가 된다. 그러나 배란 후에는 황체가 이 적대적 자궁내막을 수용적이고 영양이 가득한 곳으로 변화시킨다. 그곳에서 나팔관을 통과한 지 일주일 정도 지나면 배아가 착상하여 태어날 때까지 계속 발달해 간다.[8]

존스턴의 설명을 다른 식으로 표현하면, 실제 수정이 이루어진다면 필은 적대적 자궁내막을 일으키지 않는다는 것이다. 왜냐하면 수정 후에 필이 가진 양보다 훨씬 많은 호르몬들이 자궁에서 방출되기 때문이다.[9] 그래서 결과적으로 수정란을 받아들일 수 있는 준비로써 자궁내막을 두텁게 만들기 때문에 "배란이 일어나면 완벽히 다른 호르몬 환경이 존재하게 된다."[10]

위의 주장은 본질적으로 조엘 E. 굿너프(Joel E. Goodnough)가 2001년에 발표한 논문에서 필이 착상을 방해할 수 있다고 주장하는 사람들에 대한 응답으로 채택한 이유와 같은 선상에 있다.

그것이 낙태를 일으킨다는 [그들의] 주장은 의심할 만하다. 기본적으로 OCP

가 본래 의도대로 배란을 방지하도록 작용할 때 자궁내막을 착상에 적대적인 환경으로 만든다는 관찰에 기초한 것이다. OCP의 효과가 실패하고 배란이 일어났을 때는 자궁내막에 실제로 어떤 일이 일어나는지 확실하지 않다. 나는 OCP를 복용하는데도 배란이 일어났으면 자궁내막이 더 정상적이 된다고 주장하는 연구들을 자주 인용한다.

[지금까지의] 연구로 OCP가 유산을 일으킨다고 확정적으로 결론지을 수는 없다. 사실 최근 OCP를 정상적으로 복용하면 배란을 100% 가까이 효과적으로 방지할 수 있다는 더 많은 연구가 발표되고 있다.[11]

우리는 이런 문제에 대해 광범위한 연구를 진행하였다. 그레이스 커뮤니티 교회의 교인이며 산부인과(OB/GYN) 분야의 리더인 의학 전문가 마이클 필즈는 임신조절을 위한 약들은 유산을 일으키는 방식으로 임신을 방지하지 않는다는 결론을 내렸다. 그는 다음과 같이 말했다.

경구피임약들은 배란을 억제하고 수정을 불가능하게 하여 임신이 되지 않게 한다. 수정에 앞서 임신을 방지하는 이와 같은 임신조절법은 수용 가능한 기준을 확실히 통과한다. 경구피임제가 완전하게 임신을 방지하지 못하고 필을 정상적으로 복용하였음에도 소수는 임신이 되기도 한다. 그러나 최근 연구들은 필을 복용한 후에 임신이 되어도 유산이나 임신에 관련된 문제들이 증가할 가능성이 없음을 명확하게 보여준다.

요약하면 필이 작용하는 메커니즘에 대한 이해를 바탕으로 경구피임제는 성경적인 논점에서 수용할 수 있는 임신조절법이라고 할 수 있다. 경구피임제는 오늘날 가장 효과적인 임신조절법이며 지침서를 잘 따르면 높은 안정성을 보장한다. 넓게 본다면 필은 안정성과 효과도 있지만 또한 몇 가지 건강에 도움이 되는 작용도 한다.[12]

필즈 박사의 발견은 유력한 다른 복음주의 의사들의 의견들과 일치한다. 1999년에 네 명의 낙태반대운동 의사들로 구성된 단체는 OCP가 적대적 자궁내막의 환경을 만들어 착상을 억제한다는 주장을 뒷받침할 충분한 증거가 없다는 주장에 대한 광범위한 보고서를 제시하였다. 그들은 "COC에 자궁내막의 변화가 수정란이 착상하는 것을 억제한다는 증거가 없다. 그리고 COC가 자궁외임신을 높인다는 증거도 없다."[13]라고 결론지었다.

위의 보고서보다 조금 더 이른 1998년에 '임신조절 제재: 피임용 혹은 유산용' 이라는 제목의 자료가 만들어졌는데 OCP가 유산을 일으키는 위험이 없다는 것에 동의하는 21명의 낙태반대운동 의사들이 거기에 서명하였다.[14] 이와 비슷하게 '포커스 온 더 패밀리'의 의사 심의 협회에서 2년에 걸친 광범위한 조사와 검토 후에 발간한 '선언 2005'에서 "[협회에 속한] 대부분 의사들은 필이 유산을 일으키는 효과가 없다고 생각한다."라고 예시했다.[15]

다른 기독교 기관들은(American Association of Pro-Life Obstetricians 와 Gynecologists and the Christian Medical and Dental Association 등과 같은) 최종의 판결을 내리기 전에 더 많은 의학적 연구가 필요하다면서 관망하는 태도를 보이고 있다.[16] 이런 기관들은 상반된 주장을 하지만 각자의 연구와 양심을 따르는 의사들의 입장을 모두 수용하고 존중한다.

우리는 이 중요한 문제에 대해 더 많은 연구가 필요하다는 것을 잘 알고 있다. 그리고 우리는 COC를 사용하려는 모든 그리스도인 부부에게 기도하면서 이 문제에 대해 열심히 연구하고 또 그들의 의사들과 대화할 것을 권장한다.

결론적으로 지금까지 밝혀진 의학적 증거에 따른다면 OCP(특별히 COC) 사용을 반대해야 할 뚜렷한 이유가 없다. 그렇지만 우리는 결코 믿는 사람들이 자신의 양심에 저촉되는 일을 하라고 권장하지 않는다. 서두에서 언급했던 것처럼 우리는 태아들의 생명을 매우 중요하게 생각한다. 그리고 우리는 이 문제에 대해 우리의 견해에 동의하지 않는 낙태반대운동에 앞장선 그리스도인 리더들의 생각도 존중한다. 동시에 우리는 좋은 의도가 있지만 정확한 정보를 가지지 못한 사람들이 단순한 추측만으로 감정적이 되어서 다른 사람들을 판단하고 부당한 두려움을 일으키는 행동을 경계한다.

임신조절을 바라보는 성경적인 전제

다음에 우리 목사들이 복음주의 교회에 속한 의사들과 가진 대화를 기초로 해서 얻은 초기 결론을 기록하였다. 모든 결론은 다음에 제시된 성경적인 전제들을 반영한다.

- 하나님은 그분의 전능하신 뜻에 따라 자궁을 열기도 하시고 닫기도 하신다 (창 29:31; 30:22; 삼상 1:5-6; 시 127:3).
- 그리스도인이 성경의 가르침을 분명하게 어기는 방법이 아니라면 현대과학이 제공하는 기술들을 사용하여 유익을 얻을 수 있다(롬 14장 참조).
- 생명은 수태에서부터 시작된다(시 51:5; 139:13-16).

- 낙태는 인간의 생명을 파괴하는 것이므로 절대로 선택의 조건이 될 수 없다 (창 9:6; 출 20:13).
- 남편과 아내의 육체적인 친밀감은 하나님이 자녀를 생산하기 위해 만드신 수단이다(창 2:24).

체외수정과 대리모를 바라보는 성경의 원리

다음은 위의 성경적 전제들을 기초로 해서 얻어진 10가지 초기 결론들이다.

1. 자녀를 갖기 원하는 모든 부부는 자연적인 방법이든지 의학적인 도움을 받든지 반드시 자신들의 동기를 주의 깊게 살펴야 한다. 자녀를 갖기를 원하는 마음이 이기적인 동기에서 나온 우상 숭배가 아닌지 확실히 해야 한다. 이런 자아성찰은 자녀가 태어난 후에도 지속해야 한다.

2. 독신으로 사는 사람이 성경적인 결혼을 통하지 않고 자녀를 가지기 위해 체외수정이나 대리모를 선택하는 것은 결코 정당한 방법이 아니다.

3. 체외수정이나 대리모는 성경적이지 않은 방법이다(예를 들면, 동성연애의 관계 혹은 결혼하지 않은 남녀가 동거하는 경우) 그러므로 이는 동거하는 커플들이 선택할 수 있는 정당한 방법이 아니다.

4. 남편과 아내를 통해 만들어진 모든 배아는 착상되도록 허락되어야 한다.

5. 자궁이 감당할 수 있는 합당한 아기의 수는 세 명이다. 그러므로 최대한 난자 3개(2개를 더 선호한다) 이상은 수정을 삼가야 한다. 셋 이상의 배아가 착상되면 아기들이 죽거나 심각한 손상을 입을 수 있다.

6. 매우 급하게 치료를 받아야 하는 이유로(방사선치료나 화학요법 등) 시험관아기 시술의 일부분으로 냉동이 필요한 경우에는 아내의 난자와 남편의 정자는 독립적으로 냉동되어야 한다.

7. 냉동된 수정란이 있다면 다음과 같이 다루어야 한다. (a) 모든 수정란은(한 번에 세 개를 넘을 수 없다) 실제 엄마의 자궁에 착상되어야 한다. (b) 절대로 버리거나 파괴해서는 안 된다.

8. 성경은 체외수정이나 대리모에 관해 구체적으로 언급하지 않는다. 그러나 이미 언급한 것처럼 남편과 아내의 육체적 친밀감은 하나님이 자녀를 생산하기 위해 만드신 수단이다. 바로 이런 이유로 그리스도인들은 제삼자가 제공한 난자나 정자를 사용해서는 안 된다고 생각한다. 그리고 남편의 정자와 아내의 난자를 다른 제삼자의 자궁에(대리모로서) 착상시켜 아이를 얻는 방법도 사용해서는 안 된다. 정확하게 일치하는 예는 아니지만 창세기 16장에 아브라함과 사라가 제삼자인 하갈을 이용하여 아브라함의 가문을 이루려고 시도하면서 겪게 되는 비참한 결과가 기록되어 있다. 특별히 두 여자 사이에 일어난 긴장을 통해 보여주는 말씀이 제삼자를 통한 방법을 추구하는 사람에게 경고가 되길 바란다.

9. 대리모를 둘러싼 법률적인 문제와 양육권에 대한 문제들이 계속 증가한다. 대리모를 고려하는 사람들은 이것을 추가적인 경고로 받아들여야 한다.

10. 다양한 의학적 선택과 함께 그리스도인 부부는 실행 가능하고 하나님이 기뻐하시는 입양을 심각하게 고려해야 한다(약 1:27 참고).

09

동성애로 고심하는 그리스도인을 돕기 위한 전략

동성애는 죄악이라 규정짓고 모두 배척해야 하는가?

존 D. 스트리트 (John D. Street)
그레이스 커뮤니티 교회의 장로이며
마스터즈 컬리지에서 성경적 상담 과정 학과장으로 일하고 있다.

오늘날 그리스도인들이 직면하는 가장 심각한 도전 가운데 하나는 성경의 진리와 타협하지 않으면서 효과적으로 게이와 레즈비언들을 위한 사역에 열정을 쏟는 것이다. 이들에 대해 극단적인 태도를 보이는 교회의 문화 때문에 성경적인 균형을 잡기가 쉽지는 않지만, 생각하는 그리스도인들과 성경 말씀을 지키려는 교회에는 게이와 레즈비언들에 대한 사역이 매우 중요한 문제다. 반면에 동성연애자들을 위한 사역의 개념조차 거부하고 그들을 경멸적으로 대하는 교회들도 있다. 전자는 성경적인 분별력이 약하고, 후자는 그리스도의 사랑이 부족하다. 이 문제에 대해 어떻게 반응해야 바른지 몇 가지 구체적인 사례를 통해 살펴보자.

그리스도인이 된 후에 데릭은 동성연애 생활방식에서 완전히 벗어났다. 그는 이미 습관이 된 자신의 연약함을 잘 알고 있으며 그의 마음과 생각이 죄를 지을 수 있다는 가능성을 감지하고 있다. 그러나 그는 자신을 통제하고 지배하는 모든 것들로부터 자유롭게 되기를 간절히 소원하고 또 노력한다. 게다가 그는 예수 그리스도가 그의 싸움과 고통의 해답임을 믿는다. 그러나 그는 새로 발견한 믿음과 실제적이고 지속 가능한 변화를 가져올 성경의 해답 사이에서 연결점을 찾는 데 어려움을 겪고 있다. 그러던 중에 데릭은 회심한 지 얼마 지나지 않아서 그리스도인 여성을 만나 결혼하였다. 그가 동성애의 유혹에서 벗어나려는 절박한 심정은 마치 강력한 파도에 휩쓸려 익사하지 않으려고 부두 끝에 간신히 매달려 있는 사람에 비유할 수 있다.

또 하나의 예는, 독신이면서 여성적인 성격을 지닌 카스라는 남자다. 그의 모습과 태도를 보고 같은 교회에 다니는 많은 사람이 그를 동성연애자라고 추측한다. 그가 옷을 입는 스타일이나 걸음걸이나 말하는 모습은 일반적인 남자들과 다르다는 걸 쉽게 알아차릴 수 있을 정도다. 그렇지만 그는 지금까지 같은 남자에게 성적인 관심을 표현한 적이 없었다. 그는 대학생 때 주로 싱글 여성들과 어울렸고 현재 다니는 직장에서도 마찬가지다. 그의 대화 주제들은 대부분 남성적인 것들보다 여성적인 것들(옷, 스타일, 헤어스타일 등)에 가깝지만, 자신이 동성애 성향이 있다고 다른 사람에게 고백한 적도 없다. 여러 가지 정황을 보면 그가 동성애자라는 것이 설득력이 있지만, 이 문제에 대해 누구와도 이야기한 적이 없어 의심만 커진다.

그리고 세 번째 경우로 20여 년간 레즈비언으로 살다가 교회에 나온 독신 중년 여성인 로지가 있다. 그녀는 교회에서 여성과 관련된 사역에 열성을 보이고 성경공부에도 참여한다. 로지는 결혼한 경험이 없으며 때때로 자신이 남자를 좋아해 본 적이 없는 소녀라고 표현한다. 그녀의 모습은 다분히 남성적이고 짧은 머리를 선호한다. 최근 몇 년 동안 로지는 지역 화물회사의 세미트럭 운전사로 일했다. 그녀는 자랑스럽게 남자가 할 수 있는 일이면 무엇이든지 할 수 있다고 떠벌리곤 한다. 그녀가 다니는 교회의 목사 부인이 제자훈련이라는 구실로 자신과 친밀한 관계를 맺으려는 그녀의 의도를 주시하고 있다.

교회에서 데릭이나 카스나 로지 같은 상황에 처한 사람들의 수가 점점 증가하고 있다. 동성연애에 병들어 순리가 아닌(롬 1:26) 욕망을 갖게 된 그리스도인들을 돕기 위해 더 많은 목사와 상담가들이 적절한 방법을 찾고 있다.[1] 이 장에서 우리의 목적은 이 책을 읽는 그리스도인 독자들에게 동성애 욕망에 유혹을 받는 다른 그리스도인들을 돕기 위해 성경적으로 정확하고 효과적인 방법을 알려주려는 것이다. 또한 포스트모던 시대에 동성애 문제를 다루는 실제 대응 태도를 제공하려는 것이다.

교회는 동성애를 어떻게 다루어야 하는가?

나는 여기서 '그리스도인'이라는 단어를 자격을 갖춘 사람에게 적용되는 기술적인 용어로써 사용하고자 한다. 동성연애자(게이 혹은 레지비언)나 여성으로 사는 남자가 스스로 어떻게 주장하든지 상관없이 나는 그들이 진정한 그리스도인이 아니라고 생각한다(고전 6:9-11 참조).[2] 그러므로 그들을 도우려 한다면 초기 단계부터 복음을 우선적인 중심 주제로 다루어야 한다. 믿지 않는 자들이 먼저 복음을 듣고 예수 그리스도를 믿음으로 받아들이지 않는다면, 그들에게 성경 말씀을 통한 효과적인 상담을 기대할 수 없다. 왜냐하면 그들은 여전히 죄의 노예이며, 죄 때문에 죽었고, 아직 회심하거나 변화되거나 용서받지 못한 사람이기 때문이다(롬 6:6,17-18; 엡 2:1-3; 딛 3:5-8 참조). 그들은 성경의 권위에 순종하여 살지 않고 성령도 그들 안에 계시지 않는다(고전 6:19; 갈 5:19-23). 그들은 영혼이 죽었기 때문에 하나님의 진리 말씀을 대할 때 반응하지 않거나 적대적인 태도를 보인다(엡 2:5; 롬 3:10-18 참조). 그래서 성경적인 방법으로 동성애자들을 돕기 위해 노력하는 그리스도인들은 그들이 마음 깊은 곳에서 영적인 반응을 하지 않기 때문에 힘들어한다. 그들은 서로에게 실망하고 좌절감을 느낀다. 이 문제의 분명한 예는 구원받지 못한 어느 목사가 마침내 자신이 동성애자임을 고백하며 작성한 '가족과 친구들에 대한 공개서한'에서 발견할 수 있다.

나는 지난 2년간의 침묵을 깨기 위해 이 편지를 쓰게 되었다. 몇 사람이 나에게 연락을 취하려 하겠지만 나는 여러 가지 이유로 대답하지 않을 것이다. 그럼에도 내 인생과 사랑하는 내 가족들 사이에 일어난 몇 가지 명백한 변화를 밝혀야 할 시간이 되었다고 생각한다.

여러분은 진정한 내 모습을 전혀 알지 못했다고 느낄 것이다. 그 말은 정확한 표현이다. 지난 25년간 내 성적 성향으로부터 도피하는 것이 내가 가장 우선적인 목표로 삼고 노력한 바다. 나는 결코 내 모습 중 어떤 것도 여러분에게 공개할 의도가 없었으므로 엄청난 이중생활을 해야 했다.

나는 16세 때 나를 치유할 수 있고 가족을 실망하게 하지 않을 방법이 있다면 어떤 것이든 해보겠다고 하나님께 약속했다. 경험 없는 어린 남자였던 나는 대학 시절과 신학교, 결혼생활, 그리고 사역에서 그 약속을 실천하려고 노력했다.

셀 수 없는 상담과 지원그룹, 책들과 세미나에 시간을 바쳤다. 나는 몇 주, 몇 달 동안 심각한 우울증에 빠진 적도 있었고 자살하려는 순간까지 간 적도 있다. 날마다 해마다 나는 공부하고 울부짖고 기도하면서 많은 성경 구절을 암송했다. 많은 사람이 내가 노력조차 하지 않았다고 여길 것이다. 내가 이성애자가 되기 위해 얼마나 많은 시간을 들였는지 하나님은 아신다.

6월에 나는 한계에 다다랐다. 감정적으로 무너졌고 사역을 내려놓으면서 내 인생에 커다란 변화가 일어났다. 그리고 현재 나는 내 파트너와 살고 있다.

여러분은 이 상황이 쉽게 믿어지지 않으리라 생각한다. 여러분 중 많은 사람이 나를 위해 기도해주었고 편지도 써주었다. 어떤 분들은 전화도 해주었다. 나에게 상처받은 그분들에게 진심으로 사과의 마음을 전한다. 하지만 슬픔이 내 정체성을 바꿀 수는 없다. 내 가족은 이런 상황에 계속 적응하려고 노력하고 있다. 그들이 나를 염려해줘서 너무나 감사하다……나는 여러분이 분리주의 원칙을 적용할 것을 알고 있다. 여러분 중 어떤 사람은 다시는 나에게 말을 걸지 않을 것이다. 그것도 이해한다. 여러분에게 나를 이해하라거나 내 현재모습을 받아들이라 요청하지 않겠다. 보수교회에 나와 같은 사람이 있을 곳이 없다는 사실은 분명하다. 내가 어떤 위치에 있는지 잘 안다. 나에게는 힘든 시간 동안 함께해준 많은 친구가 있다.

여러분이 나와 함께하면서 좋은 기억을 남겨준 데 감사를 표한다. 내가 여러분을 마음에 두고 있으며 보고 싶어 한다는 걸 알아주면 좋겠다.

편지에서 그는 셀 수 없는 상담과 지원그룹과 책들과 세미나가 변화를 가져오는 데 효과적이지 못했다고 언급했다.[3] 결국 이것은 그가 구원자 되신 예수 그리스도에게 그의 삶을 내어 드린 적이 없었다는 명백한 증거다. 예수 그리스도에 대한 깨달음이 진실하고 지속적인 변화를 가져오는 출발점이다. 모든 상담과 독서들도 죄성으로 가득 찬 그의 마음을 변화시킬 수 없었다. 왜냐하면 그는 구원에 이르는 진정한 참회를 하지 않았기 때문이다. 구원받지 못한 사람들에게 기독교의 윤리 원칙들을 따르도록 강요하면 그들은 단지 바리새인들로 변할 뿐이다.

믿지 않는 사람에게 포괄적인 상담이 주어진다 해도 스스로 자신을 변화시킬 수 없다. 이 사람이 깨달았던 사실을 주목해보자 "**내가 이성애자가 되기 위해**(to make myself) 얼마나 많은 시간을 들였는지." 자칭 그리스도인이라고 주장하는 많은 동성애자가 스스로 변화하려고 노력해도 결국 이 사람처럼 성공하지 못한다. 그러나 오직 온전히 새롭게 하는 성령의 능력으로만 변화를 이룰 수 있다. 그리스도를 믿지 않는 동성애자를 상담하는 그리스도인은 다른 불신자들을 대할 때처럼 복음에 집중하면서 그가 회개에 이르도록 인도해야 한다. 그런 상담은 오랜 기간 끈기와 인내가 필요하다. 그러나 믿지 않는 사람이 예수 그리스도를 주님과 구세주로 받아들이기 전까지 그에게 진정한 변화는 일어나지 않는다.

앞에서 소개한 세 사람 모두다 자신들이 그리스도인이라고 주장했다. 같은 그리스도인으로서 나는 데릭이 진정으로 믿는 사람이라고 확신한다. 왜냐하면 그는 복음을 이해했고 변화에 대한 소망이 매우 강하며 그의 깊은 후회와 죄에 대한 회개가 그 증거이기 때문이다. 그는 성경의 가르침과 충고에 잘 반응한다. 그런데 카스의 경우는 좀 더 복잡하다. 나는 예전에 동성애자는 아니지만, 리더십과 태도와 행동이 더 남자다워지도록 도움을 받아야 하는 남자들을 본 적이 있다. 그들도 여성스럽게 행동했다. 그들은 열린 마음으로 성경적인 남성상에 맞게 행동하는 법에 대한 충고를 경청했다. 그러나 만약 카스가 성경적인 상담에 계속해서 반응을 보이지 않는다면 그가 구원받은 사람들의 특징 중 하나인 변화를 위한 태도를 보였는지 의심할 수밖에 없다. 진리에 전혀 반응하지 않는 마음으로는 진리에 순종할 수 없다.

그리고 로지는 슬픈 경우에 속한다. 그녀의 과거와 현재의 태도와 교회에서 다른 여자들에게 보이는 행동을 살펴보면 그녀가 그리스도인이 아님을 확신할 수 있다. 그녀는 어떤 특징이 있는지 살펴보자. 그녀는 성경의 교훈을 완전히 무시하고 교회에서 하나님이 세우신 남성의 리더십을 부인한다. 하나님의 양 떼를 목양하는 사람으로서 나는 그녀가 불법적인 욕구를 채우기 위해 하나님의 목장에 들어와 자신을 신뢰하는 먹잇감을 채가는 포획자라고 생각한다. 그녀는 그리스도인들이 자신들과 같은 믿는 사람이라고 생각하면 분별하려고 하기보다 방심하는 경향이 있음을 알아차렸다. 실제로 어떤 사람들이 그녀의 믿음의 진정성에 대해 의문을 제기할 때 도리어 많은 사람이 그녀를 변호하기도 했다.

> 나더러 주여 주여 하는 자마다 다 천국에 들어갈 것이 아니요 다만 하늘에 계신 내 아버지의 뜻대로 행하는 자라야 들어가리라 그 날에 많은 사람이 나더러 이르되 주여 주여 우리가 주의 이름으로 선지자 노릇 하며 주의 이름으로 귀신을 쫓아 내며 주의 이름으로 많은 권능을 행하지 아니하였나이까 하리니 그 때에 내가 그들에게 밝히 말하되 내가 너희를 도무지 알지 못하니 불법을 행하는 자들아 내게서 떠나가라 하리라(마21-23).

로지는 또한 저항하는 태도를 보였다. 죄책감을 가진 동성애자들이나 레즈비언들이 고통을 덜기 위해 교회로 도피할 수가 있다. 그 과정에서 그들의 초기 의도와는 달리 타락한 죄성의 결과로 강한 욕망에서 벗어나지 못하고 여전히 지배당한다. 그러다가 하나님의 사람들 사이에서 자신들의 음욕을 채우려 여러 가지를 시도한다. 로지와 같은 여성은 종종 불행한 결혼생활을 하는 그리스도인 여성들을 노린다. 그녀는 여성들이 어떻게 생각하는지 잘 안다. 또한 자신의 음란한 의도를 영적인 관심으로 위장하고 주의 깊게 경청해 주는 강한 여성의 모습으로 그들에게 접근한다. 성경공부가 빈번히 개인의 문제들을 나누는 장시간의 대화로 이어진다(남편이 그의 아내와 하지 않는 일들에 관해). 교회는 부부생활 등과 관련되어 도움이 필요한 여성들을 보호해야 한다. 그리고 로지에겐 그리스도가 필요하다. 베드로가 언급한 '거짓교사'들은 그리스도인들을 유혹하여 그들의 탐욕을 따르게 하는 것처럼 로지도 교회에서 불행한 여성들을 이용하여 자신의 음란한 욕구를 채우려 한다(벧후 2:1-10).

만약 로지가 주되신 예수 그리스도께 자신의 삶을 드리길 원하고 교회 리더들에게 도움을 받아 성령의 도우심으로 성경에 순종할 수 있게 되면, 그녀에게 온전하고 지속적인 변화가 일어날 것이다. 누구든지 믿음이 진실하다면 하나님의 말씀이 그에게 역사하여 삶을 변화시키는 것 또한 볼 수 있다.

동성애로 고민하는 그리스도인들을 섬기기 위한 전략

당신의 친구가 데릭처럼 진정한 변화를 소원하고 그리스도께 순종한다는 확신이 있으면, 그의 생활방식과 생각을 주의 깊게 살펴보라. 그러면 그의 삶이 변화되는 좋은 결과를 발견할 수 있다. 동성연애자들은 다음과 같은 특성이 있는 가정에서 자라났을 가능성이 크다. 무책임한 부모, 성희롱, 성경적인 롤 모델의 부재(부모의 결혼생활에서), 영적 영향력의 총체적 결핍, 보호자의 무자비하고 부당한 요구와 율법주의적 양육 태도.

당신 친구의 개인적인 인생사를 이해한다면 당신이 그를 성경적인 상담으로 도와야만 진정한 도움이 된다. 예를 들면, 카스는 키가 작았다. 그는 다른 남자아이들에게 왕따를 당했다. 카스가 그들과 어울려보려고 많은 노력을 기울였지만 그들은 카스를 받아주지 않았다. 그는 어릴 적 기억 때문에 원하지 않았지만 여자들에게 끌렸고 여성과 같은 생활방식을 배우게 되었다. 그는 자신을 이렇게 만든 하나님에게 분노했다. 그리고 점점 더 자신의 삶을 일부러 더 여성스럽게 포장했으며 교회에서나 다른 그리스도인 앞에서 더욱 과장되게 행동했다. 그는 마음속 깊은 곳에 자리한 하나님을 향한 분노를 회개하고 그를 만드신 하나님은 실수하지 않으신 분이라는 사실을 받아들여야 했다(시 5:4; 92:15; 사 46:9-10 참조). 성경에서도 키가 작았지만 아주 위대한 삶을 살았던 사람들이 있다(삼상 16:7; 눅 19:3 참조). 효과적인 성경적 제자훈련을 통해 카스는 자신이 어릴 때 다른 남자아이들에게 따돌림을 당했던 기억 때문에 자신의 성과 반대되는 것들을 갈망하게 되었고 결국 죄를 짓는 쪽으로 반응하게 되었다는 사실을 깨달았다. 당신이 상담하고자 하는 친구를 효과적으로 돕기 위해서는 그를 지배하는 것이 무엇이며 죄로부터 시작된 동기와 생각과 욕망을 드러내야 한다. 이를 위해 그의 개인적인 역사를 이해하는 것은 필수적이다.

당신이 동성연애에 끌리는 그리스도인을 제자훈련할 때 도움이 될 몇 가지 원리를 소개한다.

1. '그리스도 안에서' 정체성을 확립해야 한다

그리스도인이 '그리스도 안에' 거해야 한다는 신학적 이해는 동성애로 고투하는 사람들에게 정말 중요하다(롬 8:1; 갈 3:26-29 참조; 엡 1:1; 빌 1:1; 딤후 1:1).[4] 간혹 제자훈련 초기에 여러 가지 다른 형태로 "나는 동성애자입니다."라고 고백하는 사람을 상담하고 가르칠 수 있다. 그 사람들은 자신의 성적인 연약함이나 동성애가 타고났으므로 바꿀 수 없다는 식의 요란한 세속적인 주장 때문에, 자신이 아무리 노력해도 변화는 불가능하다고 자포자기한다.[5] 그러나 이것은 분명히 세상이 문화라는 이름으로 포장하여 당신이 상담하는 사람의 소망을 도둑질해가는 거짓이다.

'그리스도 안에' 있는 사람은 그들의 모든 생각과 행동의 중심이 그리스도가 되어야 한다. 그러므로 그리스도인들은 상담할 때, 은혜 받을 자격이 없는 죄인들을 그리스도께서 의롭게 하신다는 것을 믿고, 하나님 아버지를 온전히 받아들일 수 있도록 적절한 역할을 해야 한다. 내담자와 만남을 시작하는 초기부터 복음 중심의 상담과 제자훈련을 확립하는 것이 매우 중요하다. 그들의 사고가 '그리스도 안에서' 실행되면 생각과 욕망과 태도가 변화하리라는 희망을 품을 수 있다. 그들이 새로운 방법으로 생각하고 행동하면 동성애나 여장하는 습관, 여성적 언어와 태도를 버릴 수 있다. 이것은 특별히 로마서 1장 24-27절의 상황을 기억하면서 로마서 6장 1-14절에서 가르치는 원리대로 성실하게 가르치면 더욱 효과적이다. 그리스도인들이 자신을 어떻게 봐야 하고 그리스도 안에서 어떤 위치에 있는지를 깨달으면 성화의 과정에서 변화와 성장에 큰 영향을 미친다.

동성애에 이끌리는 그리스도인은 자신이 동성애자가 아니라 그리스도인이라는 것을 명심하라! 만약 당신이 상담하는 사람이 동성애라는 적을 패퇴시키길 원한다면, 자신이 그리스도인임을 깨닫고 신학이 가르치는 풍성함을 누리는 일이 대단히 중요하다.

2. 동성애에 끌리는 상황도 회개하여야 한다

변화는 당신이 하나님의 시각으로 문제를 바라볼 때 시작된다. 당신이 변화를 원한다면 현재 자신이 처한 내면과 외면의 모든 영적인 상황 가운데 죄가 존재하는지 정직하게 파악해야만 한다. 죄 때문에 당신의 삶이 하나님의 영광을 가리고 또한 자신도 무너지고 깨어졌음을 인식할 때 변화가 시작된다(잠 28:13; 약 4:8-10).

어떤 그리스도인들은 심리학에 더 설득되어 동성애는 몸 안에서 일어나는 화학적 작용에 기인한다거나, 누구도 도움을 줄 수 없는, 즉 변화할 수 없는 유전적인 성향의 '상태'라고 주장한다. 그러므로 동성애를 '실행에 옮기는 것'은 죄라고 인정하지만 동성애 '상태'는 죄가 아니라고 한다. 그러나 성경은 그 둘 사이의 차이를 언급하지 않는다. 하나님은 단지 외부로 드러나는 행동에만 관심을 두시지 않는다. 하나님은 사람의 마음을 보신다(삼상 16:7; 시 7:9; 렘 17:10 참조). 바리새인들은 실제로 간음을 하지 않으면 간음죄를 짓지 않은 것이라고 믿었다. 그러나 예수님은 그 생각을 책망하셨고 음란한 마음을 품은 사람도 이미 간음한 사람이라고 말씀하셨다(마 5:28). 하나님은 문제를 보실 때 내면적인 것과 외면적인 것을 나누어 보시지 않는다.

동성애의 상태와 행위는 둘 다 '정상적이지 않은' 것이고 죄이므로 내면과 외면의 진정한 변화를 위한 유일한 소망은 예수 그리스도뿐이다(눅 5:32; 고전

6:11). 동성애는 몸의 상태(생물학적 충동)든지 행위(생각, 갈망, 행동 등)든지 모두 다 하나님의 계획과 질서를 위배하는 것이다. 이 모든 것을 받아들이며 진정으로 회개하는 마음을 가지면 죄에 대해 가슴 깊이 슬퍼한다. 또한 특정한 생각과 욕망과 행위가 죄가 된다는 것을 인정하여 하나님께 참회한다. 참회는 동성애가 하나님이 정의하시는 분명한 '죄'라는 꼬리표를 다는 것이다. 진정한 참회의 증거로 회개가 따라온다.

3. 회개는 동성애의 죄를 완전히 포기할 때 일어난다

동성애로 고통을 겪은 경험이 있는 그리스도인들은 성경에서 분류하는 특별한 범주에 속한다. 모든 그리스도인은 매일 교묘하게 등장하는 죄와 씨름한다(롬 7:23-24 참조).[6] 그래서 매일 지속적으로 회개와 참회를 해야 한다. 존 칼빈은 말하기를, 그리스도인의 삶은 회개에 이르기 위한 경주가 아니라 회개의 경주 그 자체라고 했다. 모든 그리스도인은 정기적으로 죄를 회개하는 습관을 들여야 한다. 그러나 동성애에 유혹당하는 그리스도인은 다른 죄들과 달리 더욱 집요하고 쉽게 물러서지 않는 특별한 죄를 지고 있다.

이런 죄들은 그리스도인의 삶에 오랫동안 어두운 그림자를 드리울 가능성이 있다. 성경적인 상담을 할 때 다른 죄들과 구분하기 위해 이런 종류의 죄들을 '삶을 지배하는 죄'라고 일컫는다. 삶을 지배하는 죄란 그리스도인들이 죄인 줄 알면서도 벗어날 능력이 없다고 생각하여 계속해서 짓는 죄들을 말한다(시 19:13; 119:133; 롬 6:12-13 참조). 제이 아담스(Jay Adams)는 삶을 지배하는 죄를 다음과 같이 정의한다.

어떤 사람이 술주정뱅이, 동성애자, 마약 중독자로 불린다면 그는 '삶을 지배하는 죄'를 짓는 사람이다. 그는 단순한 사람이 아니라 성경이 분류하는 특정한 종류(술주정뱅이, 거짓말하는 자, 두 마음을 품은 자 등)의 죄를 짓는 사람에 속한다. 즉, 그 사람이 가진 죄를 그 사람을 규정하는 이름으로 부르는 것이다. 성경은 그들을 '삶을 지배하는 문제'를 가진 사람들로 분류한다.[7]

변화는 먼저 삶을 지배하는 죄를 깊이 회개하라고 요구한다. 진정한 회개는 삶의 변화를 가져오는 완벽한 마음의 변화를 말한다(마 3:8; 눅 3:8; 고후 7:10). 삶을 지배하는 죄에 속하는 동성애로부터 회개란 원래 가졌던 생활양식을 완전히 포기한다는 의미임을 철저히 이해해야 한다. 주님 앞에서 동성애를 조장하는 모든 생각, 동기, 욕망, 언어, 습관, 행동들을 죄로 고백해야 한다. 이를 이루기 위해서는 한두 번의 상담만으로 충분하지 않다. 그리고 같은 죄를 반복하여 짓지 않기 위해서 자신의 삶에 관계된 것들을 정리해야 한다(막 9:42-50 참조). 만약 이런 죄들을 짓도록 조장하는 친구들이(자칭 그리스도인도 포함해서) 있다면 즉시 그들과 절교를 선언해야 한다. 만일 직장동료나 직장 환경이 그렇다면 직장을 바꿔야 한다. 동성애의 죄를 불러일으키는 어떠한 환경도 과감히 잘라버려야 한다. 그리고 당연히 자신이 의롭게 되도록 도와주는 친구들이나 활동과 생각에 집중하여야 한다.

참회와 회개는 여기서 끝나지 않는다. 때를 가리지 않고 다양한 형태를 띠고 찾아오는 이 음란한 죄가 머리를 쳐들려고 할 때 참회와 회개를 통해서 쳐부숴야 한다. 참회의 기도는 동성애 유혹을 받는 그리스도인에게 중요한 무기다.

4. 하나님이 만든 성에 대한 근본 모델을 가르치라

동성애의 욕망을 극복하기 위해 성경적인 도움을 구하는 많은 사람은 동성애의 죄를 책망하는 성경의 가르침을 잘 알아야 한다 (창 18:20-21; 레 18;22; 20:13; 신 23:18; 왕상 14:24; 15:12; 22:46; 왕하 23:7; 롬 1:27; 고전 6:9; 딤전 1:8-11). 자유 신학의 가짜 교리에 감염된 사람만이 동성애는 죄가 아니라고 주장한다. (메트로폴리탄 교회들은 동성애는 죄가 아니라고 하고, 교회가 사랑이 없는 곳이 되어서는 안 된다며 성경의 분명한 가르침을 거부한다.)[8] 그들은 성경을 믿는 그리스도인을 동성애 혐오자라고 비난하지만 그들은 하나님을 혐오(theophobic)하는 자들이다. 그들은 동성애에 대한 하나님의 말씀이 두려워 성경이 가르치는 말씀을 수정하려고 한다. 그러나 동성애를 극복하기 위해 분투하는 대부분 그리스도인들은 이미 동성애가 하나님께 심각한 죄임을 알고 있다. 그 사람들에게 동성애를 강하게 금지하는 성경 말씀들을 다시 설명할 필요는 없다. 그러나 만약 내담자가 동성애에 대한 하나님의 말씀을 건성으로 듣는 태도를 보인다면 각 구절을 심도 있게 가르쳐야 한다.

하나님이 만드신 성(性)에 관한 기본적인 가르침을 주의 깊게 배우는 것이 동성애를 극복하는 데 더 큰 도움을 준다. 하나님께서 거룩하게 만드신 성적인 친밀함(이성의 결혼생활에서)에 대한 성경적 가르침과 아담과 이브의 모델을 통해서 남자와 여자가 각기 맡은 역할이 다르다는 중요한 원리를 배워야 한다. 사도행전 1장 26-27절은 세분이지만 또한 완벽히 한분이신 삼위일체 하나님이 그의 형상을 반영하여 ("우리의 형상을 따라") 서로 다른 남자와 여자를 창조하신 사실을 알려 준다. 삼위일체의 관계 안에 거하시는 하나님이 그분의 형상(단수)을 가진 남자와 여자를 완벽한 연합 가운데 창조하셨다. 레즈비언이나 동성애 남자들이 가지는 관계는 남자와 여자가 서로 보완하며 만들어 가야 하는 하나님의 형상을 왜곡하고 파괴한다. 당신의 제자들이 결혼생활에서 분명히 드러나는 남녀 간의 역할차이에 대한 남녀상보주의(complementarianism)의 거룩하고 아름다운 계획을 발견할 수 있도록 도우라(창 2:18-25 참조). 남녀상보주의는 남녀평등을 주장하지만 또한 하나님의 창조에서 남녀의 차이와 역할을 주장한다. 가정에선 남자의 리더십에 여자가 순종해야 하며 교회에서는 여자들의 성직(여성안수)을 배제한다. 또한 기억해야 할 추가적인 교훈은 "생육하고 번성하여 땅에 충만하라, 땅을 정복하라, 바다의 물고기와 하늘의 새와 땅에 움직이는 모든 생물을 다스리라"(창 1:28)는 말씀에 나타난 창조명령에서 찾을 수 있다. 이 명령은 두 남자나 혹은 두 여자를 위해서가 아니라 한 남자와 한 여자에게 주어졌다. 인위적인 수단 없이 동성애자들은 자녀를 출산할 수 없으므로 하나님의 명령을 완수할 수 없다. 이 명령은 한 남자와 한 여자의 결혼을 통해서만이 자연스럽고 올바르게 성취될 수 있다.

동성의 두 사람은 친한 친구가 될 수 있지만 하나님이 남편과 아내를 위해 결혼 관계 안에서 의도하신 깊은 친밀감을 누리는 일은 불가능하다. 창세기 2장 18절에서 이브가 아담을 채우는 반쪽으로 창조된 사실을 알 수 있다. 이 구절에서 '알맞은(suitable)'이라는 단어는 이브가 아담에게 적합하게 만들어졌고 그래서 모든 일에서 그와 보완이 된다는 의미다. 하나님은 남편과 아내가 자신들의 역할에 합당하게 살아갈 때 두 사람의 관계가 풍성하도록 하셨다. 이 사실은 동성애의 관계에서는 절대 경험할 수 없다.

결과적으로 모든 동성애자의 관계 역시 하나님이 창조하실 때의 근본 도안에 따라야만 관계를 지속할 수 있다. 왜냐하면 모든 동성의 관계도 주도하는 역할(남성)과 순종하는 역할(여성)이 나누어졌기 때문이다. 동성애자들은 하나님의 근본 도안을 거부하는 죄를 범하지만 남녀가 서로 보완하는 '자연스런' 역할을 하도록 창조되었다는 사실을 삶으로 입증한다.

5. 성적인 관계는 예배의 관점으로 바라보아야 한다

성적인 관계에서 하나님의 창조 질서에 어긋나는 모든 것은 우상 숭배로 이어진다. 모든 성적인 죄는 하나님의 영광보다 다른 것들을 예배하는 탐욕의 마음에서 일어난다. 사도바울은 골로새서 3장 5절에서 "그러므로 땅에 있는 지체를 죽이라 곧 음란과 부정과 사욕과 악한 정욕과 탐심이니 탐심은 우상 숭배니라"라고 경고한다. 그리스도인들은 예수님 안에서 이런 악에 대해 죽은 사람들이지만, 여전히 그런 죄들로 고통받는 그리스도인들에게 하는 말씀이다. 그래서 그들은 이전에 죄의 종이었다가 자유를 얻은 자신에 대해 바른 생각을 해야 한다. 구원받기 전에 그들은 성적인 죄의 노예들이었다. 그러나 죽음은 노예에게 자유를 가져다준다. 그리스도인은 그리스도와 함께 죄에 대해 죽었으므로 자유를 얻었다. 그런데 그런 죄로 다시 돌아가는 것은 죄의 종으로 또한 우상 숭배로 돌아가는 것임을 알아야 한다.

동성연애의 유혹에 넘어간 그리스도인들은 성적인 탐욕이라는 우상에게 머리를 조아리는 것과 같다(엡 5:3 참조). 이것은 옳지 못한 예배다. 그러므로 죄의 길에서 돌아서서 살아계신 진정한 주님을 전심으로 예배하여야 한다. 이는 우리가 반드시 순종해야 하는 명령이다. 이 사실을 받아들이고 바른 예배가 회복되면 구세주에게 헌신하게 되고 새롭고 생명이 넘치는 삶으로부터 오는 깊은 만족을 경험할 것이다.

10

안락사, 자살, 사형에 대하여
우리에게 편안하게 죽을 권리와 정의롭게 죽일 권리가 있는가?

목회적 관점

*이번 장은 그레이스 커뮤니티 교회의 목사들과 장로들이
이 주제에 대해 수년 간 연구하고 정리한 자료들에서 차용하였다.
그레이스 커뮤니티 교회의 입장을 나타낸다.

안락사, 자살, 사형은 적어도 두 가지 구체적 주제들과 연관된다. 첫째는 세 가지 모두 의도적인 조기 사망과 관련 있다. 이는 사람이 자연적으로 죽음을 맞는 대신에 적극적으로 죽음에 이르게 한다는 의미다. 둘째는 특별히 안락사(의사조력자살을 포함하여)와 사형(정부의 강제집행)은 법률적인 논쟁이 많은 주제다. 개신교인들을 포함하여 많은 미국인은 '안락사'를 합법화하는 것이 옳은지, 사형제도를 지속하여야 하는지에 대해 여러 가지로 다른 견해를 보인다.

최근에 조사된 통계를 보면 전 세계적으로 매년 100만 명이 의도적으로 자살을 시도하여 사망에 이른다고 한다. 이는 약 40초당 한 명꼴로 자살한다는 의미다. 이는 살해당하거나 전쟁에서 죽는 사람보다 훨씬 더 많은 숫자다. 게

다가 자살에 실패한 사람의 수는 자살을 시도하여 실제로 사망한 사람보다 약 20배가 많다고 추정된다. 그렇다면 사실상 약 2초당 한 명꼴로 자살을 시도한다고 말할 수 있다. 전 세계적으로 15세에서 44세의 사람들이 사망에 이르게 하는 3대 주요 요인 중 하나가 바로 자살이다. 그리고 미국에서 자살로 죽은 사람(2005년에 32,500건)이 살인으로 사망한 사람(2005년에 약 18,000건)보다 거의 두 배 가까이 많다.[1]

의사조력자살은 어떤 나라에서는 합법이다. 하지만 1994년에 존엄사법(the Death with Dignity Act)이 통과된 오레곤과 워싱턴 주(州)를 제외한 미국 대부분의 주에서는 여전히 불법이다. 반면에 사형제도는 세계적으로 90개가 넘는 국가에서 폐지되었지만 미국 38개 주에서는 여전히 합법이다. 2007년에 24개 국에서 1,200명이 넘는(아마 더 많을지도 모른다.) 사람들에게 사형이 집행되었다. 중국, 이란, 사우디아라비아, 파키스탄이 사형을 가장 많이 집행하는 대표적인 나라들이다. 같은 해에 미국에서는 42명의 범죄자가 사형을 당했다.[2]

이런 통계는 우리의 관심을 끌 만하다. 하지만 만약 사랑하는 가족이 기계에 의해 생명을 유지하고 있거나, 친구가 심각한 우울증과 싸우고 있거나, 혹은 사형제도와 관련된 법률에 대해 투표를 해야 하는 상황에 부닥치면 이런 문제들은 더욱 현실적으로 다가온다. 그렇다면 그리스도인들은 이런 문제를 어떻게 생각해야 할까? 이런 문제를 겪고 있는 사람들을 좀 더 사려 깊고 성경적인 방법으로 돕기 위해 목사들과 교회 리더들은 어떻게 해야 할까? 우리는 이 장을 통해 이 시대에 많은 논쟁을 일으키는 죽음과 관련된 민감한 주제들에 대해 그리스도인들이 명확한 사고를 할 수 있도록 그 출발점을 제공하고자 한다.

안락사를 바라보는 성경적 원리

안락사는 환자 스스로 혹은 의사나 제 삼자가 생명을 종결시키려는 의도로 직접적인 의료 행위를 하여 환자를 사망하게 하는 것을 말한다. 안락사를 지지하는 사람들은 환자 스스로 죽음을 원한다면 그렇게 해주는 게 그들을 도와주는 것이라고 믿는다. 그래서 안락사를 '자비로운 살인(mercy killing)'이라고 부르기도 한다.[3]

적극적 안락사는 당사자나 다른 사람이 사망에 이르게 하는 수단들을 적극적으로 시도할 때 발생한다. 사망의 원인이 질병이나 사고가 아니라 생명을 종결하는 구체적인 행동과 연관이 있는 경우를 적극적 안락사라고 규정한다.

소극적 안락사는 치료를 받으면 생명이 충분히 연장될 수 있음에도 의도적으로 치료를 중단하거나 회피하는 상황을 말한다. 소극적 안락사는 자연적인 죽음이 임박하지 않은 시점에 환자를 사망하게 하려는 의도가 있다.

안락사와는 형태가 다르지만 '자연사하도록 함(letting die)'은 치료를 하더라도 죽음이 임박한 불치병 환자들에게 생명을 연장하거나 유지시키는 약물치료나 의료행위를 중단하는 것과 관련된다. '자연사하도록 함'은 환자가 직접 죽음을 맞도록 돕는 것이 아니라 환자가 죽음에 이르는 과정을 불필요하게 연장하지 않음으로써 환자의 행복을 증진하려는 목적이 있다.

소극적 안락사와 자연사하도록 하는 것과의 차이는 다음과 같이 이해할 수 있다. 소극적 안락사는 죽음이 임박하지 않았고 의술을 통해 생명을 충분히 연장할 수 있는 경우다. 그러나 '자연사하도록 함'은 환자가 치료를 받더라도 곧 사망하게 되는 경우다. 전자는 사람이 죽음에 이르도록 원인을 제공하는 반면에, 후자는 환자가 죽음에 이르는 과정을 헛되이 연장하지 않음으로써 환자의 행복을 증진하도록 돕는다.

이 주제에 대해 성경의 관점을 연구하면서 죽음 자체는 필연이지만 그 시간은 철저히 하나님의 손에 달렸음을 기억해야 한다(신 32:39; 삼상 2:6; 히 9:27). 생명은 하나님의 선물이다. 그러므로 모든 사람은 환경에 상관없이 자신과 다른 사람의 생명을 가치 있게 여겨야 할 의무가 있다.

성경은 살인과 자살(창 9:6; 출 20:13; 신 5:17)과 안락사(적극적 혹은 소극적 모두)를 절대 허용하지 않는다. 그러므로 이것들은 그리스도인들이 선택할 수 있는 사항들이 아니다. 자살은 하나님의 법을 위반하는 것이며 최고의 이기심을 드러내는 표현이다.

반면에 치료할 수 없고 죽음이 임박한 말기환자는 다르다. 환자 자신이나 혹은 환자가 의식불명이라면 배우자나 가족에 해당하는 제삼자가 생명을 유지시키는 약물치료를 중단하거나 의료기계의 제거를 허락하는 것은 합법적이다. 이런 경우에 환자는 치료를 중단한 직후 자연적으로 죽음을 맞는다.

성경은 모든 형태의 안락사를(성경이 살인을 금지하므로) 금지한다. 하지만 우리는 죽음이 임박했고 또 명백한 경우에 '자연사하도록 함'은 받아들일 수 있는 선택이라고 믿는다.

그리스도인들과 그 가족들은 혹시 장래에 자신이 결정을 내릴 수 없는 상황을 대비해서 의사들에게 치료를 계속할지 중단할지를 알려줄 생전 유서(존엄사를 희망하는 말기중 환자의 유서) 작성을 고려해야 한다.

마스터즈 신학대학원(Master's Seminary)의 키스 에식스(Keith Essex) 박사는 우리에게 죽음에 관한 네 가지 기준을 제시한다.

첫째, 무엇보다 죽음은 필연이다(전 3:2). 그러므로 모든 사람은 죽음을 대비해야 한다. 현재의 법률적인 환경을 볼 때 모든 그리스도인은 혹시 모를 미래를 위해 자신의 생전 유서를 반드시 가지고 있어야 한다. 생전 유서보다 위임장이 더 좋을 수 있다. 대리인을 선택할 때는 반드시 믿는 자로서 같은 그리스도인의 견해를 가지고 있는 사람이어야 한다.

둘째, 죽음은 원수다(고전 15:26). 그러므로 의술을 통해 회복될 가능성이 있다면 믿는 자들은 모든 가능한 수단을 써서 죽음을 막고 지속적으로 주님을 섬기도록 해야 한다.

셋째, 죽음은 과정이다(히 11:21-22). 그러므로 치료할 수 없는 말기환자는 그들의 육체적 고통을 덜어주며, 음식과 물을 공급하고, 정기적으로 청결하게 돌봐주며 개인적인 관계와 정신적이고 영적인 격려를 베풀어야 한다. '자연사하도록 함'을 '소극적 안락사'와 똑같이 취급해서는 안 된다.

넷째, 고통은 이 세상에 사는 동안 겪는 삶과 죽음의 한 부분이다(롬 8:18; 고후 4:17-18; 벧전 5:9-10). 그러므로 특히 인생의 종착역에 다다랐을 때 그리스도인들은 어떤 고통도 인내로 견뎌야 한다. 고통이 성경에 반하는 안락사를 실행할 이유가 될 수 없다.[4]

에식스 박사는 죽음에 관한 그의 견해를 목회적 권고로 결론짓는다.

첫째, 죽어가는 사람들을 측은히 여기는 마음을 가져야 한다. 안락사를 지지하는 사람들은 고통 중에 있는 사람들을 죽게 하거나 스스로 죽을 수 있도록 자비를 베풀어야 한다고 주장한다. 그러나 그들의 주장처럼 자비의 표현이라는 안락사는 실제로 모든 자비의 아버지이신 하나님을(시 119:156) 공공연히 반대하는 것이다! 자비로운 살인 대신에 그리스도인들은 우리 가운데 죽어가는 사람들을 위해 기도하고 병문안하고 돌봄으로써 자비로운 생명을 표현해야 한다. 둘째, 올바른 죽음을 위해서 믿는 자들은 하나님을 신뢰해야만 한다. 안락사는 바른 죽음이 아니다! 주님 안에서 강한 믿음을 가진 그리스도인은 올바른 죽음을 맞이함으로 인생을 기쁨으로 마감해야 한다.[5]

자살을 바라보는 성경의 원리

자살은 자신을 스스로 살인하는 심각한 죄다(출 20:13; 21:23). 그러나 다른 죄들과 마찬가지로 자살도 용서받을 수 있다. 그리고 성경에 하나님이 값을 치른 사람들은 과거와 현재와 미래의 모든 죄까지도 사함 받았다고(골 2:13-14) 기록되어 있다. 바울은 로마서 8장 38-39절에서 어떤 것도 그리스도 예수 안에 있는 하나님의 사랑에서 우리를 끊을 수 없다고 말한다.

그러므로 진정으로 거듭난 그리스도인이 극도로 연약해진 상태에서 자살한다 해도 천국에 들어간다(유 1:24 참조). 그러나 그런 이기심과 절망감은 정상적인 그리스도인의 특성이 아니다. 하나님은 그의 자녀가 소망을 가진 자며(행 24:15; 롬 5:2-5; 8:24; 고후 1:10) 삶의 목적이 있는 사람들임을(눅 9:23-25; 롬 8:28; 골 1:29) 거듭 말씀하신다. 더욱이 자살은 궁극적으로 예수 그리스도가 모든 것을 다스리신다는 사실을 부정하는 마음의 증거다. 그 이유는 죄인이 자신의 생명을 하나님께 맡기지 않고 자신의 손으로 끊어버렸기 때문이다. 그러므로 진정으로 거듭난 그리스도인이 자살할 수도 있지만, 그것은 매우 드문 경우다. 자살을 생각하고 있는 사람은 다른 무엇보다 자신이 정말 믿음이 있는지 깊이 살펴보아야 한다(고후 13:5).

성경은 오직 하나님만이 생명을 주시고 또한 취하실 수 있다는 사실을 명백히 밝힌다(신 32:39; 삼상 2:6). 그래서 사울(삼상 31:4-5)과 유다(마 27:5)의 자살에서 알 수 있듯이 성경에서 자살은 심판과 수치와 죄라는 상황에서 언급된다. 성경에서 자살에 관련된 또 다른 예들은 아비멜렉(삿 9:54), 아히도벨(삼하 17:23), 시므리(왕상 16:18-19), 그리고 자살을 시도했던 빌립보의 간수(행 16:27-28) 등이다. 성경은 자살을 절대 본받을 만하거나 고귀하거나 정당한 것으로 인정하지 않는다.[6] 자살은 인간 안에 있는 하나님의 형상을 파괴하며 또한 하나님이 현재의 어려운 상황에서 구해주시리라는 믿음을 저버리는 행위다. 그리고 자살은 모든 책임을 하나님께 전가하는 행위가 되기 때문에 스스로를 살인하는 행위는 하나님에 대한 저항이다(창 1:27; 9:6).

그러나 자살은 용서받지 못할 죄가 아님을 확실히 이해해야 한다. 마태복음 12장 30-32절에서 언급하는 죄는 고의적인 거절과 다시는 회개할 수 없이 굳어진 마음으로 성령을 훼방하는 죄를 말한다(히 6:4-6; 10:29 참조).[7] 그러므로 용서받지 못하는 죄를 말하는 성경의 가르침에 자살을 포함하면 안 된다.

깊은 실망과 우울 혹은 절망을 호소하는 그리스도인들은 하나님 안에서 소망을 발견하도록 격려가 필요하다(시 42:11; 62:5-8; 딤전 6:17; 벧전 1:13). 엘리야의 절망에 대해 하나님은 주님의 위대하심(놀라운 자연현상을 통해)과 친절하심(잔잔하고 작은 목소리로)의 양면을 모두 보여주시는 방법으로 반응하셨다(왕상 19장). 엘리야의 예는 그와 비슷한 상황에 처한 사람들에게 좋은 교훈을 준다. 소망이 없다고 느끼는 그리스도인들은 위대하시고 전능하시며 또한 아버지와 같이 친절하신 하나님을 기억해야 한다.

또한 그들은 우울증이 종종 염려나 충족되지 않은 기대감(이기심과 교만의 형태로서) 혹은 죄책감(시 32:3-4) 같은 숨겨진 죄의 열매에서 기인한다는 사실을 알아야 한다. 때때로 약물치료가 병행되기는 하지만(의사의 결정에 따라) 내담자는 약을 복용하는 것만으로는 마음속의 깊은 문제를 치유할 수 없음을 이해해야 한다. 성경만이 마음의 문제들을 온전히 다룰 수 있다(딤후 3:16-17; 히 4:12; 벧후 1:3). 하나님의 말씀 이외에 다른 곳에서 궁극적인 해답을 구한다면 결국 실망할 것이다.

상담가의 관점에서 보자면 마음의 문제를 가진 사람들 각각의 상황은 성경의 원리들과 기도를 통해 얻은 지혜로 개별적으로 다루어야 한다(살전 5:14). 어떤 내담자들은 다른 사람들을 자신이 원하는 데로 조정하거나 혹은 단순히 주의를 끌기 위한 목적으로 자살을 시도하기도 한다. 만일 그런 일이 발생한다면 그들은 즉시 책망받아야 한다. 그러나 진정으로 절망과 우울증에 시달리는 사람들은 적절한 도움을 받아야 한다.

모든 경우에 내담자들은 (자칭 그리스도인이든지 아니든지) 복음의 진리와 소망으로 인도되어야 한다. 그들은 자살이 결코 정당화될 수 없으며, 그들이 직면한 문제의 해결책이 될 수도 없다는 사실을 반드시 기억해야 한다. 가장 어려운 시험을 당할 때에도 믿는 자들은 담대하게 하나님을 신뢰하고 힘과 기쁨을 얻도록 기도하면서 그분을 의지해야 한다(마 6:25-34; 롬 8:28; 약 1:2-3).

사형제도를 바라보는 성경의 원리

하나님이 국가에 사형제도를 허락하셨다는 사실에는 의문의 여지가 없다. 사형제도의 원리는 창세기 9장 6절과 베드로에게 살인의 결과를 경고하시는 예수님의 말씀(마 26:5)에서 발견할 수 있다. 그리고 로마서 13장 4절에서 사도 바울도 예수님이 베드로에게 하신 말씀을 반복한다(사도행전 25장 11절에서 우리는 바울이 특정한 범죄를 저지른 사람은 반드시 사형을 받아야 한다고 여기는 것을 볼 수 있다).

구약시대 신정 통치 아래 하나님은 살인, 신성모독, 마술, 잘못된 예언, 강간, 동성연애, 납치, 우상 숭배와 같은 죄는 사형에 해당한다고 규정하셨다. 사형은 일정한 과정을 밟긴 했지만, 신속하게 그리고 공공장소에서 집행되었다. 이는 범죄를 저지른 사람을 벌하는 목적도 있지만 다른 사람들이 유사한 범죄를 짓지 않도록 방지하는 목적도 있었다. 그래서 모세의 율법 아래 제정된 사형제도는 사회를 보호하고 정화하는 중요한 역할을 감당하였다.

신약시대에 사는 그리스도인들은 모세의 율법이 규정하는 구체적인 사항들을 따르도록 요구받지 않는다. 그러나 사형의 원리(구체적으로 살인의 결과로서)는 하나님께서 모세 이전에 제정하셨고(창 9:6에서 노아에게) 로마서 13장에서 바울이 그 원리를 국가의 상황에 적용했다. 그러므로 신약성경은 사형에 해당한 죄를 지은 사람에게 사형선고를 내리는 행위가 하나님이 국가에 부여하신 합당한 권한에 속한다는 것을 강조한다.

로마서 13장에서 국가는 하나님에 의해(1절), 그의 거룩한 명령에 의해(2절), 악을 제어하고 선을 장려하는 목적을 위해(3절) 세워진다고 말한다. 그러므로 국가는 '칼' 혹은 사형제도의 사용까지 포함하여 악을 심판할 권한을 부여받은 하나님의 사역자다(4절). 국가는 부여받은 신성한 권한을 사용하여 악을 행하는 자들이 그 결과를 두려워하게 하여 시민을 보호해야 한다. 타락한 세상에서 형벌을 통한 위협은 범죄를 방지하고 평화를 수호하는 데 필요한 부분이다. 로버트 커버(Robert Culver)는 다음과 같이 지적한다.

> 지금 내가 말하는 것을 달갑게 생각하지 않을 수도 있다. 그러나 교도관이 죄수들을 감독하는 임무를 맡은 것처럼 채찍, 독방, 교수형, 단두대 등이 시민 사회를 안정시키는 역할을 위해 필요했다는 사실을 망각하지 말아야 한다. 안정된 사회를 만들기 위해서 하나님께서 그것을 허락하셨고 현실과 조화를 이루게 하셨다. 세속적인 견해는 이를 반대하고 있다. 개인이 아니라 창조주 하나님이 부여하신 강력한 권한을 가진 국가는 사회적으로 꼭 필요하다. 어떤 사회도 투표를 통해 벌금제도, 투옥, 육체적 형벌과 사형제도를 완전히 소멸할 수 없다! 이를 추구하는 사회는 인간의 진정한 본질(타락하고 죄 많은 상태)과 현실 세계, 자연이 알려주는 신성한 진리, 그리고 사람의 양심, 성경 사이의 균형을 상실한다.[8]

하나님의 뜻에 따라 국가가 내리는 형벌은 악을 방지하기 위해 존재한다. 국가가 악행에 대해 적절한 형벌을 집행하지 못한다면 국가의 사회적 안정성과 시민들의 개인적 안전이 위협받는다.

비평가들은 사형제도가 불쾌하고 파괴적인 행위라고 주장한다. 하지만 실제로 죄악이 가득 찬 사회의 질서를 유지하고 범법행위를 방지하는 역할을 감당하는 사형제도는, 인류를 향한 하나님의 일반은총에 속한다. 사형집행이 적절히 이루어지면 악을 행하는 자들이 공포심을 갖고, 타락한 죄인들이 제멋대로 행동하여 죄를 짓는 일을 억제하는 역할을 한다(롬 3:10-20 참조). 그리고 그 결과로 많은 생명들이 보호를 받지만 이와 반대로, 무고한 피가 흐르고 적절한 심판이 이루어지지 않는 나라는 하나님의 심판 아래 놓인다(창 4:9-11; 9:6; 42:22; 수 2:19; 삼하 4:11; 겔 7:20-27; 18:10-13). 우리나라가 지금처럼 윤리적으로 타락한 이유는 사형제도가 일관적이지 않고 또한 효과적으로 집행되지 않는 결과에 일부분 기인한다고 믿는다. 나쁜 짓을 저지른 사람들이 적절한 처벌을 받았다면 범죄 가능성이 줄어들었을 것이고 불법적인 행위도 감소했을 것이다.

물론 이것이 그리스도인들이 직접 자신의 손으로 법을 집행해야 한다는 것을 의미하지는 않는다. 믿는 자들은 개인적으로 자신들에게 피해를 준 사람들을 용서해야 한다(마 5:38-45). 그리고 하나님이 정하신 때에 친히 원수를 갚아 주실 것을 신뢰해야 한다(롬 12:14-21). 다윗이 사울을 죽이기 원치 않았던 모습은 원수를 용서하는 훌륭한 모델이다(삼상 23:1-22; 26:1-25). 하지만 우리는 국가와 공동으로 법을 집행하고 악을 행하는 자를 심판하여 그들이 범죄를 저지르려는 성향을 제어하기 위한 책임을 함께 져야 한다. 다른 측면으로, 믿는 사람들은 모범적인 시민으로서 국가에 복종하여야 한다(벧전 2:13-20). 그리고 국가가 명확히 하나님의 법에 어긋나는 요구를 하지 않는다면 항상 국가의 법에 복종해야 한다(행 5:29).

글을 맺으면서 우리가 어떻게 프로라이프(Pro-life: 낙태, 안락사, 자살 등에 반대하는) 윤리와 국가의 사형집행(특별히 살인의 결과로써) 권한을 지지하는 입장을 갖게 되었는지 밝히려 한다. 존 파인버그(John Feinberg)와 폴 파인버그(Paul Feinberg)가 여기에 도움이 될 만한 대답을 제공한다.

한 개인이 일관성 있게 낙태와 안락사를 반대하면서 사형제도는 지지할 수 있을까? 우리는 적어도 다음의 세 가지 근거에서 그렇게 할 수 있다고 생각한다. 생명윤리의 존엄성, 모든 사람을 평등하게 대해야 하는 요구, 비결과론적 윤리에 대한 헌신. 생명윤리의 존엄성이란 인간의 생명은 신성하며 반드시 보호되어야 한다고 믿는 것이다. 그러므로 낙태와 안락사는 신성한 생명을 해치는 것이므로 반대해야 한다. 살인자들에 대한 사형집행은 생명을 존귀하게 여기고 다른 사람의 생명을 빼앗는 행동이 얼마나 심각한 행위인지 강조하는 일이다. 평등이라는 관점에서 보자면 태아나 노인과 환자들이 죽임을 당해야 할 행동을 하지 않았다. 하지만 유죄로 입증된 살인자들은 그런 행동을 했다. 정의는 낙태와 안락사를 거부하고 살인자들의 사형을 요구한다. 마지막으로 우리가 믿는 비결과론적 윤리 이론에 의하면, 하나님은 결백한 자들을 보호하고 생명을 빼앗은 자들을 심판하라고 명령하신다. 만일 하나님의 거룩한 명령을 따르고자 한다면 반드시 낙태와 안락사를 거부하고 사형제도에 찬성해야 한다.[9)]

11　　하나님 나라 백성과 이 땅에 속한 시민의 의무 사이에서

12　　시장 경제와 성경적인 경제 활동에 대하여

13　　지구 온난화와 환경운동에 대하여

14　　교회와 문화의 관점에서 본 인종차별주의와 화해

3부 | 정치적 행동과 사회 활동

11

하나님 나라 백성과 이 땅에 속한 시민의 의무 사이에서
그리스도인은 정치적 행동주의를 어떻게 생각해야 할까?[1]

존 맥아더 (John MacArthur)

그레이스 커뮤니티 교회의 설교목사다. 유명한 작가요
설교가인 그는 마스터스 신학 대학의 총장으로 섬기고 있다.
'그레이스 투유' 라는 라디오 프로그램도 진행하고 있다.

　　　　　이 책을 쓰는 동안 미국은 대통령 선거 막바지에 다다랐다. 별로 놀랄 일도 아니지만 현재 미국의 정치판은 최고 정점까지 달아올랐다. 컨벤션에서 캠페인 광고, 텔레비전, 라디오 및 신문은 우리가 4년마다 맞이하는 감정의 소용돌이에 가속도를 불러일으킨다. 업무시간에 짬을 내어 나누던 스포츠나 영화에 대한 잡담들은 경제정책, 공공교육, 국제관계에 관한 끊임없는 논쟁으로 대체되었다. 선거는 모든 사람의 생각을 사로잡고 사고와 행동을 촉구하며 온 나라를 휩쓸고 있다.

　항상 그러하듯이 대다수 복음주의 교회들도 정치적 시류에 열정적으로 편승한다. 설교강단은 특정한 후보를 향한 칭찬으로 가득 차고, 정치가들이 제안하는 법안이나 제도에 찬성하거나 반대를 표현한다. 위원회와 정치적인 연합들이 형성되고 십계명의 수호를 다짐하고 '부도덕한 소수'의 사람들이 제안하는 어떤 진보적 행동도 규탄할 것을 맹세한다. 심지어 어떤 사람들은 진정한 그리스도인은 민주당이 아니라 공화당이 되어야 하고 투표하지 않은 것은 죄라고도 주장한다.

그리스도가 '천년왕국' 전에 임하신다는 전천년설 종말론을 믿는 보수적인 복음주의자들이 정치적인 편견을 가지는 것은 좀 아이러니하다. 우리가 믿는 종말론은 그리스도가 다시 오실 때까지 세상의 불완전한 시스템을 고칠 수 있는 것은 아무것도 없다고 가르친다. 그러나 우리가 시도하는 정치적 행동들을 보면 우리의 믿음과는 상관없이 우리 스스로의 힘으로 세상을 고치고자 필사적으로 노력하고 있음을 보여준다.

얼마 지나지 않으면 이번 선거는 끝날 것이다. 그리고 이번 선거도 우리나라 민주주의의 한 과정이 되어 역사 속의 한 장면으로 사라지고 사람들의 기억에서 잊힐 것이다. 그리고 곧 또 다른 새로운 논쟁거리나 새로운 정책들과 새로운 후보들이 등장할 것이다. 그럴 때 우리는 어떻게 반응해야 할까? 이 장을 통하여 정부와 정치적인 행동주의를 바르게 판단할 수 있는 다섯 가지 성경적인 진리를 살펴보고자 한다.

국가와 정치를 바라보는 5가지 성경의 원리

1. 우리의 사명은 복음이다

선거기간 중이라 잘 깨닫지 못할 수도 있지만, 진정한 그리스도인은 선거에서 표를 더 얻는 것보다 생명을 구원하는 일에 더 관심을 둬야 한다. 그리스도가 주신 대사명은 정치적인 변화를 일으키라고 우리에게 주신 것이 아니다. 다만 우리는 "너희는 가서 모든 민족을 제자로 삼아 아버지와 아들과 성령의 이름으로 세례를 베풀고 내[예수 그리스도]가 너희에게 분부한 모든 것을 가르쳐 지키게 하라 볼지어다 내가 세상 끝날까지 너희와 항상 함께 있으리라"(마 28:19-20)고 하신 명령에 초점을 맞추어 살아야 한다. 정치적인 이슈와 논쟁에 집중하기보다, 믿는 자들은 그리스도의 대사로서 맡은 책임을 감당해야 한다. 이것이 교회의 사명이다. 다른 우선순위와 목적달성을 위해 대사명을 망각하면 우리의 말씀과 사명 모두 혼란을 겪게 된다.

'복음주의'라는 용어는 그리스어의 '복음' 혹은 '좋은 소식'이라는 의미에서 파생되었다. 마르틴 루터도 개신교도들을 은혜의 복음에 의해 규정되는 사람이라 말했다. 슬프게도 5세기가 지난 지금 적어도 세상 사람들의 눈에는 복음주의 기독교인들이 구원의 좋은 소식에 집중하지 않고 정치적인 당파에 매달리는 모습으로 비친다. 이는 지난 수십 년간 잘못된 우선순위가 미국의 복음주의를 병들게 했다는 증거다. 미국의 복음주의는 하나님께서 주신 복음의(그리스어에서 복음주의와 같은 의미) 우선순위에 집중하기보다, 수천만 달러의 돈과 수백만 시간을 사용해 윤리도덕을 법제화하기 위해 싸운다. 이것은 우리가 이길 수 없는 싸움일 뿐만 아니라 (법제화된 윤리는 타락한 사회를 구성하는 악한 마음을 바꿀 수 없으므로) 애초부터 이 싸움을 하라고 부름 받은 적도 없다.

오직 복음만이 성령의 능력을 통해 죄인들의 내면을 변화시킬 수 있다. 그러므로 복음으로만 사회의 진정한 변화를 가져올 수 있다. 결국 기독교 국가란 없다. 오직 기독교 개인(individual)만 있을 뿐이다. 그러므로 하나님께서 허락하시는 어떤 상황에서든지 신실하게 복음을 전파하는 것이 우리의 사명이다. 정치가 우리를 혼란스럽게 만들도록 내버려두면 우리는 복음을 전할 우리의 책임을 잃어버리고 만다.

정치적 행동주의는 우리가 선교해야 할 대상이 누구인지를 혼란스럽게 만들 수 있다. 다른 정당에 속한 사람들도 그리스도가 필요한 잃어버린 영혼이며 사랑과 연민으로 말씀을 전해야 할 대상이 아니라 도리어 '원수들'이 되어버린다. 또한 같은 정치적 견해를 가지기만 하면, 그리스도가 필요한 잃어버린 영혼도 '형제와 자매'로 받아들인다. 진정한 그리스도인들이 단순히 정치적인 견해를 같이한다고 해서 이단 그룹이나 믿지 않는 사람들과 손을 잡는다면 바람직하지 못한 동맹관계가 형성될 수 있다. 또한 성경과 일치하지 않는데 정당의 노선을 지키기 위해 비성경적인 견해를 채택할 수도 있다.

예수님은 "한 사람이 두 주인을 섬기지 못할 것이니"(마 6:24)라고 하셨다. 이 말씀은 구체적으로는 돈에 관한 가르침이긴 하지만 성경적 기독교와 정치적 행동주의를 혼합하려는 시도에 대한 경고로 해석할 수도 있다. 성경적 기독교와 정치적 행동주의는 일치하지 않으며 사실 서로 어긋날 때가 더 많다. 많은 경우에 복음주의 목사들, 리더들, 그리고 일반 성도들은 세상에 하나님을 전하라는 그리스도의 명령에 최대한 노력을 기울여야 한다. 만약 당신의 가장 높은 목표가 하나님께 영광 드리는 것이라면 하나님의 우선순위를 자신의 우선순위로 삼아 주님이 주신 사명에 순종해야 한다.

2. 우리의 확신은 하나님께 있다

"우리는 하나님을 신뢰한다(In God we trust)."라는 문장은 미국의 동전과 지폐에 새겨져 있고 온 나라 법정에도 걸려 있다. 대부분 미국사람들은 이 슬로건을 어디서나 마주치는, 별 의미 없는 것으로 여긴다. 그러나 그들에겐 의미 없는 말일지라도 성경을 믿는 우리 그리스도인들에게 이 문장은 바로 우리의 생활 방식이다.

믿는 자들이 정치적인 상황에서 하나님을 신뢰한다는 것은 무엇을 의미할까?

우선, 우리는 국내나 국제적으로 일어나는 모든 정치적 상황 가운데서 하나님을 신뢰할 수 있음을 의미한다. 현재 백악관이나 의회나 법정을 담당하는 사람이 누구는지 상관없이 하나님은 한결같이 그의 보좌에 앉아 계신다. 그분에 대해 바울은 이렇게 외친다. "기약이 이르면 하나님이 그의 나타나심을 보이시리니 하나님은 복되시고 유일하신 주권자이시며 만왕의 왕이시며 만주의 주시요 오직 그에게만 죽지 아니함이 있고 가까이 가지 못할 빛에 거하시고 어떤 사람도 보지 못하였고 또 볼 수 없는 이시니 그에게 존귀와 영원한 권능을 돌릴지어다 아멘"(딤전 6:15-16).

성경은 이 세상의 모든 일을 하나님이 주관하신다고 선포한다. 그분은 사탄과 죄를(욥 1:12; 2:6; 눅 5:21; 22:31), 모든 나라와 그들의 군사적 힘을(대하 20:6; 롬 13:2), 자연과 자연재해를(시 107:29), 질병을(요 9:3; 11:4; 계 21:4), 우리를 포함하여(잠 16:9; 19:21; 약 4:13-15) 모든 인류를(행 13:48; 롬 9:17-18) 주관하신다. 간단히 말하면 모든 것이 하나님의 주권 아래에 있다. 그분은 "원하시는 모든 것"(시 115:3)과 "모든 일을 그의 뜻의 결정대로 일하시는 이의 계획을 따라"(엡 1:11) 행하신다.

하나님의 주권은 인간의 죄와 무책임을 간과하시지 않으신다. 그러나 사회가 점점 악해질수록 그리스도인들에게는 소망을 가질 이유가 더 많아진다. 하나님의 주권은 근심과 불안(마 6:25; 빌 4:6 참조)과 정치적인 변화에 영향을 끼쳐야 한다고 믿는 잘못된 생각들을 잠재운다. 주님은 그분의 섭리에 따라 영광으로 세상에 다시 오실 때까지 우리나라를 인도하신다. 그리고 세상의 다른 모든 국가에도 동일하게 일하신다.

하나님은 이미 이 세상이 어떻게 끝을 맺을 것인지 밝히 보이셨다. 성경은 그리스도가 다시 오시는 마지막 때까지 이 사회는 점점 더 나빠지리라고 분명히 말한다(살후 2:7-12; 딤전 4:1-5; 딤후 3:1-5; 벧후 3:3). 그러나 많은 복음주의자는 법률을 제정하여 자신들의 힘으로 사회의 타락을 막을 수 있다는 신념을 가지고 정치적인 행동을 한다. 그러나 그리스도가 다시 오셔서 그의 나라를 세우실 때까지 어떤 사회도 완전할 수 없다는 것이 진리다(사 9:7; 렘 23:5-6; 단 2:24; 7:14; 눅 1:32-33; 계 5:10; 20:6). 그때까지 믿는 자들은 윤리적으로 보수적인 정치행동이 실패하는 것을 보고 놀라지 말아야 한다. 그리고 그런 실패들이 하나님의 주권적인 계획안에 포함된 부분임을 깨달아야 한다.

정치적인 행동주의 대신에 그리스도인들에게는 훨씬 더 중요한 전략이 있다. 그것은 자신이 영향을 끼칠 수 있는 모든 영역에서 하나님이 그들을 부르신 목적에 충실한 것이다. 구원자 되신 주님을 찬양하고(고전 10:31; 골 3:17), 성도들을 격려하며(히 3:13; 10:24-25), 잃어버린 자들에게 복음을 전하고(행 1:8; 고전 9:19-23; 벧전 3:15) 성경적인 모델로서 경건한 삶을 사는 것이다(살전 4:11; 살후 3:12; 딤전 2:2).

반면에 하나님이 국내나 국제적인 모든 상황을 주관하고 계심을 깊이 신뢰해야 한다. 그러나 이것은 그리스도인들이 투표에 참여해서는 안 된다는 의미가 아니다. 다만 투표할 때 모든 선거의 결과를 하나님이 이미 결정하셨다는 사실을 인지해야 한다. 선거의 결과는 우리나라와 전 세계의 미래를 향한 하나님의 주권적인 목적과 완벽히 조화를 이룬다는 확신이 있어야 한다.

3. 우리의 의무는 순종이다

그리스도인들이 정치에 대해 토론할 때, 우리가 국가의 권위에 자발적으로 순종하라는 명령을 받았다는 사실을 상기하기 전까지 그 토론은 결론에 이를 수 없다. 국가의 권위에 자발적으로 순종하려면 성경의 명령과 그리스도와 사도들의 모범을 따라야 한다.

우리의 구원자 예수님은 노예들이 넘쳐나고 독재자가 지배하며 무거운 세금이 당연시되고 하나님을 따르는 자들이 박해당하는 일이 비일비재했던 시대에 오셨다. 예수님 시대에 살던 사람들에게는 민주적인 절차라는 개념이 존재하지 않았고 우리 시대에 당연히 여겨지는 여러 자유를 누리지 못했다. 그러나 이런 상황에서 예수님은 어떻게 반응하셨는가? 예수님은 그의 말씀을 청종하는 자들에게 "가이사의 것은 가이사에게 하나님의 것은 하나님께 바치라"(마 22:21)라고 하셨다. 그분은 천사들의 군대를 불러 이스라엘을 억압하는 나라들을 무너뜨리고 새로운 정치 질서를 세우려고 하지 않았다. 그분은 어떤 형태의 정치적인 집행부도 세우지 않았고 로마에 항거하기 위한 시위부대를 구성하지도 않았다.

예수님 사역의 목적은 그런 일들에 초점을 맞추는 것이 아니라 하나님의 은혜를 절실히 필요로 하는 죄인들의 변화였다(막 10:42-45). 예수님은 시민의 권리를 위한 시위대를 이끌지 않았다. 대신에 용서와 구원에 대한 좋은 소식을 선포하셨다. 주님은 새로운 정치 질서를 시작하시지 않았지만 교회라고 불리는 영적인 질서를 세우셨다. 그리스도인들은 예수님의 인도를 따르도록 부름 받은 자들이다.

그리스도인들은 하나님 나라의 우선순위를 따르며 동시에 이 땅에서 좋은 시민으로 살아가기 위해 노력한다. 이 두 가지 소원을 균형 있게 맞추려면 어떻게 해야 할까? 정치나 사회적 행동주의는 해답이 아니다. 하나님은 그의 백성에게 시민으로서 두 가지의 기본적인 책임을 요구하신다. 첫째는 로마서 13장 1절에서 "각 사람은 위에 있는 권세들에게 복종하라"고 하셨고, 둘째로는 로마서 13장 7절에서 "모든 자에게 줄 것을 주되 조세를 받을 자에게 조세를 바치고 관세를 받을 자에게 관세를 바치고 두려워할 자를 두려워하며 존경할 자를 존경하라"고 하셨다. 그러므로 시민의 의무는 나라의 법을 지키고 세금을 납부하는 것으로 요약할 수 있다. 그 나머지는 영원히 가치 있는 것들에 집중해야 한다. 정치적 행동주의는 잠깐은 중요하게 보일지 모르나, 하나님 나라의 우선순위들 옆에 서면 금방 초라해진다(마 6:33).

바울은 로마의 압제와 지배 및 그리스도인들을 의심의 눈으로 보며 박해와 고통을 가하는 시대에 살았다. 그럼에도 그리스도인들의 반응은 보복이 아니라 복종과 순응이었다. 로마서 13장 1절에서 바울은 이에 관한 기본적인 원리를 수립했다. 첫째로 그리스도인인 우리는 다스리는 자가 누구든지 국가의 권위에 복종해야 한다. 그리고 믿는 사람들은 네로와 같은 사악한 통치자가 다스린다 할지라도 국가에 복종해야 할 의무를 하나님으로부터 명령받았다.

이와 비슷하게 사도 베드로도 믿는 사람들에게 국가의 권위에 복종하라고 가르쳤다. "너희가 이방인 중에서 행실을 선하게 가져 너희를 악행한다고 비방하는 자들로 하여금 너희 선한 일을 보고 오시는 날에 하나님께 영광을 돌리게 하려 함이라"(벧전 2:12). 다른 말로 하면, "다른 사람들이 여러분에 대해 나쁜 말을 하겠지만, 그것이 거짓임을 바른 삶으로 드러내라."라는 의미다. 그러나 우리가 어떻게 그리스도인들을 증오하는 사회에서 의롭게 살 수 있을까? 13-15절의 말씀이 답이다. "인간의 모든 제도를 주를 위하여 순종하되 혹은 위에 있는 왕이나 혹은 그가 악행하는 자를 징벌하고 선행하는 자를 포상하기 위하여 보낸 총독에게 하라. 곧 선행으로 어리석은 사람들의 무식한 말을 막으시는 것이라." 그리스도인이 모범적인 삶으로 인정받을 때 믿지 않는 자들의 조롱은 사라진다.

믿는 자로서 우리는 온전하고 일관성 있는 믿음을 삶으로 드러내야 하는 무거운 책임을 지고 있다. 주님을 향한 우리의 충성과 순종은(롬 12:1-2) 우리가 모범적인 시민이 되게 하는 좋은 동기가 된다. 우리는 문제를 일으키는 사람이나 권위에 있는 사람들의 품격을 떨어뜨리는 사람이라는 평판을 쌓아서는 안 된다. 우리는 사악함과 부도덕함에 담대히 맞서라는 부름을 받았지만 하나님께서 우리 위에 세우신 권위를 가진 사람들을 공경하고 존경해야 한다. 이것이 시대와 장소를 초월하여 모든 그리스도인이 가져야 할 성경적인 원리다. 우리는 국가에 복종하도록 부름 받았다.

4. 우리의 헌신은 기도다

우리는 국가의 법에 잘 복종하기 위해 권위에 있는 자들을 위해 기도해야 한다. 심지어 정치적으로 우리의 '반대편'에 속한 사람들이라 할지라도 우리가 기도해야 할 대상이다. 네로가 다스리는 시대에 바울은 디모데에게 "내가 첫째로 권하노니 모든 사람을 위하여 간구와 기도와 도고와 감사를 하되 임금들과 높은 지위에 있는 모든 사람을 위하여 하라 이는 우리가 모든 경건과 단정함으로 고요하고 평안한 생활을 하려 함이라"(딤전 2:1-2)라고 말했다. 바울은 나중에 자신에게 사형을 선고한 그 왕을 위해 기도했다. 그리고 디모데에게도 자신과 같이 하라고 가르쳤다.

사도 바울은 이어서 국가의 권위를 위해 그리스도인들이 기도해야 하는 이유를 두 가지 측면에서 서술한다. 첫째로, 믿는 자들이 그들 위에 세우신 권위자들을 위해 기도해야 하는 이유는 "우리가 모든 경건과 단정함으로 고요하고 평안한 생활을 하려"(2절)는 것이다. 우리가 리더들을 위해 기도하면 결과는 그들을 향한 우리의 분노와 저항의 감정이 재빨리 사라지는 것으로 나타난다. 또한 기도는 반항이나 과장된 반응 대신에 화평을 추구하게 하여 경건과 단정함으로 고요하고 평안한 생활로 인도한다. 또한 바울은 디도에게 "너는 그들로 하여금 통치자들과 권세 잡은 자들에게 복종하며 순종하며 모든 선한 일 행하기를 준비하게 하며 아무도 비방하지 말며 다투지 말며 관용하며 범사에 온유함을 모든 사람에게 나타낼 것을 기억하게 하라"(딛 3:1-2)라고 했다. 우리의 리더들이 우리가 좋아하지 않는 것들을 하려고 할 때 우리의 첫 번째 반응은 저항이 아니라 기도여야 한다.

둘째로, 그리스도인들은 리더들의 구원을 위해 기도해야 한다. 그런 기도에 대해 말하면서 바울은 다음과 같이 기록한다.

이것이 우리 구주 하나님 앞에 선하고 받으실 만한 것이니 하나님은 모든 사람이 구원을 받으며 진리를 아는 데에 이르기를 원하시느니라 하나님은 한 분이시요 또 하나님과 사람 사이에 중보자도 한 분이시니 곧 사람이신 그리스도 예수라 그가 모든 사람을 위하여 자기를 대속물로 주셨으니 기약이 이르러 주신 증거니라……그러므로 각처에서 남자들이 분노와 다툼이 없이 거룩한 손을 들어 기도하기를 원하노라(딤전 2:3-6, 8).

리더들의 구원을 위해 우리가 기도하면 하나님께서 기뻐하신다. 영혼의 구원은 하나님의 은혜의 성품과 전능하신 목적과 들어맞는다. 이것이 그리스도께서 십자가에 죽으신 이유다. 우리나라를 위해 기도할 때 우리의 기도가 정책을 결정하는 일이나 일시적인 논쟁거리에만 집중되어서는 안 된다. 우리는 또한 정부에 있는 사람들과 공무원들이 하나님의 은혜로 그리스도를 믿음으로 구원에 이르도록 기도해야 한다.

이 문제에 대한 마지막 포인트는 바울이 1절에서 사용한 '감사'라는 단어에서 찾을 수 있다. 우리가 누리는 언론의 자유 때문에 미국 사람들은 공개적으로 정부 비난하기를 좋아한다. 심지어 법정 판결에서부터 국회의원, 경찰, 세무서 직원들에 대해서까지 험담을 늘어놓는다. 그러나 여기서 바울의 태도는 냉소적이거나 분노가 아니라 감사다. 우리는 하나님께서 그들을 권위의 자리에 세우셨음을 기억해야 한다(롬 13:1). 그들에 대한 불평은 결국 하나님에 대한 불평이다.

5. 우리의 시민권은 하늘에 있다

마지막으로, 믿는 자들은 육체적으로는 이 나라에 살고 있지만 진정한 시민권은 천국에 있음을 잊지 말아야 한다. 우리는 세상에 있지만 세상에 속하지는 않은 자들이다. 우리의 충성 맹세는 궁극적으로 주님께 드려진다. 우리는 성경에 제시된 그분의 인도와 명령과 기준을 따르고 그분의 성령에 의해 힘을 얻는다. 우리는 우리를 둘러싼 세상의 기준과 완벽히 다른 우선순위들을 가지고 영원한 것들을 위해 살아간다. 우리가 지금은 세상에서 살지만 우리의 소유들과 노력을 무엇보다 먼저 영원한 나라의 사역을 증진하는 데 사용해야 한다(마 6:33 참조). 바울은 민족적으로는 유대인이었고 로마의 시민권을 가지고 있었다. 그러나 그는 궁극적인 충성을 어디에 해야 하는가에 대해서는 명확했다. 빌립보서에서 그는 다음과 같이 말한다.

> 그러나 우리의 시민권은 하늘에 있는지라 거기로부터 구원하는 자 곧 주 예수 그리스도를 기다리노니 그는 만물을 자기에게 복종하게 하실 수 있는 자의 역사로 우리의 낮은 몸을 자기 영광의 몸의 형체와 같이 변하게 하시리라(빌 3:20-21).

우리의 정체성, 우선순위, 사명은 세상의 시민권이 아니라 우리의 구원자이신 주님과(행 1:11; 살전 4:16) 먼저 간 친구들이(히 12:23) 기다리는 하늘의 시민권에 의해 정의된다. 그곳은 우리의 이름이 기록되어 있는 곳이며(눅 10:20; 계 13:8) 우리의 보화가 쌓여 있는 곳이다(마 5:12; 6:20; 벧전 1:4). 우리는 이 세상에 살지만 하늘의 왕이신 예수 그리스도의 종으로 또한 그분의 대사로 살아간다. 그래서 우리가 정치적인 일이 아니라 영적인 일들을 추구하는 게 우리의 진정한 시민권에 맞는 삶을 살아가는 길이다.

기회가 되면 교회 역사 전반에서 그리스도인들이 정치적인 수단으로써 기독교 국가를 건설하려고 했던 시도들이 결국 실패로 끝나고만 수많은 예를 서술해보는 것도 좋겠다. 가끔 그리스도인들의 정치적인 노력이 즉시 유익을 얻을 때가 있다. 그러나 이런 유익은 단지 표면적이며, 우리를 둘러싼 비기독교적 사회의 심장을 변화시키기에는 부족하다. 역사가 증명하듯이 이런 정치적인 유익은 항상 일시적이며 결국 더 큰 영적인 혼란과 윤리적 타락을 가져온다.

사역의 최우선순위를 바로 세우라

그리스도인들이 우리 국가의 문제들에 목소리를 내야 할 필요가 있을 때에는 그 내용을 잘 표현하도록 노력해야 한다. 그리고 우리의 우선적인 충성은 하늘에 있고 세상의 국가는 그 다음이라는 사실을 기억해야 한다. 우리의 최우선적인 관심은 표를 얻는 게 아니라 영혼을 구하는 일이다. 정치적인 논쟁에 에너지를 소비하기보다 그리스도의 대사로서 합당한 삶을 살기 위해 에너지를 사용해야 한다. 이런 노력과 활동에 영원한 가치가 있다. 우리가 정치적인 문제가 아니라 영적인 관심들로 우리 자신을 채우고 있으면 세상의 국가들과 사건들을 주관하시는 하나님을 신뢰하여 평온을 얻는다.

어느 날 예수 그리스도께서 다시 오실 것이다. 그가 오시면 완전한 평등과 정의로 다스리는 완전한 나라를 세우실 것이다. 그의 종으로서 우리는 그의 결점 없고 부패하지 않는 통치에 참여하는 기쁨을 누리게 될 것이다. 그리고 우리는 그분의 찬란한 영광 안에서 예배함으로써 주님과 함께 통치할 것이다.

그러므로 그리스도를 기다리는 동안, 우리의 최우선적인 사역이 정치적인 변화를 위한 선동이 아니라 복음을 전하는 것임을 기억해야 한다. 우리 위에 세우신 국가의 권위를 위해 기도하고 또 복종하지만 우리의 진정한 시민권은 하늘에 있다는 진리를 기억하여야 한다.

요한복음 18장 36절에서 예수님은 빌라도에게 이렇게 말했다. "예수께서 대답하시되 내 나라는 이 세상에 속한 것이 아니니라 만일 내 나라가 이 세상에 속한 것이었더라면 내 종들이 싸워……이제 내 나라는 여기에 속한 것이 아니니라." 교회는 적어도 우리의 왕이 오셔서 새로운 말씀을 하시기 전까지 이 말씀에 따라 살아야 한다.

12

시장경제와 성경적인 경제 활동에 대하여
자유 시장에서 믿음, 성실, 정직을 어떻게 지키는가?

조나단 룰키 (Johanthan Rourke)

그레이스 커뮤니티 교회에서 세퍼즈(Shephard's) 컨퍼런스와
로고스 이키핑(Logos Equipping) 컨퍼런스를 포함한 컨퍼런스 전체를 담당하고 있으며
주중 교제사역에서도 목회자로 섬기고 있다.

빌 클린턴의 정치 보좌관 제임스 카빌(James Carville)은 1992년 대통령 선거 당시 '바보야 그게 경제야!' 라는 슬로건을 만들어 빌 클린턴의 캠페인을 지원하였다. 이 슬로건은 미국 경제가 공황으로 빠져 들어가는 것을 바라보고만 있던 당시 대통령 조지 W. 부시와의 차별성을 강조하기 위해 고안되었다. 사람들이 윤리적인 이슈보다 경제적 이슈에 더 신경을 쓴다는 사실을 강조하면서 이 캠페인은 큰 효과를 거두었고, 마침내 빌 클린턴을 대통령에 당선시켰다. 서로 다른 정치적 노선을 걷는 두 정당이 동의할 수 있는 유일한 주제는 경제의 중요성이며 또한 경제가 개인의 삶에 미치는 영향에 관한 것이다.

모든 경제 정책은 어떻게 하면 부족한 물자들을 효과적으로 경영할 수 있

을까 하는 한 가지 목적이 있다. 자원은 한정되어 있고 수요는 공급을 초과한다. 그래서 상품을 분배하고 소비를 조절하기 위한 목적으로 통화(通貨)가 고안되었다. 현대 사회에서의 통화는 화폐(혹은 계속 증가하는 신용)다.

이 장에서는 넓은 의미에서 그리스도인들이 경제활동에 어떻게 관여해야 하는지 또 구체적으로 자신이 소유한 부를 어떻게 생각해야 하는지 살펴보려 한다. 첫째 목표는 모든 돈의 주인은 하나님이시며, 또한 사람의 진정한 본질은 돈을 대하는 태도를 통해 알 수 있다는 사실을 확인하는 것이다. 둘째 목표는 경제활동을 계획하고 실천하면서 그리스도인으로서의 책임에 대한 윤곽을 그려보는 것이다.

모든 돈의 주인은 하나님이시다

성경은 돈 문제를 침묵하지 않는다. 예수님은 그의 비유에서 천국과 지옥보다 돈을 더 많이 언급하셨다. 예수님은 빈번하게 돈이나 비즈니스를 비유의 소재로 삼으셨다. 모든 돈은 하나님의 것이다(시 50:10-12). 우리는 단지 그분이 맡기신 것을 관리하는 청지기다. 고대 이스라엘에서는 희년이 돌아오는 50년마다 모든 소유물을 원래의 주인에게 돌려주고 노예들에게는 자유를 주어야 했으므로 한 가족이나 집단이 부를 축적할 수가 없었다.

믿는 자들이 부를 얻는 것은 자신이 무엇을 잘해서가 아니라 하나님이 주신 선물이다. 이 진리에 대해 하나님은 신명기 8장 17-18절에서 구약의 이스라엘 백성을 향해 분명하게 말씀하신다. "그러나 네가 마음에 이르기를 내 능력과 내 손의 힘으로 내가 이 재물을 얻었다 말할 것이라 네 하나님 여호와를 기억하라 그가 네게 재물 얻을 능력을 주셨음이라 이같이 하심은 네 조상들에게 맹세하신 언약을 오늘과 같이 이루려 하심이니라."

사람은 하나님의 돈을 맡은 청지기다

돈 자체는 물론 돈을 소유하는 것도 악한 일이 아니다. 이 사실을 인식하는 것은 매우 중요하다. 도덕체계의 발전은 사람들이 돈을 어떻게 생각하고 또 어떻게 사용하는가에 대한 방식에서 비롯되었다. 하나님께서 온 인류에게 허락하신 다른 은혜들과 마찬가지로 돈은 하나님의 영광을 위해 사용할 수 있고 또는 이기적인 수단과 죄의 방편으로 잘못 쓰일 수도 있다.

성경의 역사를 보면 경건했던 사람 중에는 물질적으로 부유한 사람들이 많았다. 에덴동산에서 전혀 부족함이 없었던 아담은 누구보다도 부자였다. 그리고 타락하여 그곳에서 추방당한 후에도 아무 경쟁자 없이 세상의 넘치는 자원을 마음껏 누릴 수 있었다. 노아도 부자였다. 그는 대홍수 이후에 모든 세상이 그의 소유였고 원하는 곳이면 어디서나 거주할 수 있었다. 욥, 아브라함, 롯, 이삭, 야곱은 엄청난 가축들과 그것들을 기를 수 있는 내적인 자원을 소유했다. 타국에 살았지만 요셉, 모세, 다니엘과 그 친구들을 비롯한 여러 사람은 그 나라에서 중요한 직책을 맡았고, 그런 특권에 따라오는 부를 가졌다. 사울과 다윗 그리고 포로로 잡혀가기 직전까지 이스라엘의 모든 왕은 막대한 경제적인 부를 즐겼을 것이다. 예수님은 부자가 돈이 많다고 책망하지 않으신다. 단지 그들이 부유함 때문에 자만하거나 하나님의 나라에 들어가는 데 걸림돌이 되지 않도록 경고하신다(마 19:23-24).

반면에 경제적으로 부족하다고 해서 하나님께서 사랑하시지 않는 증거라고 생각해서는 안 된다. 하나님이 사람들에게 각각 다른 분량의 돈을 맡기셨으므로 세상에는 항상 가난한 사람들이 있기 마련이다(막 14:7). 예수님은 사역하던 기간을 제외하고 성장기간 동안 매우 가난하셨다. 사실 예수님이 어렸을 때 성전에 제사하러 가서 가난한 가족이 제사에 드리는 "산비둘기 한 쌍 또는 어린 집비둘기 둘"(눅 2:24; 레 12:1-8 참조)을 드렸던 것을 볼 수 있다. 이와 비슷하게 초대교회의 많은 성도가 그랬던 것처럼 바울도 가난을 경험했다(빌 4:10-14; 행 11:29 참조). 경제적으로 풍요한 상황이 영적인 축복이나 영적인 성숙의 증거라고 가르치는 사람들 때문에, 세상의 부유함과 영원한 상급은 서로 다르다는 사실이 왜곡되었다(마 6:19-24; 눅 12:13-21). 금(gold)과 경건(godliness)이 항상 함께 주어지지는 않는다(딤전 6:5-10,17-19).

그렇다고 해서 그리스도인들이 세상에서 작용하는 경제적인 힘에 완벽히 무지한 것도 바람직하지 못하다. 예수님은 말씀하신 39가지 비유 가운데 11번의 비유를 통해서 우리에게 익숙한 다양한 경제적인 개념들을 보여주신다. 투자(마 13:44-45), 저축(마 13:52), 빚(마 18:23-46), 임금 체계(마 20:1-16), 리스(마 21:33-46), 은행(마 25:14-30), 부채탕감(눅 7:41-43), 부의 축적(눅 12:16-21), 비용계산(눅 14:28-30), 토지계획(눅 15:11-32), 복잡한 중개 거래(눅 16:1-12). 성경은 무지를 가치 있다고 말하지 않는다. 그러므로 믿는 자들은 경제적인 원리들과 활동들에 대한 기초적인 이해와 올바른 인식을 가져야 한다. 그러나 그런 이해와 인식이 강박관념과 염려로 변질하면 위험에 처할 수 있으므로 조심해야 한다.

청지기의 삶은 마음의 문제다

우리 시대에 활동하는 경제적인 세력들을 정확하게 알아야 한다. 그러나 그 문화의 사고방식과 동기를 그대로 답습하는 것은 악하다(롬 12:1-2). 디모데전서 6장 9-10절은 "부하려 하는 자들은 시험과 올무와 여러 가지 어리석고 해로운 욕심에 떨어지나니 곧 사람으로 파멸과 멸망에 빠지게 하는 것이라 돈을 사랑함이 일만 악의 뿌리가 되나니 이것을 탐내는 자들은 미혹을 받아 믿음에서 떠나 많은 근심으로써 자기를 찔렀도다"라고 경고한다. 유혹의 덫이 돈이나 돈을 주고 살 수 있는 물건들을 탐내는 사람들을 기다린다. 돈 자체가 아니라 마음이 중요하다는 사실을 주목하라. 탐욕의 마음이 돈을 좇아 헤맬 때 근심의 화살이 심장을 꿰뚫는다.

사도 바울은 로마서 1장 29-30절에서 살인과 같은 죄들과 나란히 탐욕과 관련된 죄의 종류를 나열한다. 잠언 11장 6절에서 "정직한 자의 공의는 자기를 건지려니와 사악한 자는 자기의 악에 잡히리라"라고 말씀한다. 욕심 많은 사람들이 세상의 부를 많이 축적할 수는 있겠지만 예수님은 "그들에게 이르시되 삼가 모든 탐심을 물리치라 사람의 생명이 그 소유의 넉넉한 데 있지 아니하니라"(눅 12:15) 라고 말씀하셨다. 우리가 사는 세상은 은행에 맡겨둔 돈의 많고 적음에 감동할지 모르지만 하나님은 그렇지 않다. 그분은 우리의 마음을 보신다(삼상 16:7; 렘 17:10; 행 5:1-11). 부가 사람을 영적으로 만들 수 없지만 그들의 우선순위가 무엇인지를 보여줄 수 있다. 예수님께서 말씀하신 것처럼 "네 보물 있는 그곳에는 네 마음도 있느니라"(마 6:21).

청지기의 삶은 영적인 문제다

탐욕은 그리스도인의 길과 반대된다. 바울은 믿는 자들에게 "그러므로 땅에 있는 지체를 죽이라. 곧 음란과 부정과 사욕과 악한 정욕과 탐심이니 탐심은 우상 숭배니라"(골 3:5)라고 말했다. 탐욕은 우상 숭배다. 물질적인 부는 하나님 대신에 만족을 주고 모든 필요와 사랑과 소원을 채워주는 경배의 대상이 될 수 있다.

물질주의는 당신이 소유하는 부의 많고 적음에 있지 않고 그것을 향한 당신의 성향이다. 이것은 당신의 태도 문제지 당신의 지갑 크기의 문제가 아니다. 바울은 디모데에게 "네가 이 세대에서 부한 자들을 명하여 마음을 높이지 말고 정함이 없는 재물에 소망을 두지 말고 오직 우리에게 모든 것을 후히 주사 누리게 하시는 하나님께 두며 선을 행하고 선한 사업을 많이 하고 나누어 주기를 좋아하며 너그러운 자가 되게 하라 이것이 장래에 자기를 위하여 좋은 터를 쌓아 참된 생명을 취하는 것이니라"(딤전 6:17-19)라고 했다. 디모데는 부자들을 책망하고 무시하라는 가르침을 받지 않았고, 또 모두에게 골고루 그들의 재산을 나누어주라고 배우지 않았다. 대신에 하나님의 영광을 위해 자신들의 재산을 가장 잘 사용할 수 있도록 가르침을 받았다.

청지기의 3가지 성경적 책임

성경은 믿는 자들이 하나님을 경외하는 청지기로서 재정을 사용하는 기본적인 세 가지 방법을 제시한다.

1. 성실한 일꾼이 되라   하나님이 사람을 창조하실 때 노동은 아담의 일과에서 중요한 부분을 차지했다. 창세기에서 하나님은 아담을 창조하시고 "그것을 경작하며 지키게" 하시려고 그를 에덴동산에 두셨다(창 2:15). 아담은 세상을 다스릴 때 해먹에서 낮잠이나 자며 시간을 낭비한 것이 아니라 열심히 일하였다.

성실한 노력을 중요시하는 노동윤리는 성경의 것이다. 그리스도인들은 일할 때 성실한 생활 태도로 복음의 능력을 증명해야 한다. 에베소서 6장 5절은 모든 노동자나 심지어 노예들까지 "두려워하고 떨며 성실한 마음으로 육체의 상전에게 순종하기를 그리스도께 하듯 하라"(엡 6:5)라고 명령한다. 당신의 상사를 위해 성실히 일하는 것은 주님을 위해 성실히 일하는 것이다. 복음에 적대적인 세상도 열심히 일하는 사람들을 환영한다. 당신의 상사가 처음에는 당신의 믿음을 존중하지 않더라도 열심히 일하는 당신의 태도는 존중할 것이다. 결과적으로 당신이 성실하게 노력한다면, 당신의 직장에서 복음을 나눌 수 있는 좋은 기회를 얻는다.

또한 정상적인 상황에서 성실하게 노력하면 물질적인 부를 가져오며 주위 사람들의 존경을 받는다. 바울이 데살로니가 교회에 편지를 쓰면서 그리스도인에 적대적인 세상 앞에 가지는 그들의 책임을 간단히 설명했다. 자기 일에 최선을 다하고 직접 자기 손을 사용해서 일하라. "그렇게 되면 그리스도인이 아닌 사람들도 여러분을 믿고 따르며 존경하게 될 뿐 아니라 여러분도 다른 사람에게 신세를 지지 않게 될 것입니다"(살전 4:12 현대어). 데살로니가 교회 성도 중 어떤 사람들은 게으르게 변했고 규칙을 따르지 않았고 제멋대로 행동하였다(살후 3:11). 그렇기에 그들은 자신들의 일자리로 돌아가는 것이 마땅했다. 바울은 매우 강한 어조로 "이런 자들에게 우리가 명하고 주 예수 그리스도 안에서 권하기를 조용히 일하여 자기 양식을 먹으라 하노라"(살후 3:12)며 직설적으로 훈계했다. 만일 성인이 된 그리스도인이 일하지 않으면 하나님의 뜻을 어기는 것이며 궁핍을 경험하게 되는 것은 당연하다. [그리스도인 가정에서 남편이나 아버지가 우선하여 경제를 책임져야 하며(딤전 3:12); 아내와 어머니의 우선적인 역할이 가정주부임을 주목하라(딤전 5:14; 딛 2:4-5). 두 가지 경우 모두 게으름과 나태는 용납되지 않는다.]

잠언서는 부의 축적에 관하여 자명한 진리를 알려준다. 깊이 연구하지 않아도 노력은 이익을 낳고 시간을 낭비하는 자는 빈궁의 고통을 당할 것이라는 약속들을 그 안에서 어렵지 않게 발견할 수 있다(14:23). 잠언 29장 19-20절은 "자기의 토지를 경작하는 자는 먹을 것이 많으려니와 방탕을 따르는 자는 궁핍함이 많으리라 충성된 자는 복이 많아도 속히 부하고자 하는 자는 형벌을 면하지 못하리라"고 말씀한다. 이는 열심히 일한 자들은 자신과 가족들을 위한 풍성한 양식을 소유하게 된다는 일반적인 원리에 대한 가르침이다. 그리고 단순히 부를 소유하는 것을 넘어서 그가 열심히 일한 대가로 하나님으로부터 더 좋은 것들을 풍성히 받는 축복을 누리게 된다. 쉽고 빠르게 부자가 되려고 하는 어리석음을 쫓는 사람의 결과와는 확실한 대조를 이룬다. 그는 단순히 가난하게 되는 것뿐만 아니라 풍족한 시대에도 빈곤을 겪는 벌을 받는다(잠 20:4).

"열심히 하지 말고 현명하게 일하라."는 격언이 있다. 그러나 지금 시대에는 "열심히 그리고 현명하게 일하라."로 바꿔야 한다. 사람들이 경제적으로 어려움에 직면하는 것은 어리석은 선택 때문인 것도 있지만 성실히 일하고자 하는 자세가 없기 때문이다. 시간이 오래 걸려도 최선의 결과를 위해 열심히 일하는 태도는, 이제는 돈의 문제를 떠나 성경이 가르치는 일반적인 원리에 따라 사는 것이다.

2. 주의 깊게 계획하라   성실히 일하는 사람들이 부유한 이유 중 하나는 버는 시간보다 쓰는 시간이 상대적으로 적기 때문이다. 그렇다면 쌓아놓은 부를 가지고 어떻게 해야 할까? 이 질문은 그리스도인들과 경제에 관한 두 번째 실제적인 기준을 이끌어낸다. 믿는 자들은 열심히 일하는 성실한 일꾼이 되어야 할 뿐 아니라 또한 세밀히 계획하는 사람이 되어야 한다. 주의 깊게 계획하는 사람이 되려면 다음의 6가지 원칙을 고려하라.

1) 소비에 빠지지 말라. 현대 문화는 소비문화다. 전문가들은 미국 경제의 70퍼센트가 쇼핑에 의존한다고 한다. 소비는 죄가 아니다. 그러나 어리석은 자는 가지고 있는 모든 것을 써버리고 미래를 위해 아무것도 남기지 않는 사람임을 기억하라(잠 21:20). 당신이 가진 모든 것을 소비하는 것에 대해 면죄부를 줄 만한 이유는 어디에서도 찾을 수 없다. 더욱 나쁜 것은 버는 것보다 더 많이 소비해서 결국 빚을 지게 되는 경우다. 성경은 분수에 맞는 지혜로운 삶을 살라고 권고한다.

2) 빚의 노예가 되지 말라. 당신은 아마도 '돈을 빌리거나 빌려주지 말라'는 말을 들어본 적이 있을 것이다. 그러나 이 말은 성경에서 나온 것이 아니라 셰익스피어의 『햄릿』에서 폴로니우스가 아버지의 마음으로 충고한 말이

다(1막 3장). 잠언 22장 7절은 빚을 지는 것과 종이 되는 것 둘 사이에 밀접한 연관이 있다고 경고한다. 빚을 많이 질수록 당신의 삶은 자유롭지 못하게 된다. 그리스도인들이 채권자들에게 빚을 갚느라 하나님의 사역을 위해 헌금을 드릴 수 없다면 얼마나 슬픈 일인가?

구약성경에서 하나님은 이스라엘에서 대출업을 관할하는 법, 특별히 이자율에 관한 기준을 주셨다(레 25:36-37). 원래 유대인들이 이방인들에게는 이자를 받는 것이 허락되었다. 하지만 유대인들 사이에 서로 돈을 빌려줄 때에는 이자를 받지 않도록 가르침을 받았다(출 22:25). 시편 기자는 하나님 앞에 정직한 자는 "이자를 받으려고 돈을 꾸어 주지 아니하는"(시 15:5) 사람이라고 설명한다. 또한 에스겔도 정직한 사람은 가난한 자들에게 이자를 받지 않고 돈을 빌려주는 사람이라고 했다(겔 18:8,13,17).

그러나 유대 사회도 급속히 타락했다. 에스겔은 이스라엘의 가증스런 행위를 책망했다. "네 가운데에 피를 흘리려고 뇌물을 받는 자도 있었으며 네가 번 돈과 이자를 받았으며 이익을 탐하여 이웃을 속여 빼앗았으며 나를 잊어버렸도다 주 여호와의 말씀이니라"(겔 22:12). 예수님도 이자를 받는 대출에 관하여 구약성경의 규율을 취하셨고 또 그것을 한 걸음 더 확장시키셨다. 예수님은 돈을 빌려주는 것에 대해 특별히 규정할 수 없으나, 믿지 않는 사람들이 하는 것처럼 대가로 무엇을 받을 수는 있다고 하셨다. 하지만 "아무것도 바라지 말고 꾸어 주라 그리하면 너희 상이 클 것이요"(눅 6:34-35)라고 가르치셨다. 주님의 말씀을 가슴에 담아 다른 이들에게 돈을 빌려주어야 하는 상황, 특별히 교회에서 그런 일이 발생할 때에, 받은 가르침을 실천할 특별한 기회로 활용하여야 한다.

성경은 탐욕이나 물질주의 동기에서 비롯되지 않고, 먼저 기도로 계획하고 지혜로운 상담을 통해 준비한 이해할 만한 대출과 책임 있는 차용에 대해 금지하지 않는다.

3) 연대보증을 서지 말라. 또 보증도 주의하여야 한다. 이에 대한 성경의 일반적인 원리는 믿는 자들이 다른 사람을 위해 보증에 서명하는 것을 금지한다. 지혜로운 사람은 다른 사람의 빚에 대해 책임을 지지 않는다. 이에 대한 하나님의 교훈은 명확하다. 당신이 모르는 사람이나 심지어 이웃이라도 그들의 빚에 대한 책무를 절대로 짊어지지 말아야 한다. 요셉과 그 형제들의 이야기에서 유다는 막냇동생 벤자민이 안전하게 귀향할 수 있도록 자신이 대신 잡혀 있을 것을 제안했다(창 43:9). 그러나 돈과 연관된 문제에서 솔로몬은 잠언 6장 1-5절에서 엄중하게 경고한다. 만약 당신이 다른 사람의 책무로 덫에 걸려 있다면, 그 책무에서 자유롭게 되는 것이 가장 현명한 일이다. 그것은 마치 위험에 처한 동물이 사냥꾼을 피하는 것과 같다(잠 6:5). 그리고 그 문제가 해결될 때까지 "네 눈을 잠들게 하지 말며 눈꺼풀을 감기게 하지 말고"(잠 6:4; 20:13; 27:13) 채무의 문제 해결을 최우선 순위에 두어야 한다. 친척이나 가까운 친구도 보증에 서명하지 말라. 당신이 경제적인 고통을 겪는 것은 말할 것도 없으며, 보증을 요구하면서 이미 비뚤어진 그들과의 관계에 모험을 걸어야 할 가치가 없다. 그들은 채무 불이행이라는 상황에 부닥치게 된 자신을 발견해야 한다. 대출을 생업으로 삼고 있는 전문적인 대출업자들은 빌려준 돈을 받지 못해 손해를 입을 수도 있는 모험에 돕는다는 선한 뜻으로 투자하는 게 아니다. 그렇다면 우리는 대출받을 때 지혜롭게 생각해야 한다.

4) 성공을 위해 자신의 영혼을 팔지 말라. 잠언 28장 19-20절은 "헛된 것을 좇아" 짧은 시간에 돈을 모으려는 유혹에 대해 경고한다. 이는 다가올 뻔한 결과를 생각하지 않고 헛되고 경솔하게 돈을 추구하는 모습을 그린다. 더 많은 돈을 모으기 위한 위험한 시도에는, 무지한 사람들을 속이는 도박이나 다단계 마케팅 그리고 사기 등이 포함된다.

잠언 12장 11-12절은 "자기의 토지를 경작하는 자는 먹을 것이 많거니와 방탕한 것을 따르는 자는 지혜가 없느니라 악인은 불의의 이익을 탐하나 의인은 그 뿌리로 말미암아 결실하느니라"라고 말씀한다. 잠언서 전체를 통해 악한 사람은 사기(13:11), 뇌물수수(15:27), 저울을 속이는 방법(20:10,23), 고아의 돈을 착취함(23:10; 22:23, 28; 렘 22:3; 슥 7:10) 같은 타락한 방법으로 재물을 쌓은 사람들이라고 규정한다. 이런 일에 관련된 사람들은 반드시 하나님의 심판을 받는다.

경제적인 안정은 성실한 노력과 당신이 선택한 직업에 관해 쌓은 지식과 경력에 기인한다. 잠언 24장 3-4절은 "집은 지혜로 말미암아 건축되고 명철로 말미암아 견고하게 되며 또 방들은 지식으로 말미암아 각종 귀하고 아름다운 보배로 채우게 되느니라"라고 말씀한다. 비즈니스나 경력들은 지혜와 이해와 지식이 서로 합력하여 만든 든든한 경제적 기초 위에 세워진다. 음모나 조작이나 사기를 통해 부자가 되겠다고 생각하는 사람들에게 진정한 미래는 없다.

5) 무모함과 모험을 혼돈하지 말라. 추론들을 나열하는 것과 예측된 위험 감수와 합리적인 투자는 다르다. 투자하거나 심지어 합리적인 위험요소들을

감수하는 것은 좋은 일이다. 성실하게 일하고 난 후에 의심이나 두려움으로 말미암아 무기력해진다면 아무 소용이 없다. 전도서 11장 4절은 바람을 두려워한다면 결코 씨를 뿌릴 용기를 갖지 못하고, 구름을 두려워하면 비가 내리지 않아도 추수하러 들판에 나갈 수 없을 것이라 경고한다. 사실 누구도 투자하는 모든 것이 이익을 내리라고 확신할 수 없다. 만일 합리적이고 적극적인 방법으로 투자를 증대시키기 원한다면, 더 주의 깊게 계획하고 현명하게 자금을 운용하면서 감각적으로 위험 감수를 시도해야 한다.

위험 감수는 무모한 것이 아니라 주도면밀하게 계산하여 실행해야 한다. 결국 "부지런한 자의 경영은 풍부함에 이를 것이나 조급한 자는 궁핍함에 이를 따름이니라"(잠 21:5)는 말씀처럼 된다. 성실한 노력과 부지런한 준비와 부정직한 삶을 거부하는 태도는 그 사람이 어려운 순간에 처할 때, 하나님이 우리의 부를 견고한 산성으로 만들어주시는 축복이 된다. 우리는 잠언 27장 25-27절에 그려진 양식이 풍족하여 겨울을 자신 있게 대비한 사람과 같이 될 수 있다.

6) 대비나 보호를 과시하지 말라. 재난에 대비하는 것은 하찮은 일이 아니다. 충분한 재정을 소유하지 않는 사람들은 다른 사람들의 보호에 의존해야 한다. 물론 그리스도인의 궁극적인 확신은 불확실한 물질적인 부에 있지 않고 오직 하나님 안에 있다(딤전 6:17; 4:10 참조).

잘 알려진 보험회사는 "당신의 본래 자리로 되돌려 드립니다."라는 슬로건을 사용한다. 보험을 든다는 것은 상대적으로 오래되지 않은 개념이다. 성경 시대에 살았던 사람들은 오늘날 우리가 누리는 보호수단들을 갖고 있지 못했다. 예를 들면, 욥은 하루가 지나기도 전에 몇 명의 어리석은 친구들과 잔소리하는 아내를 제외하고 자신의 모든 소유를 다 잃고 말았다. 그리고 요셉은 하나님이 장차 닥칠 7년의 기근을 알려주시지 않았다면 미래를 대비하지 못했을 것이고 이집트와 인접한 많은 나라의 사람들이 생명을 잃었을 것이다.

그러므로 당신이 소중하게 여기는 것들에 대해 보험을 들거나 투자를 다양화하고 미래의 경기침체 가능성을 대비하는 것은 비성경적이거나 현명하지 못한 일이 아니다. 반대로 그것은 현명한 일이며 장기간에 걸쳐 번영을 누린 사람들의 특징이다. 잠언 27장 23-24절은 이에 관해 현명한 자문을 제공한다. "네 양 떼의 형편을 부지런히 살피며 네 소 떼에게 마음을 두라. 대저 재물은 영원히 있지 못하나니 면류관이 어찌 대대에 있으랴." 고대의 가축을 소유했던 사람들은 자신이 가진 것을 적극적으로 파악해서 미래를 잘 대비할 수 있었다. 현대에 사는 지혜로운 사람들은 미래를 잘 설계한다. 보험을 이용하거나 다른 법률적인 수단들을 사용하여 자신을 파산으로 몰고 갈 수 있는 불필요한 위험에 노출되지 않게 한다. 다시 말하지만 그리스도인들의 궁극적인 신뢰는 지금까지 언급한 것들이 아니라 오직 하나님께 있다. 그리고 무엇을 하든지 책임감 있게 행하면서 육체적 혹은 물질적인 필요를 포함한 모든 것을 하나님께서 주관하심을 알고 그 안에서 안식을 누려야 한다(마 6:25-34; 빌 4:6).

성실한 노력은 당신의 수입을 증대시킬 것이다. 또한 우리 앞에 도사린 위험을 피하고자 주의 깊게 계획해야 한다. 이것은 그리스도인들이 재정에 대해 올바르게 사고해야 하는 세 가지 원리 중 둘째에 해당한다. 그러나 아마 이번에 소개하는 셋째 원리가 앞에서 소개한 두 가지 원리와 더불어 가장 중요한 것이 아닌가 생각한다. 당신이 가진 부로 하나님을 기쁘시게 하기 원한다면, 먼저 성실한 일꾼이 되어야 하고, 주의 깊게 계획하고, 자비롭게 나누는 사람이 되어야 한다.

3. 가진 것을 나누는 자비로운 사람이 되라

리오넬 로빈스(Lionel Robbins)는 경제학을 "여러 선택이 가능한 한정된 자원을 연구하는 학문"이라고 정의했다. 이는 영원한 가치를 위해 세상과는 다른 방법으로 재물을 사용하는 그리스도인에게 가장 적합한 정의라고 볼 수 있다. 그리스도인들이 하늘의 관점으로 세상의 재물을 바라보면 필요와 탐욕 사이의 좁은 길을 성공적으로 걸어갈 수 있을 것이다.

미국에서 기부에 관한 통계를 보면 굉장히 인상적이다. 다시 말해서 인상적으로 빈약하다. 사역을 위한 기부는 점점 더 줄어드는 경향을 보인다. 전체적인 기부금이나 일 인당 수입에 비례해서 기부하는 액수도 줄고 있다. 2004년에 복음주의 그리스도인들의 전체 수입의 2.5퍼센트만이 사역에 기부되었다. 2008년의 정부 통계를 보면 로스엔젤레스 카운티에 있는 가정의 평균수입은 약 65,000달러 정도 된다고 한다. 그렇다면 한 가정이 한 주에 단지 31달러 정도를 기부한다는 말이다. 비교를 해보자면 대공황시기에도 자선단체에 대한 기부는 평균 3.3퍼센트 정도였다.

미국의 거듭난 그리스도인의 3분의 1은 빚이 너무 많아 기부할 수 없다고 말한다. 같은 시기에 소비자 채무는 2.5조 달러에 달하고 평균적으로 미국사람들은 일 인당 8,500달러를 웃도는 할부금을 지출하고 있다. 일반적인 대학생은 엄청난 빚을 안고 대학을 졸업한다는 사실을 더하면 왜 그렇게 많은 사람이 경제적인 속박 아래 절망으로 고통받고 있는지 알 수 있을 것 같다.

예수님이 돈에 관해서 말씀하실 때는 항상 당시에 유행하는 문화에 반대되며, 일반적인 직관과 상반되는 말씀들로 가르치셨다.

> 너희를 위하여 보물을 땅에 쌓아 두지 말라 거기는 좀과 동록이 해하며 도둑이 구멍을 뚫고 도둑질하느니라……한 사람이 두 주인을 섬기지 못할 것이니……혹 이를 미워하고 저를 사랑하거나 혹 이를 중히 여기고 저를 경히 여김이라 너희가 하나님과 재물을 겸하여 섬기지 못하느니라……그러므로 염려하여 이르기를 무엇을 먹을까 무엇을 마실까 무엇을 입을까 하지 말라 이는 다 이방인들이 구하는 것이라 너희 하늘 아버지께서 이 모든 것이 너희에게 있어야 할 줄을 아시느니라
>
> (마 6:19,24,31-32).

물질주의와 기독교는 서로 일치하지 않는다고 예수님이 말씀하셨다. 그렇다면 우리는 믿는 자로서 우상 숭배나 탐욕의 유혹을 거절하면서 우리의 경제적인 자원들을 사용하여 어떻게 하나님을 예배할 수 있을까? 주님과 그분의 목적을 위해 우리의 재물을 드리는 것에서 그 해답을 찾을 수 있다. 복음의 사역을 위해 돈을 기부할 때, 우리는 하나님을 향한 깊은 사랑을 드러내며 (고후 9:7) 하늘에 보화를 쌓게 된다(마 6:16-24).

주님을 위해 기부하는 것은 자신의 재물을 쌓아두려는 유혹을 극복하는 데 도움을 준다(마 6:19-21). 성공적으로 경제적인 부를 성취한 사람들은 즉시 가진 것들을 쌓아놓고 싶은 탐욕의 유혹을 받게 된다. 자신만을 위한 삶에 부를 낭비하는 대신에 다른 사람들의 필요를 생각하며 기부하면 이런 유혹에 맞설

수 있다. 더욱이 세상 재물은 쉽게 사라져버리기 때문에 재물을 쌓아놓는 것은 위험한 생각이다. 기부는 영원에 대한 투자이고 영원히 없어지지 않는 하늘에 보화를 쌓는 수단이다. 그러므로 기부는 세상 것들에 빼앗긴 마음을 하나님의 것들에 초점을 맞추도록 우리를 원래의 자리로 돌려놓는다.

둘째로 주님께 우리의 재물을 드리는 것은 하나님을 망각할 수 있는 유혹을 이길 수 있도록 돕는다(마 6:22-24). 잠언 30장 9절에서 솔로몬은 하나님께 비천한 가난에 처하는 시험과, 부로부터 기인하는 가장된 안정으로부터 보호해달라고 기도한다. 가상된 안정은 사람이 하나님을 망각하여 자신과 논에 의지하는 위험에 처하게 한다. 마태복음 6장에서 예수님은 우리에게 눈을 맑게 하여 정확히 보라고 말씀하신다. 만약 영적인 눈이 제대로 작동하면 그리스도인들은 돈에 대해 바른길을 걸어갈 것이다. 또한 하나님은 우리에게 부를 주시는 분이며 또한 우리의 부를 통해 영광 받으셔야 하는 분으로 보게 된다. 아무도 하나님과 재물을 동시에 섬길 수 없으므로 주님을 위해 정기적으로 기부하는 태도는 우리의 진정한 주인이 누구인지를 보여준다.

셋째로 주님께 우리의 가진 것을 드리게 되면, 하나님이 모든 것을 주관하시고 그의 나라가 가장 중요한 우선순위라는 것을 깨닫게 되고, 근심의 유혹을 극복하는 데 도움을 준다(마 6:25-24). 바울은 빌립보 교회에 "아무것도 염려하지 말고 다만 모든 일에 기도와 간구로 너희 구할 것을 감사함으로 하나님께 아뢰라 그리하면 모든 지각에 뛰어난 하나님의 평강이 그리스도 예수 안에서 너희 마음과 생각을 지키시리라"(빌 4:6-7)라고 말했다. 그리고 바울은 자신이 어떤 경제적인 상황에 처해도 만족할 수 있는 법을 배웠다고 설명한다(10-13절). 경제적인 문제에 대한 근심은 종종 우리가 분수에 맞지 않게 살려는 데서 기인한다. 기부하는 사람은 하나님이 주신 환경이 보잘것없어도 만족하고 감사함을 배운다(딤전 6:7; 히 13:5). 솔로몬은 잠언를 통해 분수에 맞지 않게 사는 사람과 만족하고 감사하는 사람의 대조를 매우 생생하게 보여준다(잠 15:16-17; 16:8, 19; 17:1; 19:1; 28:6). 혼란, 증오, 불법, 교만, 불화, 오용, 왜곡된 영혼을 수반하는 경제적인 부유함보다 하나님을 두려워하고 사랑, 정의, 겸손, 평온, 고결을 수반하는 경제적인 빈곤이 더 낫다고 알려준다.

돈을 다루는 지혜

성경이 돈과 부에 관하여 교리적이며 실제적인 교훈들을 많이 담고 있는 것은 하나님의 은혜다. 성경에서 말하는 기준은 명확하다. 그리고 우리는 그것을 마음에 새길 만큼 현명하다. 모든 것이 하나님께 속하므로 우리는 그의 청지기로서 하나님께 받은 자원들을 사용한다. 돈에 대한 우리의 태도는 우리 마음의 우선순위와 열정을 드러내고 결국 돈을 어떻게 영적으로 사용해야 하는지 일깨워준다. 그러나 돈을 버는 것과 지혜롭게 사용하는 것은 본질적으로 나쁜 것이 아니다. 이 점을 마음에 새기고 그리스도인으로서 성실히 일하고 주의 깊게 계획하고 자비의 마음으로 나누는 삶을 살면 축복을 받는다.

13

지구 온난화와 환경운동에 대하여
지구 최후의 날은 기후 변화로 올 것인가?

목회적 관점

*이번 장은 그레이스 커뮤니티 교회의 목사들과 장로들이 이 주제에 대해 수년 간 연구하고 정리한 자료들에서 차용하였다. 이는 그레이스 커뮤니티 교회의 입장을 나타낸다.

최근에 우리 교회로 유명한 복음주의 대학에서 발간하는 잡지가 배달되었다. 그 잡지의 표지는 완전히 녹색으로 덮여 있었고 하얀 색과 녹색의 두꺼운 활자체로 〈복음주의자들의 녹색운동〉[1] 이라는 제목이 적혀 있었다. 또 그 아래 소제목으로 "크리에이션 케어(Creation Care) 운동을 받아들이는 그리스도인들이 증가하고 있다. 그들은 이것이 시류에 편승하는 일이 아니라 성경적인 일이라고 말한다."라고 적혀 있었다. 그 잡지는 총 8페이지를 환경운동과 관련된 주제에 할애하였다. 다시 말해서 그들은 환경보호가 성경의 명령이라고 주장한다. 그 잡지는 또한 "많은 그리스도인이 성경이 우리에게 환경보전과 보호를 명령하였다는 개념을 가진 '크리에이션 케어'의 아이디어에 흥분하고 있다."라고 말한다. 기사에 그 대학의 교수들과 직원들의 인터뷰가 실려 있었다. 그들은 지구를 보호하는 것이 성경에서 말하는 청지기의 삶과 관계된 일이라고 주장했다.

> 우리는 피조물을 돌보라는 성령의 명령을 부여받았고 지금까지 그 명령은 유효하다. 당신이 매일 대기에 뿜어져 나오는 이산화탄소의 양이 몇 톤인지 알고 있지만, 그 사실을 축소하거나 별것 아닌 것으로 무시하려 한다면, 나는 그 태도가 마치 타조가 모래에 머리를 처박고 진실을 외면하려는 모습과 흡사하다고 생각할 것이다.
>
> 마지막 날에 우리가 낭비하고 오염시킨 규모가 그다지 크지 않을지도 모르지만, 예수님은 누가복음 16장에서 부정직한 청지기에 대한 비유를 말씀하시면서 작은 일에 충실하지 않은 종에게는 큰일도 맡기지 않겠다고 하셨다.
>
> 석유나 알루미늄, 종이 같은 천연자원들은 우리가 무분별하게 사용하면 고갈되는 유한한 자원들이다. 그러므로 우리가 이런 자원들을 현명하게 사용한다면, 하나님께서 주신 것들을 지혜롭게 사용하라는 창세기의 명령에 순종하는 것이 된다.
>
> 우리 대학은 하나님의 피조물을 잘 사용하는 선한 청지기의 중요성을 인식하고 있다. 환경보호가 시기적절하고 듣기 좋아서가 아니라 하나님께서 우리에게 그의 피조물을 잘 관리하라고 부탁하셨기 때문이다.

그 기사는 계속해서 이 대학의 학생들은 환경을 보전하고 보호하기 위해 방을 떠나기 전에 전등을 끄고, 사용하지 않는 컴퓨터는 대기모드로 전환하고, 플라스틱 병들을 재활용하는 등의 작은 일들부터 시도한다고 적고 있다.

그리고 이 학교의 총장은 '환경적인 책임의 중요성을 강조하기 위한 작은 몸짓'으로 하이브리드 SUV 차량을 사용한다고 한다.

그 기사를 통해 독자들은 그리스도인의 '생태학적 책임'이 하나님이 믿는 자들에게 주신 명령이라고 반복적으로 연상하게 된다. 그러나 8페이지에 걸쳐 쓰인 이 기사는 흥미를 끌긴 하지만 성경의 어떤 구절도 구체적으로 언급하지 않았다. 누가복음 16장과 창세기 1장 28절과 2장 15절의 말씀이 배경에 깔려 있지만 직접적으로 실제 구절들이 인용되거나 설명되지는 않았다. 우리는 그리스도인으로서 많은 복음주의자에게 영향을 미치는 환경주의자들의 사고방식을 그대로 받아들이기 전에, 베뢰아 사람들이 했던 것처럼 성경을 살펴보고 그들의 생각이 옳은지 확인해보아야 한다.

그리스도인의 생태학적 책임

우리는 하나님이 우리에게 허락하신 모든 자원을 돌보아야 하는 책임을 진다고 확신한다. 구약 성경에서 하나님은 이스라엘을 약속의 땅으로 인도하시고 난 후 사람들에게 7년마다 땅을 쉬게 하라고 명령하셨다.

> 너는 여섯 해 동안은 너의 땅에 파종하여 그 소산을 거두고 일곱째 해에는 갈지 말고 묵혀두어서 네 백성의 가난한 자들이 먹게 하라 그 남은 것은 들짐승이 먹으리라 네 포도원과 감람원도 그리할지니라(출 23:10-11; 레 25:1-7 참조).

하나님은 사람들이 땅에 있는 모든 생명을 소진하길 원하지 않으셨기 때문에 이런 명령을 주셨다. 땅을 7년마다 쉬게 하면 땅이 새롭게 되고 미래에도 지속적인 생산이 가능해진다. 하나님은 이와 유사하게 동물들을 학대하지 말 것을 명령하셨다(신 25:4; 잠 12:10).

하나님이 이스라엘 백성에게 모세의 율법을 주셨을 때, 만일 어떤 사람이 믿음을 버리면 그 땅에서 추방하라고 명령하셨다(신 28). 슬프게도 이스라엘 백성들의 자손들이 믿음을 저버렸고 하나님의 심판이 임하였다. 그래서 북이스라엘은 BC 722년에 앗시리아에, 남유다는 BC 605년에 바빌론에 멸망했다. 그 후 이스라엘 백성은 70년 동안 바벨론에서 포로생활을 하였다. 이는 그동안 이스라엘이 율법을 어기며 지키지 않았던 안식년을 모두 합한 기간에 해당한다. 이스라엘이 포로로 잡혀간 이후에 마침내 이스라엘 땅이 안식을 취한다(레 26:33-35; 대하 36:17-21 참조).

그러므로 믿는 자들은 하나님께서 우리에게 주신 놀라운 자원의 아주 작은 것이라도 부주의하게 사용하거나 남용하거나 무책임하게 다루면 안 된다는 환경보호론자들의 주장에 동의한다. 게다가 우리는 우리 주위의 사람들에게 사랑과 관심을 표하며(빌 2:1-5) 국가의 법과 규칙에 기꺼이 복종할 것을 명령 받았다(롬 13:1-7). 이런 원리들은 우리가 살아가는 데 많은 영향을 끼친다.

그렇지만 성경의 명령과 오늘날 환경운동이나 지구온난화와 같은 문제들과는 직접적인 연관이 없다. 환경운동은 지구를 영원히 보존하려는 활동에 몰두한다. 그러나 우리는 이것이 하나님의 계획이 아니라는 것을 알고 있다.

우리가 사는 지구는 영원히 존재하는 행성이 아니다. 솔직히 말하면 일생이 그리 길지 않은 유한한 행성이다. 진화론 주장과는 달리 지구 나이는 10,000년이 되지 않으며 종말이 이미 가까이 와 있는지도 모른다. 하나님은 지구를 향한 목적이 성취되면 지구를 불로 파괴하시고 새 땅을 창조하실 것이다(벧후 3:7-13; 계 21:1).

애초부터 지구는 영원히 존재하도록 의도된 행성이 아니다. 우리는 십만 년이나 백만 년 이후를 염려할 필요가 없다. 왜냐하면 하나님이 새 하늘과 새 땅을 창조하실 것이기 때문이다. 지구에 대한 우리의 자유와 책임을 조화롭게 수행하려면 이 사실을 마음에 새기는 것이 중요하다.

환경 보전에 대한 성경의 가르침

지구가 일시적인 장소라고 가르치는 성경을 믿는 그리스도인들은 지구온난화와 이를 강하게 주장하는 환경주의자들의 운동을 어떻게 생각해야 할까?

이번 장의 목적은 과학적 데이터들을 검토하려는 것이 아니다(최근의 발견들에 대해 상당한 논쟁이 있는 것은 사실이다).[2] 우리는 환경에 대한 이슈들이 정말 '성경적인지' 성경의 말씀을 살펴보면서 정확한 가이드라인을 찾고자 한다. 우리에겐 과학적인 가정이나 인기에 좌우되는 여론이 아니라 하나님의 말씀이 이 모든 문제를 해석하는 권위가 되어야 한다. 하나님은 우리에게 '일반' 계시에 대해 바르게 이해하고 접근하도록 성경의 '특별' 계시를 주셨다. 이는 창조주께서 생명과 경건에 대해 우리가 알아야 할 모든 것을 말씀을 통해 알려주셨다는 뜻이다(벧후 1:3,19).

이를 마음에 두고 지구온난화에 대한 성경적인 가르침을 확립하기 위해 다음의 5가지를 고려해보자.

**1. 기록된 성경의 문맥을
정확히 살펴야 한다**

복음주의자들 사이에서 자신들이 원하는 의도를 증명하기 위해 성경이 본래 의도하는 문맥과는 상관없이 성경 구절들을 마음대로 해석하는 일들이 많다. 사도 베드로는 성경의 의미를 '억지로 풀려는' 사람들에게 경고하였다(벧후 3:16). 그리고 바울은 디모데에게 "진리의 말씀을 옳게 분별하며 부끄러울 것이 없는 일꾼으로 인정된 자로 자신을 하나님 앞에 드리기를 힘쓰라"고 교훈하였다(딤후 2:15). 모든 믿는 자들은 신적 권위를 주장하는 메시지들이 진실로 성경의 말씀과 맞는지 주의 깊게 살펴보아야 한다(행 17:11). 그리스도인들과 특히 가르치는 사람들은(약 3:1) 성경 구절을 인용할 때 깊은 주의를 기울여야 한다. 문맥과 다른 구절들을 성경에서 취하여 원래 의도와 전혀 상관없이 사용하고, 하나님이 말씀하시지 않은 것을 그렇다고 하는 것은 매우 위험한 일이다(신 12:32; 잠 30:6; 계 22:18-19).

이것이 환경보호에 관하여 쓴 복음주의 계열의 논문들을 볼 때 우리가 가장 먼저 고려하는 부분이다. 지구온난화의 위험을 주창하는 사람들은 이사야 24장 4-6절의 말씀을 자주 인용한다.

> 땅이 슬퍼하고 쇠잔하며 세계가 쇠약하고 쇠잔하며 세상 백성 중에 높은 자가 쇠약하며 땅이 또한 그 주민 아래서 더럽게 되었으니 이는 그들이 율법을 범하며 율례를 어기며 영원한 언약을 깨뜨렸음이라 그러므로 저주가 땅을 삼켰고 그 중에 사는 자들이 정죄함을 당하였고 땅의 주민이 불타서 남은 자가 적도다.

기후변화를 염려하는 그리스도인들은 이 말씀이 지구온난화가 가져올 파괴적인 상황을 가리킨다고 해석한다. 이 구절들을 대충 읽으면 정말 그들의 주장처럼 보인다. 그들은 이 말씀을 인용하면서 지구의 거주자들이 만드는 오염은 그 책임이 그들에게 있음을 증명할 뿐 아니라, 뜨거워지는 지구로 말미암아 무시무시한 파괴가 일어날 것이고, 또한 장차 심각한 인구 감소를 경험하리라고 단언한다.

그러나 이 구절들이 지구온난화에 대한 경고라고 주장하는 사람들은 말씀의 문맥을 제대로 이해하지 못했다. 1-3절의 말씀은 4-6절에서 서술된 사건을 일으키는 주체가 하나님인 것을 분명하게 보여준다. 1절은 "보라 여호와께서 땅을 공허하게 하시며 황폐하게 하시며 지면을 뒤집어엎으시고 그 주민을 흩으시리니"라고 말한다. 그리고 3절은 "땅이 온전히 공허하게 되고 온전히 황무하게 되리라 여호와께서 이 말씀을 하셨느니라"라고 기록한다. 만약 환경주의자들을 지지하는 그리스도인들의 주장대로 이사야 24장 4-6절이 현재의 기후에 관한 논쟁을 언급하는 것이라면 1-3절은 지구 온도가 증가하는 책임이 하나님께 있다고 말하는 것이 된다.

게다가 5절은 스모그나 탄소배출이 아니라 '도덕적' 오염에 관해서 말한다. 그 도덕적 오염은 다음 구절에서 명확하게 밝힌다. "이는 그들이 율법을 범하며 율례를 어기며 영원한 언약을 깨뜨렸음이라." 다르게 표현하자면 하나님은 하나님에 대적해서 지은 인류의 죄 때문에 세상을 불로 심판하실 것이다. 끝으로 이 구절들은 종말론 맥락에서 해석되어야만 한다. 이사야의 이 구절들과 비슷한 예언을 다루는 성경의 다른 종말론의 말씀들은(계 6, 8-9, 16) 현재 일어나는 사건에 적용시켜 해석해서는 안 되며, 미래에 일어날 심판에 관련된 예언의 범주에 두어야 한다. 사실 이사야 24장 1절-27장 13절의 말씀은 종말론에 포함되는 말씀이다.

그러므로 이 주장은 성경이 절대 의도하지 않은 것을 문맥과 상관없이 사사로운 목적에 맞게 사용하는 예에 속한다. (이와 비슷하게 신약에 있는 청지기에 관련된 구절들을 취하여 문맥이 의도한 것을 넘어 다른 이슈들에 적용하려는 시도도 주의해야 한다. 그리고 또한 구약성경에 이스라엘에 주어진 말씀을 신약의 그리스도인들에게 그대로 적용하려는 시도도 주의를 기울여야 한다.) 결론적으로 핵심은 우리의 생각을 성경에 투영하는 것이 아니라 성경이 우리의 믿음을 결정하도록 해야 한다.

2. 우리는 예배의 대상을 분명히 해야 한다

놀라운 자연의 아름다움이 하나님의 영광을 드러낸다는 사실은 의심의 여지가 없다(시 19:1-6). 하나님은 위대하고 놀라운 세계를 하나하나 그의 손으로 창조하셨다. 광대한 대양(욥 38:16), 찬란한 별들(시 8:1-4), 장엄한 산들(시 65:5-9), 경이로운 비(시 147:7-8), 이 모든 자연이 하나님의 놀라운 솜씨를 드러낸다.

인간의 타락으로 많이 훼손되긴 했지만 하나님의 창조는 여전히 눈부시게 빛나고 있다. 문제는 타락한 인간이 창조주 하나님을 거부하고 대신에 피조물을 경배하는 것이다. 사도 바울은 로마서 1장 20-25절에서 이를 경고한다.

> 창세로부터 그의 보이지 아니하는 것들 곧 그의 영원하신 능력과 신성이 그가 만드신 만물에 분명히 보여 알려졌나니 그러므로 그들이 핑계하지 못할지니라 하나님을 알되 하나님을 영화롭게도 아니하며 감사하지도 아니하고 오히려 그 생각이 허망하여지며 미련한 마음이 어두워졌나니 스스로 지혜 있다 하나 어리석게 되어 썩

어지지 아니하는 하나님의 영광을 썩어질 사람과 새와 짐승과 기어 다니는 동물 모양의 우상으로 바꾸었느니라 그러므로 하나님께서 그들을 마음의 정욕대로 더러움에 내버려 두사 그들의 몸을 서로 욕되게 하게 하셨으니 이는 그들이 하나님의 진리를 거짓 것으로 바꾸어 피조물을 조물주보다 더 경배하고 섬김이라 주는 곧 영원히 찬송할 이시로다 아멘.

오늘날 세상의 환경주의자들에 대해 여러 가지 측면에서 잘 설명하는 말씀이다. 하나님 아버지를 예배하는 대신에 그들은 '어머니 자연(Mother Nature)'을 예배한다. 창조주를 찬양하는 대신에 그의 피조물을 찬양한다(신 4:16-18 참조).

복음주의자들도 하나님의 영광을 찬양하기 위해 피조물의 아름다움을 감상하고 즐긴다. 그리고 또 그렇게 해야 마땅하다. 그러나 세상이나 자연주의 또는 이 세상이 믿는 진화론적인 생각을 받아들이지 않도록 조심해야 한다. 마음을 다해 주되신 하나님을 사랑하라는 신약성경에서 가장 크고 첫째 된 계명에 순종하는 것보다(막 12:29-30), 환경을 보전하는 목적이 더 높은 우선순위를 차지하면 무의식중에 자연을 경배하는 우상 숭배에 빠진다. 이사야 42장 5,8절은 이 사실을 우리에게 상기시킨다.

하늘을 창조하여 펴시고 땅과 그 소산을 내시며 땅 위의 백성에게 호흡을 주시며 땅에 행하는 자에게 영을 주시는 하나님 여호와께서 이같이 말씀하시되……나는 여호와이니 이는 내 이름이라 나는 내 영광을 다른 자에게, 내 찬송을 우상에게 주지 아니하리라.

3. 창조 명령을 바르게 이해해야 한다

창세기 1장 28절에 하나님은 아담에게 땅을 "정복하고" "다스리라"라고 명령하셨다. 이 명령은 모든 짐승에게 이름을 지어주는 주권과(창 2:19-20) 또한 땅을 경작하는 책임도 포함한다(창 2:15). 인류가 지구를 위해 창조된 것이 아니라 지구가 인류를 위해 창조되었다(창 8:21-9:3). 그러므로 인간은 세상을 잘 가꾸고 유용하게 만들어서 지구에 속한 천연자원들을 사용 가능하게 하여야 한다.

하나님이 완벽하게 창조하신 세상이(창 1:31) 타락 이후에 하나님의 저주 아래 놓이면서(창 3:17-19; 롬 8:20-22; 계 22:3 참조) 땅을 다스리고 경작하는 두 가지 명령을 지키는 일이 점점 더 어렵게 되었다. 우리는 오늘도 타락이 끼친 영향 아래 살며 그 결과를 몸소 겪으며 살고 있다. 열매가 쉽게 열리지 않고(창 3:19) 짐승들은 사람을 의심과 두려움으로 바라보고(창 9:2) 누구도 벗어날 수 없는 사망은 끊임없는 위협이 되었다(롬 5:12). 비록 세상이 이처럼 인간에게 고분고분하진 않지만 이 땅을 다스리라는 하나님의 명령에는 변함이 없다(창 9:1-3).

창세기 1장 28절과 2장 15절(창 9:1-3 참조)에서 발견되는 명령들은 생육하고 번성하며, 주어진 천연자원을 사용하여 자신들을 유지하고 발전시키는 방법을 통해(시 115:16 참조), 인류가 이 지구를 어떻게 다스리고 경작해야 하는지 비교적 상세하게 다룬다. 어떤 사람들은 환경주의자들의 주장을 이 말씀들로 증명하려고 시도한다. 그러나 그들의 해석은 자신들의 편견을 드러내는 것이며 실제 성경의 가르침과는 다른 의미를 계속해서 첨가한다. (아이러니하게도 이 사람들은 창세기 1-2장의 말씀을 문자적으로 받아들이길 거부하면서 도리어 환경주의자들의 주장을 지지하는 말씀이라고 주장한다.)

창조명령은 인류에게 생육하고 번성하며(창 1:28), 이 세상을 다스리고(1:28), 경작하고(2:15) 식물과 동물 모두를 주식(1:29; 9:1-3)으로 삼으라고 했다. 그러므로 환경주의자들이 인구 증가를 반대하고 인류의 번영보다 환경에 더 높은 우선순위를 두어 식량생산량을 증가시키기 위해 땅을 경작하는 일을 제한하거나 채식주의자가 될 것을 강요하는 등의 주장은 거부해야 한다. 환경주의자들은 복음주의자들이 자신들의 견해를 지지하는 창세기의 창조명령을 인용하는 것을 싫어한다. 그러나 바로 이런 행위가 무의식중에 자신들이 주장하는 그 명령들을 어기게 된다는 점을 주의해야 한다. 이 땅을 다스리고 경작하며, 그 자원들을 사용하려는 정당한 기회를 억제하는 정책들은 창세기의 명령과 일치하는 것이 아니라 도리어 반대된다.

4. 죄와 구원에 대해 정확히 정의하라

2005년 2월 14일에 미국 교회 협의회(National Council of Churches USA)는 "하나님의 지구는 신성하다: 미국의 교회와 사회에 대한 공개서한"[3]이라는 제목의 문서를 발간했다. 이 문서는 그리스도인들에게 "사회적이며 환경적인 죄들"을 회개하라고 요청했다. 이 문서에 따르면 바돌로매 총주교(콘스탄티노플의 대주교로서 그리스 정교회의 최고 주교)는 다음과 같이 말했다.

> 자연의 세계를 해치는 것은 죄다……기후변화를 일으키고 자연의 우림들을 훼손하고 습지를 파괴하여 온전한 지구를 훼손하는 사람들……독성물질로 지구의 물과 대지, 공기와 생물들을 오염시키는 사람들……이 모든 것이 죄다.

그 문서는 계속해서 너무 많은 그리스도인이 "하나님은 오직 인류의 구원에만 관심을 두며, 인류의 사명은 우리의 유익만을 위해 지구를 소비하며, 생각 없이 습관에 따라 매일매일 살아가도록 하는 잘못된 복음"을 믿고 있다고 주장한다. 문서의 저자는 그리스도인들이 지은 죄를 회개한다며 다음과 같이 기록하고 있다. "우리는 삶과 예배를 통해 하나님이 주신 구원을 누리며 선포하는 대신에, 권력과 특권을 가지지 못한 사람들과 지구에 오용과 남용의 해를 끼친 것을 회개합니다. 기후를 변화시키고 생물들을 멸종시키고 우리가 알고 사랑하는 생명을 유지하는 지구의 역량을 훼손한 잘못들을 고백합니다."

그러나 이 문서에서 언급한 죄와 구원 및 복음은 신약성경에서 제시하는 그것과는 상당한 차이가 있다. 성경적인 복음은 예수 그리스도의 죽으심과 장사 됨과 부활하심에 중점을 둔다(고전 15:3-4). 이 사실만이(요 14:6; 행 4:12) 하나님의 도덕법을 위반한 죄인을(롬 3:10-18,23) 하나님과 화목하게 만들 수 있다(고후 5:17-21; 골 1:21-22). 이것은 구주 되신 예수 그리스도가 구원하신다는 사실을(행 16:31) 믿는 모든 사람에게 구원을 주시는(롬 1:16) 하나님의 능력이다. 바울은 로마의 교인들에게 "네가 만일 네 입으로 예수를 주로 시인하며 또 하나님께서 그를 죽은 자 가운데서 살리신 것을 네 마음에 믿으면 구원을 받으리라 사람이 마음으로 믿어 의에 이르고 입으로 시인하여 구원에 이르느니라"라고 설명했다(롬 10:9-10).

신약성경 어디에도 환경에 대한 책임(개인이든 단체든)을 죄나 구원 혹은 복음과 관련지어 정의한 곳을 찾아볼 수 없다. 믿는 자들은 이 세상에 소모되는 대신에 장차 임할 세상에 초점을 맞추도록 명령받았다. 사도 바울은 이 세상의 최후에 대해 다음과 같이 생생하게 상기시킨다.

> 그러나 주의 날이 도둑 같이 오리니 그 날에는 하늘이 큰 소리로 떠나가고 물질이 뜨거운 불에 풀어지고 땅과 그 중에 있는 모든 일이 드러나리로다 이 모든 것이 이렇게 풀어지리니 너희가 어떠한 사람이 되어야 마땅하냐 거룩한 행실과 경건함으로 하나님의 날이 임하기를 바라보고 간절히 사모하라 그 날에 하늘이 불에 타서 풀어지고 물질이 뜨거운 불에 녹아지려니와 우리는 그의 약속대로 의가 있는 곳인 새 하늘과 새 땅을 바라보도다(벧후 3:10-13).

그리스도인으로서 우리는 이 지구를 보존할 목적으로 우리에게 주어진 자원들을 사용하라고 부름 받지 않았다. 대신에 새로운 세상을 기대하며(빌 3:20; 히 11:13-16) 거룩한 행동과 경건한 삶을 살면서(고전 6:9; 엡 5:5 참조) 우리의 눈을 그리스도에게 고정하여야 한다(히 12:1-2). "지구 역사의 가장 중요한 순간에 우리는 하나님이 창조하신 지구를 돌보는 일이 우리 시대에 '가장 중요한 도덕적 명령'이라고 확신한다."[4]라고 미국 교회 협의회의 주장에 우리는 결코 동의할 수 없다.

이 시대에 교회의 가장 중요한 도덕적 명령은 예수 그리스도가 명확하게 알려주신 대사명이다.

> 그러므로 너희는 가서 모든 민족을 제자로 삼아 아버지와 아들과 성령의 이름으로 세례를 베풀고 내가 너희에게 분부한 모든 것을 가르쳐 지키게 하라 볼지어다 내가 세상 끝날까지 너희와 항상 함께 있으리라(마 28:19-20).

잃어버린 자들과 죽어가는 영혼들에게 우리는 그리스도를 믿는 믿음을 통해 죄인이 하나님과 화해할 수 있다는 진정한 복음을 전해야 한다. 그리스도인들에게는 세상을 구한다는 것은 지구를 구하는 것이 아니라 잃어버린 자들을 구하는 것이다. 더욱이 다음 세대를 위해 우리가 남길 수 있는 가장 위대한 유산은 더 푸른 세상이 아니라 진정한 복음이다(신 6:5-9; 딤후 3:14-15 참조). 우리의 상한 지구를 구하려는 시도에 흔들리지 말고 교회에 주신 하나님의 가장 우선적인 사명에 초점을 맞추어야 한다. 그런 다음 우리는 하나님이 창조하시는 영존하는 새 땅이 우리에게 임할 날을 고대할 수 있다.

5. 하나님의 전능하신 목적을 신뢰하라

우리는 지구의 운명을 하나님께 맡겨버리고 우리의 책임을 회피하려는 것이 아니다. 전능하신 하나님이 계시기 때문에 우리가 게을러지거나 무책임해져도 상관없다는 식의 태도가 핑계가 될 수 없음을 확실히 해야 한다. 그러나 하나님이 모든 것을 주관하신다는 사실을 알면 지구온난화를 염려하는 사람들의 특징인 최후의 날을 두려워하는 정신세계에서 자유로울 수 있다. 하나님은 결국 만년설이 모두 다 녹아버려도 지구에 다시는 홍수가 일어나지 않으리라고 구체적으로 약속하셨다(창 9:11).

하나님은 이미 이 세상이 어떻게 끝날 것인지 알려주셨다. 그날에 그리스도가 다시 오셔서(살전 4:13-5:3) 다스리시며(계 20:1-6) 새 땅을 창조하실 것이다(벧후 3:10; 계 21:1-7). 하나님은 대환란 중에 인류가 그동안 이 지구에 행했고 또한 앞으로 할 수 있는 어떤 일보다 더 심한 재앙을 내리실 것이다. 그날에는 기근이 있을 것이고(계 6:5-6) 전염병이 창궐하고(6:7-8) 우주적 재앙이 따르고(6:12-17) 수목들이 타오르고(8:7) 바다 생물이 몰사하고(8:8-9) 물이 오염되며(8:10-11)

악마 같은 '황충'이 땅을 뒤덮고(9:1-12) 치명적인 질병이 유행하며(9:13-21), 독한 종기가 나고(16:2) 바다와 강들이 피로 변하며(16:3) 모든 것을 태우는 불의 심판이 임하고(16:8-9) 어둠과 고통(16:10-11)에 몸부림치며 가뭄으로 땅이 마르고(16:12-16) 마침내 완전하게 황폐할 것이다(16:17-21). 이 모든 하나님의 심판 후에 그리스도께서 다시 오셔서 힘과 권세로 그의 나라를 세우실 것이다(19:11-21). 천 년 후에(20:1-6) 천년 왕국이 영원한 나라로 이어지는 때에 하나님은 마침내 불로써 이 세상을 완전히 파괴하고(20:9; 벧후 3:10-12 참조) 새 하늘과 새 땅을 창조하실 것이다(21:1; 벧후 3:13 참조).

지구 온도를 낮추려는 온갖 노력에도 불구하고 성경은 이 세상이 어떻게 종말을 맞을 것인지를 우리에게 알려준다. 장차 지구가 뜨거워지는 이유는 이산화탄소의 배출 때문이 아니다. 하나님의 거룩한 진노가 마침내 이 세상에 쏟아질 때는 어떤 환경보호정책도 이를 멈출 수 없을 것이다.

특별히 육체적 필요에 대해 염려하고 환경문제로 두려워하여 하나님이 주신 사명을 혼동하는 그리스도인들에게 주님은 말씀하신다.

> 너희 중에 누가 염려함으로 그 키를 한 자라도 더할 수 있겠느냐……그러므로 염려하여 이르기를 무엇을 먹을까 무엇을 마실까 무엇을 입을까 하지 말라 이는 다 이방인들이 구하는 것이라 너희 하늘 아버지께서 이 모든 것이 너희에게 있어야 할 줄을 아시느니라 그런즉 너희는 먼저 그의 나라와 그의 의를 구하라 그리하면 이 모든 것을 너희에게 더하시리라 그러므로 내일 일을 위하여 염려하지 말라 내일 일은 내일이 염려할 것이요 한 날의 괴로움은 그 날로 족하니라(마 6:27, 31-34).

같은 문맥에서 예수님은 공중의 새와 들판의 백합화가 염려하지 않는 이유는 하나님이 그들을 돌보시기 때문이라고 말씀하신다(26-29절). 마치 창조주 하나님이 동식물들을 돌보는 것처럼 그분의 나라를 가장 우선순위에 두고 사는 사람들을 돌보실 것이다.

영원한 관점의 중요성

교회는 결코 현대의 지구온난화나 환경주의가 과장하여 떠드는 어두운 최후의 날과 같은 정신세계에 사로잡혀서는 안 된다. 우리는 좋은 국민이 되고(정부의 규칙에 복종하면서) 좋은 이웃이 되며(다른 사람들의 필요를 민감하게 살피면서) 또한 선한 청지기가 되어야 한다(하나님이 우리에게 주신 자원들을 그의 나라를 위해 잘 사용하면서). 그와 동시에 가장 우선순위에 두어야 할 우리의 사명을 혼란스럽게 하는 세상의 숨은 의도나 염려에 사로잡혀서는 안 된다. 우리의 메시지가 세상 사람들에게는 어리석게 들리겠지만(고전 1:18), 이것이 진정한 지혜이며 하나님의 능력이다(고전 2:6-9; 롬 1:16 참조). 우리가 구원하고자 하는 죄인들은, 자신들이 회개하고 믿음을 갖지 않으면 거룩한 하나님께 대적하여 하나님으로부터 분리되고 지옥에서 영원토록 고통당해야 한다는 사실을 깨달아야 한다. 영원을 마음에 품고 산다고 해서 우리가 이 세상의 책임을 무시하며 살 수 없다. 그렇지만 우리가 살아가는 데 정확한 관점을 가지는 건 아주 중요하다. 이 모든 것을 마음에 새기고 진리와 함께 전진하고 우리의 왕에게 신실함을 지키며 살아가자.

14

교회와 문화의 관점에서 본 인종차별주의와 화해
다문화 사회에서
다른 인종을 어떻게 대할 것인가?

마크 태트록 (Mark Tatlock)

그레이스 커뮤니티 교회의 장로이며
마스터즈 컬리지의 부총장 겸 학장으로 섬기고 있다.
그는 또한 지역사회와 국제 사회 간의 다문화 사역에 대해
목사들을 신학적으로 훈련하고 있다.

인종차별주의란 어느 한 민족 또는 한 민족의 문화적 전통이 다른 인종적 배경을 가진 민족이나 문화보다 뛰어나다고 인식하여, 차별과 분리 혹은 부당한 대우를 정당화시키는 결과를 가져오는 깊이 뿌리박힌 신념을 말한다.

창조와 인종

하나님은 하나의 인종, 하나의 인류를 창조하셨다. 그러므로 인류에 속한 사람들은 모두 평등하다.

하나님은 사람에게 그의 형상을 심어놓으셨다(창 1:26-27; 약 3:9). 그 결과로 사

람은 본질적으로 존엄하고 소중한 가치를 지닌다(창 9:6; 약 2:1-6). 그러나 인종차별주의는 한 인종이 다른 인종보다 더 우월하다고 주장하는 것이므로 성경의 가장 기본적인 원리를 위반한다. 타락으로 인해(수 3:16-19) 죄인들은 이제는 창조주를 자발적으로 예배하지 않게 되었다. 대신에 그들은 교만으로 자신들을 높이고 다른 사람들을 열등하게 취급하였다. 인종차별주의의 중심에는 타인이 아니라 자신만을 위한 열렬한 자아 사랑의 헌신이 존재한다. 널리 퍼진 이런 교만은 하나님을 모욕하는 일이요 그분의 말씀을 지속적으로 비난하는 행위다(잠 8:13; 16:19; 약 1:9).

구원받지 못한 사람들은 진정한 하나님을 예배하기를 거부하면서 하나님의 성품에 반하는 행위를 하고 욕망을 표출한다(롬 1:18-32). 오직 거듭남과 성화를 통해 변화된 심령만이 죄인들을 하나님과 바른 관계로 돌아올 수 있게 한다. 믿는 자들은 회심을 통해 하나님의 형상을 회복하며 비로소 하나님의 의로운 성품을 비추는 삶을 살 수 있다.

용서받고 하나님의 형상을 한 사람으로서 우리는 하나님의 속성을 닮을 수 있다. 그러나 우리가 닮을 수 있는 하나님의 속성은 그의 선하심, 사랑, 자비, 공의, 정의, 열정, 인내, 용서와 같은 공유의 속성들로 제한된다. 이런 속성들은 하나님과 우리의 관계에서 명확하게 드러나고 또한 다른 사람들과의 관계에 반영된다. 성령이 우리 안에 거하시기 때문에 하나님이 우리와 교제하시고 관계하시는 것처럼, 우리가 다른 사람들과 반응하고 관계할 수 있다. 그러나 우리가 다른 사람들의 품위를 손상하거나 혹은 그들을 차별하면 우리는 하나님의 성품을 드러내는 데 실패한다. 그리고 우리가 입으로는 하나님을 따른다고 하고서 행위에서 실패하면 우리를 위선자라고 바라보는 세상의 주장에 빌미를 제공한다. 그러므로 다른 민족적 전통을 가진 사람들과 바른 관계를 갖도록 노력하는 것은, 그리스도의 증인으로서 책임을 맡은 교회에 매우 중요한 일이다.

구약성경과 인종

세상을 창조하면서 하나님은 인류에게 세상을 다스리고 충만하라는 분명한 명령을 주셨다(창 1:28). 이 명령은 인간이 하나님의 영광을 위해서 이 땅을 다스리고 또한 주권을 행사하며 살아가도록 주셨다. 그러나 타락은 인간의 성향을 변화시켜 자신의 개인적인 유익을 위해 하나님이 주신 주권을 사용하려는 이기적인 욕망을 만들어냈다. 창세기 11장에 보면 인류 스스로 신이 되고자 하는 욕망으로 탑을 쌓으며 하나님의 명령을 거부하자, 하나님은 그분의 목적을 온전히 성취하시기 위해 사람들의 언어를 혼란케 만드셨다. 언어가 달라지고 지역적으로 흩어져 살면서 매우 독특한 민족적인 특성과 서로 다른 문화들과 개성들이 발달했다.

구약성경 전체를 통해서 사고 체계까지 타락한 인간이 이 땅을 정복하고 다스리라는 하나님의 명령을 왜곡하여 다른 사람들을 지배하고자 했던 예를 여러 곳에서 발견할 수 있다. 성경에 나타난 이집트 사람들, 팔레스타인 사람들, 바벨론 사람들, 메데와 페르시아 사람들이 그 예다. 전쟁과 노예제도 및 모든 불의는 하나님이 인간에게 부여하신 주권을 잘못 사용한 것에서 기인한다.

구약성경을 보면 이스라엘의 자손들이 종종 다른 부족이나 나라들과 대적할 때가 있었다. 유대인이 아닌 사람들과는 결혼을 포함한 어떠한 조약이나 언약의 체결도 금지하라고 하신 이유는 우상 숭배 등의 나쁜 영향을 받지 않게 하려는 의도였다. 하나님은 "제사장 나라가 되며 거룩한 백성"(출 19:3-6)의 역할을 감당하도록 이스라엘이라는 나라를 불러내셨다. 이는 하나님이 이스라엘백성에게 이방인들을 향한 빛이 될 것을 명령하신 것이었다. 만일 그들이 주님을 예배하기를 거부하고 다른 나라들의 이방 신들을 예배한다면 절대 이룰 수 없는 요청이었다(왕상 8:57-61; 11:1-4 참조).

구약성경에서 다른 인종 간의 결혼이 금지된 것은 서로 다른 민족적인 배경이 이유가 아니라 우상 숭배의 이유 때문이었다. 그 당시는 국가와 신앙이 하나로 연결되어 있던 시대였으므로 민족성은 우상 숭배와 직접 연결되었다. 하나님이 다른 인종 간의 결혼을 금지하신 이유는 유대인의 문화 속으로 스며드는 변질된 예배를 방지하려는 목적이었다. 그러므로 이스라엘 사람들은 하나님을 진정으로 예배하지 않는 사람과는 결혼이 허락되지 않았다. 이것은 현대에 사는 그리스도인들에게도 여전히 똑같은 진리다(고후 6:14). 하나님의 백성에게 결혼은 언제나 인종이 아니라 믿음에 관한 문제였다.

동시에 이스라엘은 이방인들의 필요를 무시해서는 안 된다는 명령을 받았다. 율법은 반복적으로 이스라엘 백성에게 나그네나 낯선 자들을 돌봐주고 자비를 베풀며 또한 보호하면서 호의를 베풀어야 한다고 가르쳤다(출 22:21; 23:9; 레 19:34; 25:35; 신 27:19; 31:18). 라합, 룻, 시돈의 과부, 느브갓네살, 니느웨의 모든 백성, 그리고 다른 여러 경우를 포함하여 이스라엘 백성이 호의를 베풀었던 이방인들이 결국 주님을 따르는 자들이 된 예를 구약성경에서 많이 찾아볼 수 있다.

그리스도와 인종

누가복음 2장에 기록된 동방 박사들과 시므온의 예언을 통해 우리는 예수님의 탄생을 시작으로 그의 사랑과 사역이 세상 모든 나라의 모든 남자와 여자에게 확장되었음을 알 수 있다. 예수님이 이 땅에서 그의 사역을 시작하면서 인종차별주의의 문제점을 드러내셨다. 여러 상황에서 그리스도는 이방인의 믿음이 다른 유대인들보다 더 크다는 사실을 자주 확인하셨다(마 8:5-12; 눅 4:23-29). 이런 일들을 통해 그리스도는 하나님의 나라에서는 민족의 우월성이란 존재하지 않는다는 것을 보여주셨다.

유대인들이 이방인들에 대해 분노하고 적대시하는 몇 가지 타당한 이유가 있었다. 그들은 이스라엘의 전체 역사 중 상당기간 동안 이방인의 잔혹한 지배를 경험했다. 이집트인, 앗시리아인, 바벨론인, 메도-페르시아인, 로마인 등에 의해 포악하며 비인간적인 취급을 당하는 고통을 겪었다. 그들은 메시아를 간절히 소원했고 유대인의 왕이 오기를 고대했다. 그렇기에 이방인들이 진정한 믿음을 소유했다고 하신 예수님의 말씀은 즉시 유대 군중의 분노를 자극했다.

예수님은 인종차별주의의 문제를 잘 알고 계셨기 때문에 단지 일시적인 처방이 아니라 영원한 해결책을 제공하셨다. 복음은 특정 국가나 민족에 제한을 받지 않는다. 비록 자격은 없지만 사람들 모두에게는 똑같은 하나님의 은혜가 필요하다. 복음 자체도 우리에게 교만을 거부하고 완전한 겸손으로 나아올 것을 요구한다(눅 18:9-17). 교회가 복음의 핵심을 다시 회복하면 인종차별주의에 대한 극적인 해결책을 발견할 수 있다. 그것은 창조에서 기인한 인권을 회복시키는 일이며 궁극적으로는 십자가에서 기인하는 모든 사람을 동등하게 만드는 복음의 본질에 관한 일이 된다. 주님은 팔복에서 구원에 이르는 믿음을 가진 사람들의 특징을 서술하신다. 구원받은 자는 세상의 가치와는 근본적으로 다른 하늘나라의 가치에 따라 살아간다.

그리스도께서 우리를 평화의 도구로 부르셨다는 사실은 확실하다(마 5:9). 평화의 도구가 되는 것은 하나님을 닮는 것이다(마 5:1 참조). 교만과 질투 때문에 충돌과 분열이 있는 곳에(약 4:1), 우리 그리스도인들은 하나님께서 우리의 구원을 위해 어떤 모습으로 다가오셨는지를 보여줄 수 있는 잠재력을 소유하고 있다. 화해를 이루는 일은 우리의 원수와 적극적인 화목을 추구함으로 이전에 존재하지 않던 곳에 평화가 임하도록 하는 높은 기준을 성취하는 것이다. 오직 성령으로 충만하고 겸손하며 사랑으로 가득 찬 그리스도인만이 이런 일들을 이룰 수 있다. 왜냐하면 인종차별은 세상에 존재하는 가장 체계적인 악이기 때문에, 그리스도인들이 복음 안에 충만한 사랑과 화해를 드러낼 수 있는 최고의 상황이 될 수도 있다.

신약성경에는 그리스도가 죄의 부당함에 정면으로 맞선 사건들이 많이 기록되어 있다. 이를 통해 주님은 자신의 이익을 취하기 위해 어떤 부당한 힘을 사용하여 아무런 힘이 없는 자들을 이용하는 태도는 하나님 나라의 가치와 대치된다는 사실을 분명히 하셨다. 사도 요한과 야고보는 명성을 손에 넣기 위해 뻔뻔스럽게도 주님 옆에 앉는 영광의 자리를 요구했다(막 10:35-45). 그리스도는 그들에게, 권력과 우월감을 갈망하는 세상과는 다른, 그리스도인의 겸손을 이해할 수 있도록 가르치셨다. 또한 그리스도는 다른 사람들을 지배하려는 이방인들과 같이 되지 말라며 그들의 요구에 아주 단호하게 대응하셨다(막 10:42).

그리스도는 제자들을 책망하시며 거듭나지 못한 사람들이 다른 사람들을 함부로 다루며 생각을 조종하고 마음대로 통제하기 위해 권력을 추구한다는 사실을 확인시켜 주셨다. 주님은 계속해서 제자들에게 다른 사람들을 지배하려고 하지 말고 섬겨야 한다고 가르치셨다. 성경은 '군림하는 자세'를 불법이라고 규정한다. 구약성경은 거듭해서 이런 행위를 책망한다(레 19:15; 시 58:2; 잠 18:8; 22:8; 22-23; 사 61:8; 렘 21:12; 22:13).

인종차별주의는 역사를 통해 지속적으로 나타나는 악의 특징 중 하나다. 제자들은 그리스도가 사마리아 여인을 불쌍히 여기시는 마음을 보았고, 그리스도인의 사랑을 실천한 선한 사마리아 사람의 비유를 들으면서 예수님이 인종에 관계없이 모든 남자와 여자들을 동등하게 사랑하신다는 사실을 깨닫기 시작했다. 그의 사랑으로 제자들에게 있던 남보다 우월하고 싶은 욕망에 정면으로 대면하셨다.

신약성경과 인종

그리스도는 마지막으로 그의 제자들에게 대사명의 말씀을 주시면서(마 28:19-20) 하나님 나라에는 이 세상의 모든 범주(인종, 문화 등)의 사람들이 포함된다고 명확하게 정의하셨다. 세상 모든 나라를 제자로 삼기 위한 하나님의 구원 계획은 역사적으로 창세기 12장에서 아브라함을 통해 제일 먼저 표현되었다. 신약성경은 하나님의 구원계획이 선택받은 다양한 민족들로 구성된 사람들을 통해 성취됨을 보여준다.

사도행전 2장에서 오순절 날에 베드로가 일어나 설교를 시작하려 할 때 다양한 언어들을 사용하는 사람들이 그 자리에 함께 있었다. 이는 교회가 세상 모든 나라의 사람들을 포함한다는 사실을 보여준다. 그 현장을 이끌었던 바로 그 베드로가 하나님이 주신 환상을 통해 더는 유대인과 이방인의 차별이 없다는 진리를 깨닫고 로마 사람 고넬료에게 세례를 베풀었다(행 10). 빌립은 사마리아에 복음을 전하러 가다가 에디오피아에서 온 사람에게 성경을 가르쳤다. 바울은 예루살렘 공회와의 만남에서 교회는 이제는 믿는 자들의 범주 안에 민족적인 차별을 두어서는 안 된다는 사실을 동료 사도들에게 역설했다(행 15). 고린도전서 12장에서 바울은 교회는 인종적으로 또는 경제적으로 다양한 배경을 가진 사람들로 이루어져 있으며, 각자가 다양한 은사와 능력을 받았지만 한 몸을 이루어 연합한다고 분명하게 밝힌다(12-14절). 복음은 모든 사람을 평등하게 하는 대단한 힘을 지니고 있다. 믿는 자들은 인종차별주의가 사랑의 하나님을 정면으로 대적하며 복음의 특징에 반대한다는 것을 이해하고 심각하게 대처해야 한다. 인종차별주의는 사회뿐만 아니라 교회에서조차 엄청난 고통과 분열과 불화를 가져왔다.

믿는 자들은 복음을 통해 자신의 정체성을 자신이 가진 민족적 배경이 아니라 그리스도의 자녀라는 영적인 시각으로 바라볼 수 있게 된다. 우리의 민족적 혹은 문화적 정체성은 부차적이며 우리의 진정한 정체성은 우리가 하나님 나라의 시민이라는 것이다. 오직 이 진리를 통해 우리의 영원한 정체성을 발견할 수 있다. 그러나 이것을 우리의 문화적인 전통을 무시하라는 말로 받아들여서는 안 된다. 왜냐하면 하나님께서 그분의 섭리 가운데 우리 모든 삶을 다양하게 만드셨기 때문이다. 문화적인 차이는 하나님의 독특하고 창조적인 디자인을 볼 수 있게 하고 우리가 영향을 끼칠 수 있는 영역에서 복음을 효과적으로 전할 기회를 제공한다. 최우선적으로 우리는 하나님 나라의 시민으로서 우리 문화가 성경적인 세계관과 충돌하는 부분이 있다는 것을 인지해야 한다. 그런 때에는 문화가 아니라 성경이 가장 궁극적인 권위를 가져야 한다.

교회와 인종차별주의

교회와 국가가 명확하게 분리된 북미에 살면서 우리는 오늘날 세상에서 일어나는 많은 사건이 뿌리 깊이 내린 인종과 종교적 충돌의 표현이라는 것을 잘 깨닫지 못한다. 인종에 대한 이슈와 차별은 모든 나라에 존재하며 모든 문화에 영향을 끼친다는 것을 인식하는 것은 매우 중요하다. 인종차별은 단지 미국에만 나타나는 현상이 아니다. 그것이 카스트 계급의 충돌이나 집단학살, 인종 청소나 엄청난 수의 난민을 양산하는 일이나 혹은 어떤 극단적인 민족주의로 나타나든지 모두 인종차별과 종교 간 충돌로 벌어지는 한 단면이다. 인종과 나라와 믿음은 명확하게 분리될 수 없는 것들이기 때문에 인간의 정치적인 수단으로는 절대 궁극적인 평화를 이룰 수 없다는 사실을 알 수 있다. 미국이나 해외에서 타문화 사역에 관련된 일을 하는 사람들은 그들의 제자들에게 인종차별주의의 문제에 대해 명확히 이해하도록 돕고, 또한 교회가 이 문제에 관련하여 성경의 가르침에 따라 행하도록 인도해야 한다.

다양한 민족들이 함께 모여 예배하는 천국에서의 교회 모습은 하나님께서 이 지구에 사는 다양한 민족들을 위해 의도하신 계획을 가장 잘 표현해준다.

그곳에서 우리는 한 공동체로 또한 한 몸과 같은 목적을 가진 같은 시민으로 창조주 하나님을 예배할 것이다(계 5:9-10; 7:9; 22:2). 이것이 하나님께서 태초부터 계획하셨고 역사를 통해 이루시며 지구 상의 모든 교회와 영원한 나라를 위한 목적이다. 성경에서 설명하는 하나님의 구원 사랑을 가장 잘 이해할 수 있는 곳은 천국이다. 완벽하고 영원한 천국에 대한 그림은 하나님이 오늘날 교회가 어떤 모습이 되어야 하는지 알려주시는 가장 좋은 실례다. 또한 본질적으로 교회는 전 세계를 대상으로 하기 때문에 세상의 모든 민족에게 복음을 전하는 자들로서 하나님의 교회는 지역교회나 교회 전체가 어떤 특정한 인종적 문제에 관련되어 규정되는 것을 용납할 수 없다.

다문화 사회에서 교회가 나아갈 방향

1) 교회는 모든 민족의 남자들과 여자들을 포함하도록 의도되었음을 이해해야 한다. 그러므로 구원받은 사람들이 인종적인 우월감이라는 악한 태도를 부인하는 겸손한 삶을 살도록 인도해야 한다.

2) 교회는 인간의 타락으로 모든 문화에서 인종차별주의가 존재해 왔다는 사실을 인식해야 한다. 그리스도인들은 이런 역사를 이해하고 사회적, 경제적, 지역적인 환경이 부당한 대우를 받아 온 사람들에게 어떤 영향을 미쳤는지 정직하게 인식해야 한다. 오늘을 사는 사람들이 역사적으로 자행된 불의에 개인적인 책임을 질 수는 없다 하더라도 이런 현실을 무시하거나 거부하는 태도는 하나님의 사랑을 드러낼 수 없고, 또한 과거의 죄들이 다시 반복되

도록 허용하는 원인이 된다.

3) 교회는 인종 간의 갈등과 오해 혹은 의도하지 않은 실수들을 극복하도록 돕는 역할에 헌신해야 한다. 당신의 교회에서 다른 인종이나 소수 민족 사람들을 리더십 그룹에 초청하여 (교회 리더들이 인종에 관한 이슈들을 이해하도록 돕기 위해) 신뢰와 진정한 관심과 성장과 변화를 위한 헌신을 나누라.

4) 교회는 불의한 일을 당하고 아직도 그 영향 아래 사는 사람들에게 하나님의 사람은 그의 교회 안에서 하나님께서 약속하신 연합의 기쁨을 모두 함께 누릴 수 있다는 확신을 주고, 용서와 믿음과 소망을 실천할 수 있도록 격려하여야 한다.

5) 교회는 다양성을 주장하는 세상의 위협이 개인의 권리에 기반을 둔 사람 중심의 논쟁에서 비롯되었음을 분별하여야 하며 문제에 대한 바른 의견을 제시해야 한다. 권리에 기초한 논쟁은 적절하지 못하다. 그리스도인들은 권리에 기초한 해결책보다 더 나은 것을 제공할 수 있으며 또한 사랑에 기초하고 하나님 중심의 해결책으로서 모범이 되어야 한다.

6) 교회는 복수 문화주의를 주창하는 사람들이 모든 문화의 믿음과 종교적 세계관이 옳다는 것을 인정하고 평등화하려는 의도가 있음을 알아야 한다. 우리는 모든 인종이 동등하다는 사실에 동의하지만 모든 종교체계가 동등하다고 믿지는 않는다. 종교적 다원주의는 교회에 큰 위협이다. 이는 때때로 문

화적 다양성을 추구하는 선한 의도로 위장하여 잠입한다.

7) 교회는 세상에서 일어나는 민족의 이동과 합법 및 불법적인 이민의 형태에 대해 이해해야 한다. 또한 이로 말미암은 정치적인 충돌에 대해 성경적인 관점으로 주의 깊게 살펴보면서 실제적인 사역의 책임을 감당해야 한다. 상황을 지나치게 단순화시키려는 태도나 정책들은 그리스도인들이 믿음을 실천하며 살아가는 데 온전한 도움이 되지 못한다.

8) 교회는 다른 인종 간의 결혼과 다민족 가정 그리고 다른 인종을 입양하는 문제들에 관한 성경적인 관점을 명확하게 제시해야 한다. 이런 문제들에 대해 교인들이 성경적으로 생각할 수 있도록 훈련하고 교회 사람들 사이에서 미묘한 인종 갈등이 일어나면 그 원인을 정확히 진단하여 해결해야 한다.

인종 간의 화해는 사람들이 거듭나지 않으면 완전하게 성취될 수 없다. 먼저 하나님과 화목하여 용서받은 사람이 되었을 때, 다른 사람들과 화해할 수 있는 능력을 소유한다. 복음과 상관없이 인종간의 화해를 이루려 한다면 좋은 결과를 성취할 수 없을 것이다. 그러므로 그리스도와 함께 살아가는 우리는 오늘날 사람과 하나님 사이 그리고 사람과 다른 사람들 사이에서 평화의 도구 역할이라는 위대한 사명을 잘 감당해야 한다.

15 하나님의 섭리와 악의 문제에 대하여

16 개인적인 고난과 시험에 대한 적절한 반응

17 그리스도인들이 하나님을 신뢰할 수 있는 이유

18 구제사역과 그리스도인의 대사명에 관하여

19 타락한 세상을 위한 하나님의 해답, 복음

4부 | 선과 악, 비극과 고통

15

하나님의 섭리와 악의 문제에 대하여
자연 재해와 각종 사고,
슬픔과 고통도 하나님의 섭리인가?

릭 홀랜드 (Rick Holland)
그레이스 커뮤니티 교회의 행정목사로 일하고 있다. 또한 대학생 사역도 담당하고 있다.
리졸브 컨퍼런스와 마스터스 신학 대학에서 목회학박사 강해설교 과정 디렉터를 맡고 있다.

만약 내게 성경에서 한 단어만 바꿀 기회가 주어진다면, 내가 꼭 바꾸고 싶은 단어가 있다. 그것은 야고보가 그의 편지 둘째 줄에서 "내 형제들아 너희가 여러 가지 시험을 당할 '**때**' 온전히 기쁘게 여기라"고 한 말씀에 들어 있다. 나는 야고보가 '때'라는 단어 대신에 '만약'이라는 단어를 사용했다면 얼마나 좋았을까를 생각한다. 그러나 야고보의 성령으로 감동된 펜은 실수하지 않았다. 시험은 필연적으로 온다. '**만약**에 시험이 오면'이 아니라 '시험이 찾아올 **때**'가 맞다. 아니다. 나는 이 말씀을 다른 단어로 대체하길 원치 않는다(그럴 때 다음 구절에 기록된 축복을 포기하게 되기 때문이다). 그러나 축복의 약속이 있음에도 나는 이 신성한 말씀의 약속을 쉽게 받아들이기 어렵다는 것을 고백한다.

슬픔, 고통 그리고 고난은 모든 사람이 겪는 인생의 일부분이다. 사람마다 경험하는 고난의 정도와 깊이는 다르지만 고통이나 악, 고난의 문제에서 제외된 사람은 아무도 없다. 우리가 경험하는 악은 포괄적이기도 하고 구체적이기도 하며 전체적이기도 하고 개인적이기도 하며 전 지구적이기도 하고 사적이기도 하다. '나에게 고통이 찾아올 것인가?'라고 질문할 것이 아니라 고통이 찾아왔을 때 어떻게 반응할 것인가? 하고 질문해야 한다.

신학자들이나 철학자들이 말하는 '악의 문제'는 두 가지 방법으로 접근할 수 있다. 우리는 이것을 철학적 혹은 감정적인 측면으로 다룰 수 있다. 하지만 두 가지 접근 방법 모두 결국에는 신학적으로 결론 내려야 한다. 철학적(혹은 논리적)인 접근은 신정론(theodicy)과 관련이 있다. 신정론이란 하나님이라면 악한 일이 일어나도록 허락할 수 없다는 주장에 대해 성경에서 나타난 하나님의 성품을 통해 대답하려는 이론이다. 감정적(혹은 개인적)인 접근은 '사적인' 것이다. 그것은 단순히 원치 않는 일이 일어났을 때에 이성적인 방법으로 이해하려는 노력이다. 악의 문제를 철학적으로 완벽히 이해한다 해도 수천 년의 시간을 통해 다듬어진 신학적인 연구에 비할 수는 없다. 그리고 고통이 수천 년이 넘도록 존재하고 있음에도 그 고통이 우리에게 일어났을 때에 우리가 경험하는 고통의 정도는 조금도 줄어들지 않는다.

악에 대한 철학적 문제

만약 수천 년 동안 가장 현명한 사상가들이 이 문제에 대해 결론을 내지 못했다면 나도 여기 허락된 몇 페이지 공간에서 그렇게 할 수 없다는 것을 잘 안다. 그러나 악의 문제에 대한 철학적·논리적인 관점을 이해하는 것은 매우 도움이 된다. 다시 말하지만, 이것을 신정론이라 부른다. 이 논쟁의 범주에 한해서 성경의 하나님은 재판을 받고 있으며 하나님에게 부여된 혐의는 다음과 같다. 성경이 주장하는 3가지 신학적인 전제가 있다. 그러나 논리적으로 보면 그 중 두 가지만 동시에 진리가 될 수 있다. 3가지 전제는 다음과 같다.

1. 하나님은 선하시다(그는 자신의 피조물들이 기쁘고 행복하길 원한다는 의미다).
2. 하나님은 전능하시다(그의 의지대로 행할 수 있는 능력이 있다는 의미다).
3. 악은 존재한다(자연재해와 개인적인 비극, 죽음 그리고 죄들이 실재한다는 의미다).

C. S. 루이스는 이 문제를 "만약 하나님이 선하시다면 그의 피조물을 더할 나위 없이 행복하게 창조하고 싶었을 것이다. 그리고 그가 전능하시다면 그가 원하는 대로 할 수 있었을 것이다. 그러므로 하나님은 선하지 않거나 능력이 없거나 아니면 둘 다이다. 이것이 고통의 문제에 가장 간단한 방정식이다."[1]

의심할 여지없이 이 문제에 대해 이런 방식으로밖에 접근할 수 없다면 성경에서 설명하는 하나님과 악에 대한 묘사는 아무 쓸모 없는 것이 되고 만다. 그러나 악의 문제에 대한 이런 전통적인 설명은 불완전하다. 그렇다. 하나님은 선하시고 또 하나님은 전능하시다. 또한 그렇다. 악은 존재한다. 왜 그런지 다른 요인들도 살펴보아야 한다.

아브라함이 하나님께 소돔과 고모라를 살려달라고 간청할 때, 그는 신학적인 식견을 가지고 질문한다. "세상을 심판하시는 이가 정의를 행하실 것이 아니이이까"(창 18:25). 다른 말로 표현하면 아브라함은 하나님이 하시는 모든 행위가 의로워야 한다고 주장했다. 모세도 그의 노래에서 동일하게 고백했다. "주 여호와여 주께서 주의 크심과 주의 권능을 주의 종에게 나타내시기를 시작하셨사오니 천지간에 어떤 신이 능히 주께서 행하신 일 곧 주의 큰 능력으로 행하신 일 같이 행할 수 있으리이까"(신 3:24). 하나님의 선하심과 전능하심을 넘어 정의를 이루시는 그의 심판도 하나님의 전능하신 주권 안에 포함된다. 하나님 자신만이 그가 행하는 모든 일의 판단기준이 되신다. 그리고 그의 주권을 행사하는 모든 일은 항상 의롭다(즉, 정당하고 공의롭다).

하나님의 지혜라는 신적 속성도 고려해야 한다. 하나님은 그의 무한한 지혜를 바탕으로 악이 존재하는 정당한 이유를 가지고 계신다. 하나님의 전능하신 목적과 우리가 측량할 수 없는 그분의 판단에 근거하여 하나님이 명령하거나 허락하실 때 모든 일이 발생한다(롬 11:33-36). 그러므로 우리가 사는 세상에서 9·11이나 대학살이나 자연재해 같은 대규모의 사건이나 질병, 고통, 손실, 죽음과 같은 개인적인 차원에서 일어나는 악에 대해서도 하나님만의 명확한 이유가 존재한다. 예를 들면, 지난 역사 가운데 가장 큰 대참사로 기록될 수 있는 대홍수는 왜 일어나게 되었는지 분명한 이유가 성경에 기록되었다(창 6:5). 그러나 때때로 고통받는 자들에게 하나님이 그렇게 하신 이유가 분명하게 드러나지 않고 숨기실 때도 있다. 욥기를 읽은 사람들은 욥이 왜 그런 고통의 몰락에 빠졌는지 하나님과 사탄 사이에 무슨 일이 일어났는지 알고 있다(욥 1:6-12). 그러나 욥은 고통스럽게도 그 이유를 통고받지 못했다(욥 31). 아브라함은 그의 아들 이삭을 희생 제물로 바치라는 하나님의 명령을 통해 시험 받았다(창 22). 왜 하나님은 어떤 사람에겐 그 고통의 이유에 대해 알려주시면서 다른 사람들에게는 그렇게 하지 않으시는 걸까? 왜냐하면 하나님은 세우신 목적에 따라 그의 지혜로 악을 통제하시기 때문이다. 그리고 하나님의 지혜는 때때로 우리의 경험을 넘어서 오직 하나님만이 이해하는 방식으로 일하신다.

이것은 당연한 질문을 하게 한다. 하나님이 정말 그의 피조물에게 악이 일어나도록 하셨을까? 이 질문에 답하기 위해 우리는 먼저 이것이 실제로 두 가지 질문을 내포하고 있음을 이해해야 한다. 첫째 질문은, 하나님이 우리의 세상과 인생에 악한 일들을 보내셨을까? 다음 질문은, 하나님이 이 세상과 우리 인생에 나쁜 일이 일어나도록 하시면서 악을 행하셨을까? 두 질문 모두 '악'이 무엇인가를 정의하면 그 답을 얻을 수 있다.

예레미야애가 3장 37-39절은 "주의 명령이 아니면 누가 이것을 능히 말하여 이루게 할 수 있으랴 화와 복이 지존자의 입으로부터 나오지 아니하느냐 살아 있는 사람은 자기 죄들 때문에 벌을 받나니 어찌 원망하랴"라고 말한다.

38절에 있는 '화'라는 단어는 아주 흥미로운 의미들을 지닌다. 이 말은 '재난, 악, 고통, 불행, 괴로움, 재앙' 등의 여러 가지 뜻으로 번역된다. 하나님이 이 모든 악을 보내신 분으로(욥 2:10; 사 5:16; 암 3:6) 묘사되는 말씀들을 보면 단어의 의미를 더 깊이 알 수 있다. 하나님은 죄를 범할 수 없으므로(시 5:4; 11:7; 145:17; 사 5:16; 합 1:13; 히 7:26; 약 1:13; 벧전 1:14-16) 하나님께서 보내신 이런 '악들'을 비윤리적이거나 혹은 죄라고 이해하면 안 된다. 고통스러운 것은 사실이지만 죄는 아니다.

사도 바울은 로마서 8장 28절에서 이 생각에 대해 가장 간략하고 통합적인 해답을 준다. "우리가 알거니와 하나님을 사랑하는 자 곧 그의 뜻대로 부르심을 입은 자들에게는 모든 것이 합력하여 선을 이루느니라." '모든 것' 이 하나님의 목적을 위해 온전한 방향으로 이끄시는 하나님의 지혜 아래 있다는 것을 주목하자. 이 구절에서 바울은 하나님이 죄를 만드셨거나 원인을 제공하셨다고 말하지 않는다. 대신에 하나님이 그를 사랑하며 그의 목적에 따라 부르심을 받은 사람들에게 죄를 포함한 모든 것이 합력하여 선을 이루게 하신다고 말한다. 이 구절은 하나님의 손으로 악을 빚어 그리스도인들을 위해 선한 목적으로 사용하신다는 놀라운 말씀이다. 믿지 않는 자들은 빨리 고통이 끝나기를 바랄 뿐 환란 가운데 소망을 가질 이유를 발견하지 못한다. 그러나 믿는 자들은 그들이 겪는 고통이 하나님의 시간에 그의 영원한 영광과 하늘에서 더 즐거움을 누리기 위해 선하게 사용될 것이라는 확신을 가진다(롬 8:18; 고후 4:16-18).

이런 신학적인 진리를 알고 있다면 이런 문제가 닥칠 때 더 잘 이해하고 평안을 누릴 수 있다. 그러나 대부분 사람들에게 특히 우리가 괴로움과 고통을 겪는 과정 가운데 있을 때, 감정적인 측면 탓에 악의 문제는 더욱 이해하기 어렵다.

고통에 대한 감정적 문제

우리에게 닥친 개인적인 고통과 고난은 어떠한가? 그 안에서 우리는 어떻게 반응해야 할까?

아기의 방에 들어갔을 때 유아 돌연사 증후군으로 갑자기 숨을 거둔 아기를 발견한 내 친구에게 무슨 희망을 줄 수 있을까? 말기 뇌암 선고를 받은 28

살의 청년에게는? 자동차사고로 부모와 두 동생을 잃은 우리 교회 어린 친구에게는? 사랑하는 아들이 자살했다는 전화를 받은 부모에게는? 암으로 숨을 거두시며 전화로 아들인 내가 함께하지 못한다는 사실을 염려하는 내 어머니에게는? 이렇게 실제로 고통을 당하는 사람들과 상처를 입은 사람들에게 어떤 소망을 줄 수 있을까?

우리가 악의 문제에 대해 철학적인 답을 갖고 있건 아니건, 우리는 고난을 경험할 때 모두 감정적인 어려움에 직면한다. 재난과 고통과 불의를 당하는 일이 하나님이 그의 자녀를 위해 행하시는 일이라는 사실에 대해 우리는 어떻게 반응해야 할까?

이 질문에 대한 도움을 얻기 위해 다음의 3가지 질문에 답해보자.

1. 나는 어떤 감정을 느끼는가?
2. 나는 어떻게 생각하는가?
3. 나는 무엇을 믿는가?

1. 나는 어떤 감정을 느끼는가?

시험이 우리에게 찾아올 때 우리가 답해야 할 첫째 질문은 이것이다. 나는 닥친 시험에 대해 어떤 감정을 느끼는가? 조각난 감정은 고난에 대한 영혼의 반사작용이다. 상처받은 감정을 다스리기보다 야생 동물을 길들이기가 더 쉽다. 때로는 고난이 우리가 예상하는 길로 찾아오기도 하고 어떤 때는 전혀 예상치 못하는 방법으로 찾아온다. 하지만 어떤 종류의 고난이 찾아와도 우리의 감정은 상처를 입는다. 그러나 우리의 감정 상태를 파악하는 것이 경건한 반응으로 나아가는 첫걸음이 된다. '내가 지금 화가 나는가, 두려운가, 위협을 당하고 있는가, 슬픈가, 버려졌다고 느끼는가, 외로운가, 방어적인가, 호전적인가, 당황하고 있는가, 질투심이 일어나는가, 혹은 학대받았다고 느끼는가?' 제일 먼저 이 질문들을 해야 한다. 우리 마음에서 얼마나 자주 이런 감정들이 일어나는지 또 제대로 파악하거나 분석해본 적이 없다는 사실은 매우 놀라운 일이다.

2. 나는 어떻게 생각하는가? 시험을 만날 때 대답해야 하는 둘째 질문은 '나는 어떻게 생각해야 할까?' 이다. 이것이 실제 삶에서 우리가 신학적으로 사고하고 있는지를 시험해보는 순간이다. 우리의 사고는 마치 감정과 믿음이란 두 개의 노를 가진 보트와 같다. 혼자 버려졌다고 느끼면 사고도 위험해지고 이상해진다. 어려운 상황에 처했을 때 일어나는 감정은 대부분 이기적이며 자기 방어적이고 자기중심적이다. 하나님은 우리를 창조하시면서 방어적인 역할을 하는 감정도 만드셨다. 그러나 감정은 처음부터 하나님을 중심에 둔 사고를 불러일으키는 경우가 거의 없다. 감정은 자기중심적인 사고를 하도록 만들어진 반면에 신학은 본질적으로 하나님 중심적이다. 그리스도인들은 우리의 사고가 감정에 의해 좌우되는 것이 아니라 우리가 아는 진리에 의해 통제되어야 한다. 감정은 하나님과 그의 진리의 말씀을 동력으로 생각의 기차를 끌고 가는 조타실이 되어야 한다.

3. 나는 무엇을 믿는가? 셋째로 그리고 가장 중요하게 대답해야 할 질문은 '고난이 찾아왔을 때 나는 무엇을 믿어야 할까?' 이다. 믿음으로 받아들인 진리들은 감정이 끓어오르면 의심으

로 변해 쉽게 증발해 버릴 수 있다. 슬픔과 고통이 찾아오면 우리가 가지고 있던 성경적인 확신들이 언제나 진리로 '느껴지지' 않는다. 두려움이나 염려 혹은 상처와 같은 감정은 단 한 순간에 모든 성경적 관점들을 날려버릴 수 있다. 그러나 현실에 대한 신학적인 확신만이 시험의 순간에 든든한 닻이 되어 다가오는 유혹들을 물리칠 수 있다. 진리는 우리 생각의 진로를 수정할 수 있고 감정의 폭풍우를 잠재울 수 있다. 그런데 어떤 진리가 그렇게 할 수 있을까?

악과 고통과 고난에 대한 우리의 감정적인 반응은 두려움과 분노라는 두 가지 범주로 나눌 수 있다. 이 두 가지 반응은 신학적인 의심과 직접적으로 연결되고 그것에 대한 해결책은 신학적인 확신에 기초한다. 두려움은 상실과, 분노는 신뢰와 깊은 관계가 있다.

상실에 대한 위협이 있을 때마다 두려움에 가득 찬 염려가 마음을 사로잡는다. 우리는 행복과 화평과 기쁨과 즐거움을 우리에게 가져다준다고 믿는 것들을 잃어버릴까 두려워한다. 사랑하는 가족, 건강, 재물, 소유, 혹은 우리가 소중하게 생각하는 것들을 잃는다고 생각하면 두려움과 염려의 감정이 일어난다. 그러나 이 모든 두려움의 원인은 우리의 마음에서 하나님만으로 충분하다는 확신으로 표현되는 신학적 사고가 사라진 데서 생겨난다. 로마서 8장 31-39절에서 바울은 문제를 일으킬 수 있는 추론들에 대해 설명하였다. 그의 기준점은 오직 그리스도였다. 일어날 가능성이 있는 슬픈 사건들을 길게 나열한 후에(특히 38-39절에서), 고난 중에 있던 바울 사도는 감명 깊은 신학적인 깨달음을 고백했다. 환난이나 곤고나 박해나 기근이나 악마나 과거나 미래나 심지어 죽음과 같은 어떠한 나쁜 것들도 "우리를 우리 주 그리스도 예수 안에 있는 하나님의 사랑에서 끊을 수" 있는 어떤 능력도 갖추고 있지 않다(39절; 마 28:18; 행 18:10 참조).

바울은 복음에 드러난 하나님의 사랑에서 우리를 떼어놓으려는 이런 악에 대항했다. 이 모든 악은 두려움을 조장하며 위협을 느끼게 하지만 그 어떤 것도 하나님에게서 분리되는 위협과 비교할 수 없다. 그러나 어떤 것도 하나님께서 그리스도 안에서 우리에게 행하신 일을 무효로 만들 수 없다는 복음을 기억한다면 평안을 주는 생각을 경험한다. 결국 "만일 하나님이 우리를 위하시면 누가 우리를 대적할 수 있겠는가?"(31절) 복음으로 우리 자신을 다시 새롭게 하면 우리가 인생에서 만나는 시험들은 장차 임할 천국에서 보장된 영광과 비교할 수 없음을 깨닫게 된다. "생각하건대 현재의 고난은 장차 우리에게 나타날 영광과 족히 비교할 수 없도다"(롬 8:18). 사도바울은 일어날 가능성이 있는 가장 나쁜 위협들과 하나님으로부터 분리되는 공포를 비교했다. 그의 논증에는 힘이 있다. 그 어떠한 위협도 그의 가장 귀한 보물인 그리스도로부터 우리를 떼어놓을 수 없으므로, 다른 모든 것을 잃는다 해도 충분히 감당할 수 있다는 것이다. 바울은 복음이 주는 안전에 대한 확신과 개인적인 고난이 주는 불확실성을 비교할 수 있는 능력을 갖추고 있었다. 그것이 바울의 감정적이며 이성적인 판단의 확고한 기초가 되었다.

적절한 비교도 분노한 마음에 평안을 가져다줄 수 있다. 곤경은 우리 귀에 '왜'라는 질문을 속삭이며 말하기도 하고 비명으로 소리 지르기도 한다. 왜 이런 나쁜 일이 일어났는지 질문하면 우리의 기대와 반대되는 우리의 감정은 자연스럽게 우리가 고통이나 고난을 받을 이유가 없다고 믿게 한다. 분노는 우리의 인생에 대해 잘못 이해하고 있음을 나타낸다. "사람은 고생을 위하여

났으니 불꽃이 위로 날아가는 것 같으니라"(욥 5:7). 왜 나쁜 일들이 생기는 것일까? 이보다 더 나은 질문은 '왜 우리에게 나쁜 일들이 더 자주 일어나지 않을까?' 이다. 인생에서 우리가 가지는 기대와 실제로 일어나는 일들과는 서로 일치하지 않을 때가 많다. 가장 무서운 위협은 영원히 지옥에서 고통당하는 것이다. 지옥의 위협은 믿는 자들에게 해당하지 않으므로, 다른 고통스러운 사건이나 상황들은 일시적인 위협으로 받아들일 수 있다. 바울이 이 두 가지를 비교할 능력을 갖췄다는 것은 다음의 구절을 보면 알 수 있다.

> 우리의 잠시 받는 환난의 경한 것이 지극히 크고 영원한 영광의 중한 것을 우리에게 이루게 함이니 우리가 주목하는 것은 보이는 것이 아니요 보이지 않는 것이니 보이는 것은 잠깐이요 보이지 않는 것은 영원함이라(고후 4:17-18).

19세기 가장 위대한 스코틀랜드의 설교자 호레티우스 보나르는 "인간이 하나님의 마음을 의심할 때 하나님의 주권에 반감을 갖게 된다."라는 말로 악에 대한 가장 기본적인 논쟁을 정리했다. 그는 "우리의 인생이 완전히 하나님의 뜻에 달렸다는 사실이 언제나 우리에게 평안을 주지는 않는다."라고 말했다. 인생에서 일어난 사건들에 분노하는 것은 사랑의 하나님을 신뢰하지 못하기 때문이다. 우리를 사랑하시는 하나님에 대해 복음을 통해 잘 알고 있으면서 어떻게 하나님의 마음을 의심할 수 있을까? 그러나 과연 하나님이 우리를 기억하고 계실까? 그분은 우리가 겪는 고통보다 더 멀리 계신 것은 아닐까?

십자가는 악과 고통에 대한 유일한 소망이요 해결책이다

하나님은 악의 문제로부터 멀리 떨어져 계시지 않는다. 그와 반대로 직접적으로 마주 대하신다. 예수께서 로마 총독 본디오 빌라도 앞에서 심판을 당하실 때, 그는 예수님의 운명을 결정할 수 있는 권력과 권위를 가지고 있었다. 그런데 갈릴리 출신 죄수(예수)의 반응은 놀라움 그 자체였다. 예수님은 "위에서 주지 아니하셨더라면 나를 해할 권세가 없었으리니"라고 말씀하셨다(요 19:11). 자신의 생명을 구걸하는 대신에 우리의 구세주는 이 말씀과 함께 십자가를 기꺼이 지셨다. 예수님은, 자신이 권위를 가졌다고 오해하는 빌라도를 인정하지 않으셨고, 오히려 하나님이 그에게 총독이라는 권위를 허락하신 분이라는 사실을 깨우쳐주셨다. 로마나 다른 어떤 인간의 권위가 아니라 하나님만이 권력과 권위의 수여자이시다.

하나님의 아들에게 내린 십자가형은 역사상 가장 악하고 부당한 판결이었다. 그러나 거기에는 표면에 드러난 것보다 더 큰 실체가 내포되어 있다. 예수님은 빌라도에게 그를 십자가에 못 박으려는 범죄자와 음모자와 악을 행한 자들 모두가 결국에는 하나님의 주권 아래 있다는 것을 알려주셨다. 그런데 이런 무시무시한 사건이 일어나는 가운데 하나님은 무엇을 하고 계셨을까? 이 질문에 대해 존 파이퍼는 다음과 같이 대답했다.

> 인류 역사의 가장 중요한 순간에 가장 악한 죄가 그리스도의 영광을 최고로 드러내며 죄를 정벌하신 하나님의 은혜를 수여하는 데 사용되었다. 하나님은 십자가에서 그저 악만 정복하신 것은 아니다. 하나님은 악이 스스로 가장 큰 악을

행하면서 자멸하게 하셨다.²⁾

모든 종류의 악과 모든 아픔과 슬픔, 모든 형태의 고통, 불의, 질병과 질환 그리고 모든 '나쁜 것' 들도(죽음까지 포함한) 십자가에서 그 독침의 능력을 상실했다(고전 15:54-47 참조). 하나님은 그의 아들을 희생제물로 삼으셔서 그의 신비한 지혜를 나타내셨다(사 53:10). 아들을 십자가에 내놓은 헤아릴 수 없는 아버지의 상실과 그 아들이 당한 불가해한 고통은 하나님의 영원한 영광과 우리의 영원한 유익을 위해 미리 예정하신 계획의 핵심이다. "자기 아들을 아끼지 아니하시고 우리 모든 사람을 위하여 내주신 이가 어찌 그 아들과 함께 모든 것을 우리에게 주시지 아니하시겠느냐"(롬 8:32). 여기에 합당한 우리의 반응은 바울이 "깊도다 하나님의 지혜와 지식의 풍성함이여, 그의 판단은 헤아리지 못할 것이며 그의 길은 찾지 못할 것이로다"(롬 11:33)라고 한 외침과 같아야 한다.

천국은 믿는 자들에게 모든 악과 고통이 존재하지 않는 곳이며 완전한 즐거움을 누리는 시간과 장소다. 악의 문제는 그 천국의 경험을 위한 영원의 울부짖음이다. 이 세상에서 바라는 모든 기대는 오직 천국에서만 만족할 수 있다. 받을 자격이 없지만 우리를 무한한 하나님의 선하심과 전능하심 그리고 지혜와 은혜, 자비의 강으로 이끄실 것을 생각하면 괴로움에 가득 찬 우리의 마음이 새롭게 될 수 있다.

천국과 지옥의 실제는 악과 고통에 대한 선명한 관점을 제공한다. "그리스도인들에게는 이 세상의 삶이 지옥과 가장 가까운 경험이지만 믿지 않는 자들에게는 천국과 가장 가까운 경험이다."³⁾ 하나님은 우리 인생에 많은 고난을 사용하셔서 이 세상에 대한 집착을 내려놓고 우리 마음의 초점을 그분과 함께갈 미래에 맞추게 하신다. 모리스 로버츠(Maurice Roberts)가 말하기를 "그리스도인이 누리는 마음의 평안 정도는 자신과 자신의 염려 사이에 하나님의 생각이 얼마나 개입하도록 허락하는가에 달렸다."[4]라고 말한다. 만약 믿는 자가 그의 마음을 하나님께 두기 위해 노력한다면 이 세상의 어떤 악도 그의 평화를 훔쳐갈 수는 없다. 그리고 믿는 자들에게는 천국이 임할 때까지 그 평안만으로 충분할 것이다.

16

개인적인 고난과 시험에 대한 적절한 반응

그리스도인에게 나쁜 일이 일어날 때 어떻게 받아들여야 하는가?

이르브 부세니츠 (Irv Busenitz)

그레이스 커뮤니티 교회의 장로이며
마스터스 신학 대학에서 대학행정 부 총장으로 재임하면서
성경강해와 구약성경을 가르치고 있다.

1966년 11월 19일에 랍비 해롤드 쿠쉬너(Harold Kushner)는 자신의 3살 난 아들 아론이 조로증이라는 극히 드문 희귀병에 걸렸다는 소식을 접하고 절망했다. 급속하게 늙어가는 병으로 더 잘 알려진 조로증 신드롬은 병에 걸린 사람의 육체를 놀라운 속도로 노쇠하게 만든다. 결국 11년 후에 아론은 사망했다. 랍비 쿠쉬너는 아들의 죽음에 대한 답을 찾고자 노력했다. 하나님은 어떻게 선한 사람들에게 나쁜 일들이 일어나도록 허락하실 수 있을까? 답을 찾았다고 생각했을 때 그는 『선한 사람들에게 나쁜 일이 일어날 때』라는 책을 썼다.

쿠쉬너는 개인에게 닥친 위기를 이해하기 위한 해답을 찾으려 노력했지만 그의 책 제목은 오해를 일으킬 소지가 있다. 첫째로 현실적으로 '선한' 사람

이란 이 세상에 존재하지 않는다. 로마서 3장 23절은 "모든 사람이 죄를 범하였으매 하나님의 영광에 이르지 못하더니"라고 확실히 증언한다. 이사야 64장 6절도 "무릇 우리는 다 부정한 자 같아서 우리의 의는 다 더러운 옷 같으며 우리는 다 잎사귀 같이 시들므로 우리의 죄악이 바람 같이 우리를 몰아가나이다."라고 증언한다. 더욱이 쿠쉬너는 '왜' 나쁜 일들이 일어나는가를 이해하려고 시도하였지만, 나쁜 일이 일어났을 '때'에는 어떻게 해야 하는가에 대해서는 다루지 않았다. 그는 좀 더 나은 삶을 누릴 자격이 있다고 믿는 사람들에게 선하신 하나님이 '왜' 혹은 '어떻게' 나쁜 일들이 일어나도록 허락했는가에 대한 답을 찾으려 했다. 이것이 랍비 쿠쉬너가 마음에 품은 문제였다. 그는 단지 '왜' 라는 질문에 대한 답만을 원했다.

하박국의 첫 번째 '왜?' (1:2-4)

하박국은 이스라엘의 북쪽 10개 지파가 앗시리아에 포로로 잡혀간(BC 722년) 지 100여 년이 지난 즈음에 남유다 왕국이 멸망하는 마지막 기간에 사역한 구약의 선지자다. 이 당시 유다는 북이스라엘의 윤리적 타락을 답습하면서 나라 전체가 걷잡을 수 없는 죄로 가득 찼다. 자신의 주위에서 일어나는 수많은 죄에 분노한 하박국은 왜 하나님이 아무 일도 하지 않으시는지 그 이유를 알고 싶어 했다. 하나님은 유다의 죄에 대해 무관심한 듯 보였다. 그래서 선지자는 하나님께 질문한다. "왜 아무것도 하지 않으십니까?"

하나님의 대답(1:5-11)

주님은 하박국이 전혀 기대하지 못한 방식으로 대답하신다. "나는 지금 일하고 있다. 심판이 다가오고 있다." 하나님은 그의 주권 아래 느브갓네살의 리더십을(합 1:6-7) 통해 갈대아인(바빌론 사람들)들을 정복자로 보내셨다. 결코 아름다운 그림은 아니었다. 갈대아인들은 자신들의 법칙에 따라 살아가는 '두렵고 무서운' 사람들이었다(합 1:6-7). 독수리의 민첩함과 표범의 끈기와 늑대의 교활함을 가진 바빌론의 군대는 그들이 가는 길에 방해되는 그 어떤 것도 용서하지 않았다.

하박국의 두 번째 '왜?'(1:12-17)

하박국은 하나님의 대답에 당혹했다. 선지자는 하나님의 대답을 믿을 수가 없다고 생각했다. 하박국은 하나님께 간청했던 기도의 답을 들어서 만족했지만 하나님께서 택하신 극단적인 심판의 방법에 정신을 차릴 수 없었다.

하박국의 혼란은 두 가지 때문이었다. 첫째로, 유다와 다를 바 없는 갈대아(바빌론)는 죄로 타락한 또 하나의 나라일 뿐이었다. 하나님을 대적하는 전형적인 나라 중의 하나였다. 갈대아 사람들은 가짜 신들과 자신들의 군사력을 예배했다(1:15-16). 그러나 놀랍게도 하나님은 그 사악한 나라가 번영하는 것을 허락하시는 듯 보였다(1:16-17). 하박국은 하나님이 갈대아 사람들을 택하여 유다를 심판하시는 수단으로 사용하시는 것이 그분의 거룩하심에 모욕이 된다고 생각했다. 이스라엘은 그분의 '제사장 나라' 였다(출 19:6). 하나님이 어떻게 그의 소중한 보물인 이스라엘을 더럽고 할례도 받지 않은 우상 숭배하는 '어부'의 나라에 던져줄 수 있는지 의아해 했다(합 1:14-17). 본질적으로 이것은 하나님이 악을 지지하는 것으로 보이지 않는가?

선지자의 첫 번째 의문은 악은 온 천하에 만연한 데 하나님이 아무 행동을 취하지 않은 것에 대한 질문이었다. 그리고 그의 두 번째 의문은 우상 숭배로 타락한 유다에 어떤 조치를 해야 하는 것은 분명하지만, 하나님이 유다를 심판하기 위해 사악한 갈대아 사람들을 택하신 방법은 너무 극단적이지 않으냐는 것이었다.

하나님의 대답(2:2-20)

하나님이 하박국에게 주신 두 번째 대답에서 하나님은 갈대아의 심판에 대해서도 확실히 말씀하셨다. 하나님께서 그렇게 하실 것을 아주 단호하게 강조하셨다! 그들은 황폐하게 될 것이고(2:6-8) 수치를 당할 것이며(2:9-11) 제국의 헛된 야망이 오래지 않아 사라지게 될 것이라 하셨다(2:12-14). 그들은 창피를 경험하게 될 것이고 유린당하며(2:15-17) 우상 숭배 때문에 허무의 고통을 겪도록 버려질 것이다(2:18-19). 이스라엘의 하나님과 비교해서(2:20) 벨과 네보의 우상들은 바빌론에게 선고된 멸망을 막을 수 없었다(왕상 18:27 참조).

갈대아의 심판과 함께 선지자 하박국은 두 가지 매우 중요한 말씀으로 평안을 얻었다. 그가 얻은 첫 번째 평안은 하박국 2장 4절에서 "의인은 믿음으로 말미암아 살리라"는 말씀으로부터 온다. 하나님은 하박국에게 유다의 심판을 위해 바빌론을 사용하는 것이 죄악의 나라를 용서하는 것은 아니라고 확신시키신다. 하나님 앞에서 바로 서는 것이 믿음이다. 하박국에게 평안을 준 두 번째 말씀은 2장 20절에서 발견할 수 있다. 그들에게 어떤 도움도 줄 수 없는 갈대아의 우상들과는 반대로 이스라엘의 하나님은 여전히 전능하신 분이다. 영원히 존재하시는 주님이 '그 성전'에서 다스리신다.

이 두 구절의 말씀은 하박국이 3장에서 반응해야 할 신학적인 기초(의인은 오직 믿음으로 구원받으며 하나님이 그의 보좌에서 다스린다.)가 되었다. 이것이 하박국서의 척추이며 하박국의 잘못된 생각을 구원한 생명줄이 되었다. 이것이 선지자의 관점을 완전히 바꾸었고 그의 반응도 새롭게 변했다. 결과적으로 그는 다시는 '왜'라고 묻지 않았다. 대신에 그는 심판과 멸망이 닥쳐올 '때' 어떻게 반응해야 하는가에 초점을 맞추기 시작했다.

하박국 3장은 우리에게 그의 전환된 관점을 보여준다. 그의 새로운 관점은 모든 그리스도인이 어려운 순간을 만날 때마다 반응해야 하는, 즉 우리에게 나쁜 일들이 일어날 때에 믿음으로 반응할 수 있는 다섯 가지 실례를 제공한다.

온전한 반응 1: 하나님께 의뢰하기 (3:1)

하박국은 기도로써 문제를 하나님께 가져갔다. 이는 1장의 하박국과는 엄청나게 달라진 모습이다. 1장에서는 끊임없이 '왜'라는 질문에 대한 답을 찾기 원했다(1:3, 13, 14). 전체 그림을 알지 못하는 하박국은 하나님의 계획 때문에 고심한 것이 분명하다.

그러나 3장 1절에서 그의 반응은 달라졌다. 특별히 그의 태도는 더욱 그러하다. 2장 4절과 20절에서 하나님이 주신 평안의 말씀은 그의 관점을 완전히 변화시켰다. 그렇다. 여전히 그는 모든 상황에 대해 매우 감정적이다(3:16). 그의 심장은 여전히 빠르게 박동 치고 있다! 그러나 하나님께 어떻게든 반응하시라고 요청하는 대신에 선지자는 스스로 어떻게 반응해야 할지를 말한다. 그는 하나님의 관점에 대한 자신의 반응을 다룬다.

그리고 놀랍게도 그는 기도하기 시작한다. 기도는 하나님의 주권을 인정한다는 최고의 증거다. 왜 처음부터 기도하지 않았을까? 기도를 통해 하나님은 이미 일어난 상황에 대해 무언가를 하실 능력을 갖고 계시며 그 상황을 완전히 제어할 수 있는 전능하신 분임을 인식한다.

시험을 통과할 때 기도는 힘을 준다. 모세도(출 32:11; 민 14:13; 20:6 신 9:26), 다윗도(시 55:16-17), 다니엘도(단 6:10; 9:20) 그 기도의 능력을 체험했다. 십자가라는 극형에 직면하셨고 세상 죄를 어깨에 짊어지신 대제사장이신 예수님도 기도로 마지막 밤을 보내셨다(마 27:36-44; 요 17장).

우리는 그들의 모범을 잘 따라야 한다. 기도는 하나님의 주권을 인정할 뿐 아니라 일어난 상황에서 눈을 돌려 하나님께 초점을 맞추게 한다. 기도가 하박국을 그렇게 변화시켰다. 하박국서의 처음 두 장에서 선지자는 그가 처한 현실에 초점을 맞추었다. 그는 이스라엘이 바빌론보다 상대적으로 선하다는 인간적인 기준으로 생각했다.

그러나 그가 자신에게서 눈을 떼자 하나님의 거룩하심을 보게 되었다. 그러자 그가 가지고 있던 모든 문제가 갑자기 희미해졌다. 이제 그에게는 거룩하고 의로우신 하나님만 보였다. 예수님도 그의 제자들을 가르치면서 "너희가 내 이름으로 무엇을 구하든지 내가 시행하리니 이는 **아버지로 영광을 얻으시게 하려 함이라**(요 14:13)라고 하셨다. 중요한 것은 이제는 우리의 필요가 아니라 하나님께 영광을 돌리는 것이다!

마틴 로이드 존스는 이 구절에 관하여 이렇게 주석했다.

> 우리 문제의 대부분은 그 문제 자체에 즉각적으로 집착하는 우리의 고집스러움으로 거슬러 올라갈 수 있다. 하박국은 갈대아 사람들이 유대인보다 더 나쁜 죄인인데도 하나님이 그들을 사용하려 한다는 사실에 생각을 멈춰야만 했다. 그런 태도는 자기 나라의 죄를 망각하게 하고 그의 마음과 생각을 불행하게 만들었다. 그러나 선지자는 하나님의 거룩한 성전에서 주님의 놀라운 비전을 보게 되었다. 모든 것을 영적인 관점으로 보게 될 때에……하나님의 거룩하심과 인간의 죄만이 중요한 문제가 된다.[1]

기도로 당신의 상황이 바뀌지 않을 수는 있지만 당신의 관점은 변화시킬 수 있다. 기도는 하박국의 관점을 변화시켰고 당신의 관점도 그렇게 할 것이다. 그것이 기도의 힘이다.

온전한 반응 2: 자신의 약점 인식하기 (3:2, 16)

하박국서의 처음 두 장에서 하박국은 하나님이 바빌론을 사용해 유다를 심판하신다는 사실에 반항하면서 조롱하고 씨름도 했다(1:2-4; 2:1). 그는 자신이 문제를 해결할 최고의 방법을 알고 있으며 하나님이 그의 뜻에 따라 움직여야 한다는 인상을 주었다. 그러나 하박국 3장 2절, 16절에서 결국 그는 항복하고 복종하는 모습으로 나타난다. 그러나 순간마다 교만이 끼어들기 때문에 그렇게 순종하기는 결코 쉽지 않다(벧전 5:5-7).

정직하게 말하자면, 하박국은 여전히 두려웠다(3:16). 그의 내장이 꼬이고 속이 뒤집혔다. 그는 심판이 오래 갈 것을 알고 있었다. 아마도 수십 년은 계속될 것이다(3:2). 그러나 우리는 여기서 하박국이 변화된 점에 주목해야 한다. 더는 하박국 자신이 원하는 방법이 아니라, '당신의 사역'이 중심이 되었다. 이것은 이제는 그의 일이 아니라 하나님의 일인 것을 깨달으면서 선지자는 이스라엘을 향한 하나님의 은혜 사역을 회복시키시고 그의 능력으로 새롭게 일하시도록 기도했다(3:3-15).

하박국은 자신의 약함을 인식하며 또한 자신에게 하나님의 능력이 필요하다는 것을 깨달았다. 다음 몇 가지 이유로 하박국은 가장 결정적인 진보를 경험했으며 또한 비슷한 고민을 하는 우리도 거기서 해답을 얻을 수 있는 중요한 열쇠를 발견하게 된다.

첫째로, 전지(全知)의 요소다. 하나님은 전지하시며 모든 것의 처음과 끝을 보신다(사 46:9-10). 그러나 우리는 그렇지 못하다! 우리는 결코 전체 그림을 볼 수 없지만(엡 6:12 참조) 하나님은 가능하시다.

둘째로, 도구의 요소다. 우리의 연약함을 인식하면 하나님께서 우리를 통해 일하실 수 있다. 선지자로서 하박국은 하나님의 백성에게 하나님의 메시지를 전달하는 것이 임무였다. 그러나 처음 두 장에서 그는 자기 임무를 제대로 수행하지 못했다. 그는 도리어 하나님께 지시하고 있었다! 하박국이 그가 단지 도구라는 것을 깨달을 때까지 하나님은 그를 사용할 수 없었다. 주님은 스룹바벨에게 성전을 건축하는 것은 "힘으로 되지 아니하며 능으로 되지 아니하고 오직 나의 신으로 되느니라"라고 말씀하셨다(슥 4:6). 기드온은 32,000

명의 군사를 300명으로 줄이라는 명령을 받았고 그가 순종한 후에 하나님이 그를 사용할 수 있었다(삿 7:2-7). 우리도 단지 진흙으로 빚은 그릇, 도구에 지나지 않는다. 우리가 그 사실을 배울 때까지 우리는 하나님께 쓰임 받을 수 없다. 주님은 자만하는 자들에게 능력을 주시지 않는다. 하나님은 약한 자들에게 힘을 주신다(고후 12:9-10).

셋째로, 성숙의 요소다. 하나님은 종종 우리의 연약함을 드러내어 성숙하게 하시려고 시험의 골짜기로 인도하신다. 사도바울은 우리가 당하는 시험과 고난을 기뻐하라고 권면한다. 왜냐하면 이를 통해 인내와 연단된 인격과 희망이라는 훌륭한 결과를 얻기 때문이다(롬 5:3-4). 야고보도 이와 비슷하게 우리에게 시험을 당하거든 온전히 기쁘게 여기라고 명령한다(약 1:2-3). A. W. 토저는 "하나님의 성도들은 나이에 상관없이 상처받은 후에야 비로소 쓰임 받는다"라고 했다.[2]

온전한 반응 3: 하나님의 위대하심을 기억하기(3:3-15)

임박한 갈대아의 침략으로 두려웠던 하박국은 진리가 무엇인지를 다시 한 번 자신에게 상기시켰다. 감정은 그를 구할 수 없었고 이성도 구할 수 없었다. 오직 하나님에 대한 진리를 아는 지식만이 그를 구할 수 있었다! 하나님께서 그들에게 행하신 놀라운 일들을 기억하며, 그의 백성을 위해 행하신 하나님의 위대한 역사를 검토하기 시작하였다. 이집트에서의 구원과 가나안으로 들어가는 것을 시작으로 그는 시내산 사건, 이스라엘과 바로의 군대 사이에 임한 하나님 임재의 영광(3:4), 이집트에 임한 10가지 재앙(3:5), 홍해를 가로

지른 일(3:8, 15), 기드온에서 태양이 멈춘 사건(3:11) 그리고 다윗이 골리앗을 죽인 사건(3:14) 등을 통해 하나님의 사역을 강조하였다.

이런 방식으로 해석해보자. 당신이 은행에서 융자를 받으려고 한다면, 그 은행에서 당신의 신용 기록을 보자고 할 것이다. 만약 하나님이 그의 백성에게 과거에도 신실하셨다면 미래에도 같게 신실하실 것을 기대할 수 있다. 성경 말씀은 하나님의 신용 기록을 우리에게 보여준다. 우리는 말씀을 읽음으로(시 119:105-107, 109-112), 묵상함으로(시 1편), 암송함으로(시 119:11-16) 그리고 찬양함으로(골 3:16; 행 16:25 참조) 그 역사를 알 수 있다.

온전한 반응 4: 하나님 안에서 믿음을 새롭게 하라(3:17-18)

하박국은 느브갓네살의 침략이 식량이나 소떼나 양떼도 사라지고 농업 생산물도 모두 사라질 엄청난 기근을 가져올 것을 알고 있었다. 여기에 나열된 고대 이스라엘의 모든 식량 자원은 침략군에 의해 먹혀버리고 파괴적인 전쟁으로 증발해버렸다. 이스라엘의 선지자로서 하박국은 약 800여 년 전에 이스라엘이 주님께 진실하지 않을 때에 일어날 사건들에 대해 모세가 기록한 예언을(신 11:16-17) 알고 있었다.

너무나도 암울한 상황에서 하박국의 결단은 정말로 놀랍다. 처음 반응과는 달리 선지자는 하나님 안에서 자신의 믿음을 다시 한 번 확인했다. 무슨 일이 일어나더라도 그는 기뻐하고 즐거워할 것이다(3:18). 오직 우리가 하나님께 초점을 맞출 때 그런 관점을 가질 수 있다. 한 예로, 40년 동안 사지마비 환자로 살아온 조니 이렉슨 타다(Joni Eareckson Tada)는 래리 킹(Larry King)에게 "휠체어는 내가 다른 방법으로는 절대로 꿈도 꿀 수 없는 기쁨과 평화를 얻을 도구가 되었어요."라고 말했다.

그리고 하박국의 결단은 고난이 오기 '전에' 이루어졌다. 하박국은 고난이 다가오는 것을 알았고 그는 준비되어 있었다. 기뻐하겠다는 그의 선택은 고난의 열기가 다가오기 훨씬 전에 굳건하게 확립되었다(수 24:15 참조). 하박국처럼 우리는 고난의 한복판에서 성경에 나타난 원리들을 생각할 여유가 없을지도 모른다. 고난은 종종 예상치 못하게 찾아오기 때문에 고통이 우리의 판단과 관점에 먹구름을 드리우기 전에 우리의 결심은 미리 준비되어야 한다. 그럴 때에 우리는 어둠 속에서 의심의 유혹에 빠지지 않고 빛 가운데 진리를 받아들인다.

온전한 반응 5: 주님의 능력 안에 안식하기(3:19)

앞의 네 가지 반응은 우리를 다음과 같은 놀라운 결론으로 이끈다. 만약 앞의 네 가지 반응을 모두 소유했다면 하나님 안에서 안식을 누리는 게 자연스러운 결과다. 반면에 네 가지 반응을 갖추지 못하면 그런 안식은 불가능하다.

하박국의 선언은(3:19) 처음 몇 장에서 보여준 모습과 비교해보면 참으로 놀랍다. 거기에는 혼란과 두려움(3:16) 대신에 강인함과 활력이 있다. 2장 4절의 이미지는 선지자의 삶에서 성취된다. "의인은 믿음으로 말미암아 살리라." 이것은 하박국에게 이성적인 결단 이상의 의미가 있다. 이 고백은 그의 유익과 하나님의 영광을 위해 하나님이 일하신다는 확신이 담겨 있다(고후 4:16-18). 그리고 매일의 삶에 성령님이 말씀을 통해 그에게 능력을 부어주신 증언과 헌신도 포함된다.

　삶에 대한 모든 그리스도인의 관점은 하박국 2장 4절로 고무되어야 한다! 이 구절은 필요할 때만 꺼내어 쓸 수 있는 약속의 말씀이 아니다. 이 진리는 우리의 전 인생을 통해 우리의 삶을 지속적으로 지탱해 줄 진리의 말씀이다. 이 말씀은 신약성경에도 반복되는데(롬 1:17; 갈 3:11; 히 10:38), 이는 모든 믿는 자의 인생에서 일하시는 하나님의 인격을 드러낸다. 믿음으로 의롭게 되는 사실은 단지 구원만을 얻게 할 뿐 아니라, 믿는 자들의 인생의 핵심이며 본질이다. 하나님의 선물인 믿음은 갱신을 시작하게 하여 변화된 새로운 삶에 활기를 주고 생명을 지속하게 한다.

　하박국이 멋지게 묘사한 것처럼, 고난을 겪을 때 당황할 필요가 없다. 또한 하나님을 두려워하거나 의심할 이유가 없다. 우리가 보고 느끼는 것과 상관없이 하나님은 그의 영광과 우리의 유익을 위해 모든 것을 주관하신다. 고난이 찾아올 때 하박국 선지자는 이미 우리가 잘 따라갈 수 있는 길을 밝혀 놓았다.

　하박국의 이름은 '붙든 자'라는 의미다. 하박국서의 제일 마지막에서 그는 고난과 고통이 다가오는 상황에서도 하나님의 주권을 붙들었다. 그는 하나님이 신실하시다는 것을 알고 있었기 때문에 하나님의 계획을 붙들었다. 언제나 신실하셨던 하나님의 신용기록은 우리도 똑같이 그분을 붙들도록 초청한다.

17

그리스도인들이 하나님을 신뢰할 수 있는 이유
고통이 끊임없이 닥쳐와도 하나님을 끝까지 신뢰할 수 있는가?

내이썬 부세니츠 (Nathan Busenitz)
존 맥아더 목사를 보조하면서 부목사로 섬기고 있다.
그는 풀핏(Pulpit)잡지의 발행인이며 마스터스 신학 대학에서 역사 신학을 가르치고 있다.

오늘날 우리 사회는 깨어진 약속이 마치 전염병처럼 곳곳에 퍼져 있다. 이 현상은 가정에서도 학교에서도 또한 직장에서도 발견된다. 그리고 국가의 야심 찬 정치 후보자들의 선거공약에도 존재한다. 때로는 우리의 우편함에 수백만 달러의 상금에 당첨되었다는 거짓광고들이 배달되기도 한다.

약속을 하고 지키지 않는 습관들이 미국 전역에 퍼져 나가고 있다. 사실 『미국이 진실을 말하는 날 The Day America Told the Truth』이라는 책을 보면 미국인의 91퍼센트가 자주 거짓말을 한다고 한다. 특별히 미국인들 가운데 86퍼센트가 주기적으로 그들의 부모에게, 그리고 75퍼센트는 친구에게, 73퍼센트는 형제에게, 69퍼센트는 배우자에게 거짓말을 한다고 한다.[1] 결과적으로 우리나라는 사람들을 의심할 수밖에 없으므로 남을 의심하는 감각이 발달하고 있다. 만약 누군가의 말이 믿기 어려울 정도로 진실하다고 여겨지면 아마도 진실이 아닐 것이라는 속담을 알 것이다. 그리고 우리가 어떤 약속을 받았을 때에 실망하지 않으려면 크게 기대하지 말라는 조언을 들은 적도 있을 것이다.

하나님은 헛된 약속을 하시지 않는다

세상과는 반대로 성경은 우리에게 크게 기대하라고 '요청한다.' 물론 성경 말씀은 진정한 기대가 무엇을 내포하고 있는지 매우 구체적으로 알려준다. 우편함에 배달된 광고로 벼락부자가 되겠다는 바람은 터무니없는 짓이다. 그러나 이 세상과 다음 세상을 위해 하나님의 약속을 기대하는 태도는 믿음의 본질이다(히 11:1). 우리 주위의 헛되고 깨진 약속들과는 달리 하나님의 말씀은 절대로 실패하지 않는다(왕상 8:56-58 참조).

그러나 우리가 하나님을 절대적으로 신뢰할 수 있는 근거는 어디에서 오는 걸까? 하나님이 결코 우리를 실망하게 하지 않으리라는 보장을 무엇으로 확신할 수 있을까?

성경은 우리가 하나님과 그분의 말씀 안에서 평안을 얻을 수 있는 많은 이유를 제공한다. 성경은 믿는 자들에게 현재와 미래를 위해 끊임없이 하나님을 신뢰할 것을 명령하고 강조한다. 우리 그리스도인들에게 소망을 갖게 하는 보증들은 세상이 거짓으로 포장한 믿기 어려울 정도로 진실한 수준 정도가 아니다. 그 약속들은 세상이 주는 어떤 보장보다 훨씬 더 뛰어나다. 그 확실한 기초 위에 우리의 삶과 영원한 미래를 건축할 수 있다. 또한 신뢰할 수 있는 하나님의 약속들은 당연히 신뢰할 수 있다.

이 장에서는 그리스도인들이 하나님 안에서 소망을 확신할 수 있는 다섯 가지 이유에 대해 생각해보려 한다.

그의 성품: 그분이 하나님이시므로 소망을 가진다

첫째로, 믿는 자들은 하나님의 약속 안에서 소망을 가질 수 있다. 왜냐하면 그분은 절대적으로 신뢰할 수 있는 하나님이시기 때문이다. 그러므로 그분의 말씀도 신뢰할 수 있다. 하나님의 성품이 그분이 말씀하신 모든 것을 입증한다. 신뢰하기 어려운 전형적인 중고차 판매상의 약속과는 달리 하나님의 명성은 그분의 약속과 충돌하지 않는다. 그러므로 우리는 그가 보장하신 모든 약속은 가장 세밀한 부분까지도 미리 말씀하신 바대로 이루어질 것이라는 확신을 할 수 있다. 그러나 하나님의 성품 가운데 어떤 부분이 그렇게 그분을 신뢰할 수 있게 하는 걸까? 이 질문에 답하기 위해 하나님의 신적 속성 중 다음의 세 부분을 살펴보아야 한다.

1. 하나님은 지혜로운 분이시다 하나님이 완전한 지혜를 가지신 분이므로 믿는 자들은 그분 안에 소망을 둘 수 있다. 시편 147편 5절은 그분의 지혜는 무한하다고 말한다. 그리고 바울도 로마서 11장 33-34절에서 "깊도다 하나님의 지혜와 지식의 풍성함이여, 그의 판단은 헤아리지 못할 것이며 그의 길은 찾지 못할 것이로다 누가 주의 마음을 알았느냐 누가 그의 모사가 되었느냐"라고 외친다. 하나님은 이미

무한한 지혜를 가지고 계시기 때문에 더 이상의 충고나 도움이 필요 없으시다. 그분은 모든 상황과 환경과 어떤 일이 일어날 가능성에 대한 세밀한 부분까지도 완벽히 알고 계신다. 그분은 절대 놀라실 일이 없으며 쉬는 날도 없다. 하나님이 행하시는 모든 일을 완벽히 주관하시기 때문에 그리스도인으로서 우리는 하나님의 결정을 온전히 신뢰할 수 있다. 그러므로 하나님의 온전한 지혜에 대한 올바른 반응으로 우리의 신뢰를 우리 자신이나 세상에 둘 것이 아니라 오직 하나님께만 두어야 한다. 심지어 가장 지혜로웠던 솔로몬도 "너는 마음을 다하여 여호와를 의뢰하고 네 명철을 의지하지 말라"(잠 3:5)고 충고한다.

2. 하나님은 의로운 분이시다

또한 우리는 하나님의 완전하신 의로 인해 우리의 소망을 온전히 그분께 맡길 수 있다. 성경은 분명히 밝힌다. 하나님은 죄가 없으시며 모든 면에서 윤리적으로도 완벽하신 거룩하신 분이다(단 9:14; 요일 1:5). 사실 하나님의 거룩하심은 우리가 의로운 삶을 살도록 동기 부여하신다. 베드로는 레위기의 말씀을 인용하면서 그의 독자들에게 "오직 너희를 부르신 거룩한 이처럼 너희도 모든 행실에 거룩한 자가 되라 기록하였으되 내가 거룩하니 너희도 거룩할지어다 하셨느니라"(벧전 1:15-16)라고 간청했다.

그렇다면 하나님의 의가 그분의 신뢰성과 어떻게 조화를 이룰까? 답은 뜻밖에 간단하다. 거짓말은 하나님의 완전하신 성품과 상충하기 때문에(잠 6:16-17; 12:22; 요 8:44 참조) 그분은 자신의 의로 인해 어떤 거짓에도 관련될 수 없다. 직접적으로 표현한다면 하나님은 죄를 지을 수 없으므로 거짓을 말할 수 없다. 그분의 의는 하나님 자신의 완전한 거룩함 때문에 어떤 타협이나 반대되는 일을 행할 수 없도록 한다. 말과는 다르게 행동하는 부정직한 정치가들과는 달리 우리의 거룩하신 하나님은 언제나 그가 말씀하신 것들을 지키신다. 그는 순결하시며 그의 약속을 깨는 것은 그의 성품을 위반하는 것이다. 그러므로 우리는 그분을 신뢰할 수 있다(요 17:17).

3. 하나님은 변하지 않는 분이시다

하나님은 전적으로 지혜롭고 의로우실 뿐 아니라, 그의 성품은 절대 변하지 않는다. 시편 102편 26-27절은 하나님과 그의 피조물을 비교하면서 "천지는 없어지려니와 주는 영존하시겠고 그것들은 다 옷같이 낡으리니 의복 같이 바꾸시면 바뀌려니와 주는 한결같으시고 주의 연대는 무궁하리이다"라고 말씀한다. 야고보서 1장 17절은 하나님께는 회전하는 그림자도 없다고 묘사하면서 시편과 비슷한 표현을 한다. 히브리서 13장 8절은 "예수 그리스도는 어제나 오늘이나 영원토록 동일하시니라"라고 선언한다. 사람들은 항상 변하지만 하나님은 언제나 동일하시다. 그의 성품은 결코 변함이 없다.

하나님의 변치 않는 속성은 그가 한 약속을 갑자기 변경하시지 않는다는 의미이기도 하다. 하나님은 마음대로, 이제는 구원이 예수님을 통해 오지 않는다거나 영원한 생명은 허락되지 않는다는 식의 결정을 내리시지 않는다. 우리는 어제나 오늘이나 미래에나 동일하신 하나님을 신뢰할 수 있다. 변치 않는 하나님만이 변치 않는 약속을 하실 수 있기 때문에 우리는 그의 말씀을 굳게 붙들 수 있다.

하나님의 인격, 특별히 그의 지혜와 의와 변치 않으시는 속성 덕분에 우리가 그분을 온전히 신뢰할 수 있다. 그의 성품이 확실하기 때문에 그의 말씀도 확실하다. 그의 말씀을 스스로 위반하는 것은 그분의 성품과 어긋난다. "하나님이 거짓말을 하실 수 없기"(히 6:18) 때문에 그가 약속을 깨는 것은 불가능한 일이다.

그의 능력: 하나님이 주관하시므로 우리는 소망을 가진다

하나님을 신뢰할 수 있는 둘째 이유는 우리가 의지하는 공유적 속성들을 넘어 그분이 전능하신 하나님이기 때문이다. 다시 한 번 말하지만, 성경은 이점에 대해 매우 명확하게 말씀한다. 하나님은 매일 일어나는 모든 사건과 그 가운데 속한 모든 것을 주관하신다. 경쟁할 수 있는 뚜렷한 라이벌도 없고 예외도 없는 그분의 능력은 무한하다. 하나님 홀로 왕이시고 모든 것 위에 왕이 되신다. 하나님의 완전한 권위를 확증하는 성경 구절들을 묵상해보자.

- 하나님은 사탄과 귀신들을 주관하신다(욥 1:12; 2:6; 눅 8:31; 22:31; 고전 15:25; 계 20:10-15).

- 하나님은 모든 악과 죄를 주관하신다(잠 16:4; 애 3:38; 눅 5:21).

- 하나님은 모든 나라를 주관하신다(왕하 20:6; 시 20:7; 잠 21:1; 요 19:11; 행 17:26; 롬 13:2).

- 하나님은 자연재해를 포함하는 세상을 주관하신다(시 50:10; 107:29; 암 4:7; 나 1:3-6; 마 5:45; 눅 8:24).

- 하나님은 모든 질병과 질환 및 죽음을 주관하신다(출 15:26; 신 32:39; 왕하

20:5; 마 4:23; 막 6:56; 요 9:3; 11:4; 행 4:29-30; 고전 15:26).
- 하나님은 모든 사람과 그들의 결정을 주관하신다(출 8:15; 스 6:22; 잠 21:1; 행 13:48; 롬 9:17-18).
- 하나님은 우리의 개인적인 계획을 주관하신다(잠 16:9; 19:21; 약 4:13-15).
- 하나님은 '기회'와 '운명'을 주관하신다(욥 20:29; 잠 16:33; 욘 1:3-10; 행 1:24-27).
- 하나님은 우주의 모든 것을 주관하신다(시 115:3; 135:6; 롬 8:38-39; 엡 1:11).

과연 이 우주에 하나님의 통제에서 벗어날 수 있는 것이 있을까? 아무것도 없다! 우리 삶에서 마주치는 모든 잠재적인 위험은 전능하신 하나님의 관리 아래에 놓여 있다. 물론 이 사실이 유혹을 뿌리치거나(약 4:7) 미래를 적절히 대비하는 일(느 4:9) 등의 책임을 감당하지 않아도 된다는 핑계로 쓰일 수는 없다. 하나님께서 모든 것을 주관하신다는 것은 우리의 소망을 하나님과 그의 확증 안에 두어도 된다는 의미이다. 그가 모든 것을 주관하심으로 하나님의 허락 없이는 어떤 환경이나 상황 혹은 개인이 존재하거나 발생할 수 없다. 그래서 하나님이 우리를 구원하시겠다고 약속하실 때 "높음이나 깊음이나 다른 어떤 피조물이라도 우리를 우리 주 그리스도 예수 안에 있는 하나님의 사랑에서 끊을 수 없으리라"(롬 8:39)고 확신할 수 있다. 아무것도 하나님의 약속을 방해할 수 없다. 그 이유는 간단하다. 하나님의 능력이 그것을 허락하지 않기 때문이다(요 10:28-29).

이 우주에 우리 하나님보다 위대한 것은 존재하지 않는다는 사실은 놀라운 평안을 준다! 심지어 가장 강력한 자연이나 인간이 만든 모든 힘도 하나님의 주권 아래에 있다. 강력한 힘을 생각할 때에 당신의 마음에 어떤 그림이 떠오르는가? 아마 130여 개국에서 활동 중인 백만 명이 넘는 미국의 군대일 수도 있다. 혹은 지진이나 화산일 수도 있다. 예를 들면, 세인트헬렌스 산은 규모 5.1의 지진에 의해 촉발된 화산활동으로 24Km에 달하는 대기에 엄청난 불과 라바를 쏟아내었다. 혹은 허리케인 같은 엄청난 바람이나 뇌우의 번쩍이는 빛일 수도 있다. 번개는 1조 볼트의 전류를 평균 3~4Km에 걸쳐 뻗쳐나가는데 어떤 경우에는 그 길이가 120Km에 달하기도 한다.

당신은 바다나 거기에 사는 동물들을 생각할 수도 있다. 대양은 지구표면의 71퍼센트를 덮고 있고 가장 깊은 곳은 약 11Km에 달한다. 혹은 우주로 생각을 돌릴 수도 있다. 태양 하나의 부피만 해도 지구 1백3십만 개가 들어갈 수 있는 크기다. 그리고 태양보다 더 큰 별들이 수없이 많이 존재한다. 당신은 심지어 사탄이나 그의 귀신들과 그것들이 휘두르는 교묘한 힘과 같은 영적인 힘에 대해 생각할 수도 있다. 당신 마음에 어떠한 그림들이 떠오르더라도 하나님은 여전히 그것들보다 훨씬 더 강력하다. 그는 별들의 이름을 짓고 수를 세시는 분이며(시 147:4) 나라들을 먼지의 티끌로 여기시고(사 40:15) 말씀으로 바다를 잠잠케 하시며(욥 26:12; 마 8:26) 마지막 날에 완전히 승리하실 분이시다(시 62:6-8).

그의 계획: 하나님은 그가 하시는 일을
정확히 아시므로 그분 안에 소망을 가진다

만약 하나님이 그의 전능하신 힘을 우주에다 무턱대고 닥치는 대로 쏟아내시는 분이라면 우리는 그분을 몹시 두려워해야 할 것이다. 그러나 우리가 봐온 것처럼 하나님은 전능하실 뿐 아니라 또한 전지하시다. 이것은 그가 역사를 통해 신실하게 실행해 오신 완벽한 계획이 있다는 의미다(사 25:1). 이사야 46장 10절에서, 하나님은 자신을 "내가 시초부터 종말을 알리며 아직 이루지 아니한 일을 옛적부터 보이고 이르기를 나의 뜻이 설 것이니 내가 나의 모든 기뻐하는 것을 이루리라 하였노라"고 표현하신다. 시편 33편 11절도 "여호와의 계획은 영영히 서고 그의 생각은 대대에 이르리로다"라고 말씀한다. 그러나 하나님의 계획에는 어떤 것들이 포함되어 있을까? 적어도 다음의 두 가지 부분을 고려해 볼 때 그 해답을 얻을 수 있다.

1. 하나님의 계획은 그분 스스로 최고의 영광을 받는 것을 목표로 한다

성경은 하나님이 모든 사람과 사물을 당신 자신에게 영광과 찬송을 드리도록 창조하셨다고 말씀한다(대상 16:2; 29:11; 시 8:1; 19:1; 사 43:7; 겔 43:2; 고전 10:31). 사실 하나님이 우리를 구원하신 가장 주된 요인은 자비하신 하나님의 이름을 널리 전하며 우리가 그 자비에 감사하며 하나님을 찬양하도록 하기 위함이다(롬 9:15-24). 자신의 영광을 위한 하나님의 열정은 당연하며 또한 주님께 영광을 돌리는 것이 우리의 가장 큰 열정이 되어야 한다. 그분만이 이 우주에서 우리의 경배와 찬양을 받기에 합당하신 분이다.

하나님이 자신의 명성에 열정을 보이시는 것 자체가 그의 자녀들에게 한 약속의 보증이 된다. 하나님 자신의 명성이 달린 문제이므로 우리는 하나님의 말씀을 전적으로 신뢰할 수 있다(출 32:9-14 참조). 하나님은 자신의 영광을 위해 하신 말씀들을 확실히 성취하실 것이다.

2. 하나님의 계획은 믿는 자들의 최고 유익을 목표로 한다

그의 영광과 완벽하게 연관된 하나님의 계획에는 그의 백성의 행복도 포함한다. 사도바울은 "우리가 알거니와 하나님을 사랑하는 자 곧 그 뜻대로 부르심을 입은 자들에게는 모든 것이 합력하여 선을 이루느니라"(롬 8:28)라고 선언한다. 하나님은 우리의 인생에서 모든 상황과 사람들을 사용하여, 우리가 점점 더 그리스도를 닮는 영적인 진보를 이루게 하신다. 그렇다. 때때로 유익은 연단이나(히 12:10) 시험(약 1:2-3)의 형태로 찾아온다. 그러나 이 모든 것도 여전히 회개나 인내를 통해 믿음이 더욱 강해지게 하는 우리의 유익을 위한 것이다. 하나님의 관점에서 본 유익의 정의는 우리가 기대하는 잠깐의 쾌락이나 부와는 필연적으로 다르다. 대신에 그는 우리의 영적 성장과 영원한 유익에 관심이 있으시다.

하나님은 완벽하신 지혜로 자신의 영광을 위한 열정과 그의 백성을 위한 사랑이 그의 계획 안에서 조화를 이루게 하신다. 결과적으로 우리가 하나님의 영광을 포기하지 않고 지속적으로 추구할 때 가장 큰 기쁨과 만족(혹은 유익)을 발견할 수 있다. 그리고 그것은 역으로도 같다. 존 파이퍼는 "우리가 그분 안에서 가장 만족할 때 하나님은 우리 안에서 가장 큰 영광을 받으신다."라고 말한다.[2]

하나님의 계획 안에 우리의 유익이 포함되어 있기 때문에 우리는 하나님과 그의 말씀 안에서 확실한 평안을 누릴 수 있다. 그의 약속들은 그의 명성이 달린 문제이기 때문에 파기할 수 없을 뿐 아니라 또한 영적으로도 유익한 것이다. 그 약속들은 우리에게 가장 큰 유익이 되게 하셨으므로 우리는 그것들을 신뢰할 수 있다.

하나님의 과거의 기록:
전에도 신실하셨으므로 우리는 그분 안에 소망을 가진다

하나님과 그의 약속을 붙들 수 있는 또 하나의 이유는 그가 약속을 파기하신 적이 없으시기 때문이다. 그분의 과거 기록은 완벽하다. 그분은 과거에도 항상 자신의 말씀을 지키셨고 미래에도 그렇게 하실 것이다. 성경의 기록은 명확하다. 하나님은 흠이 없는 신실하신 분이시다.

시편 100편 5절에서 우리는 "여호와는 선하시니 그의 인자하심이 영원하고 그의 성실하심이 대대로 이르리로다"라는 말씀을 만난다. 이 시편을 기록한 아삽은 도입부에서 자신의 절망을 "곧 여호와의 일들을 기억하여 주께서 옛적에 행하신 기이한 일을 기억하리이다"(시 77:11)라는 고백을 통해 극복했다. 그리고 역대상 16장 15절에서는 "너희는 그의 언약 곧 천 대에 명령하신 말씀을 영원히 기억할지어다"라고 기록한다. 에단은 하나님이 다윗과 한 약속에 관해 "내가 여호와의 인자하심을 영원히 노래하며 주의 성실하심을 내 입으로 대대에 알게 하리이다"(시 89:1)라고 선언한다. 그리고 시편 119편 90절은 하나님에 대해 "주의 성실하심은 대대에 이르나이다 주께서 땅을 세우셨으므로 땅이 항상 있사오니"라고 묘사한다. 하나님의 성실은 단지 그분의 성품 중 하나를 추상적으로 표현한 것이 아니다. 반대로 역사를 통해 반복적으로 증명된 하나님의 속성이다. 그리스도인으로서 우리는 하나님께서 공급하시고 보호하신 옛일들을 기억함으로써 현재와 미래에도 하나님께서 동일하게 일하실 것을 기대할 수 있다. 심지어 시험이나 고통의 순간에도 과거에 신실하셨던 하나님이 그가 하시는 모든 일에 관해서도 여전히 신실하실 것을 확신할 수 있다(시 33:4).

그의 친권(親權)적 보호:
하나님이 우리를 사랑하시므로 그분 안에 소망을 가진다

하나님을 신뢰할 수 있는 마지막 이유는 자기 백성을 위한 그분의 사랑에서 찾을 수 있다. 구약성경에서 하나님은 그의 사랑을 이스라엘 백성에게 거듭해서 보여주셨다(출 34:6-7; 신 23:5). 시편에서만 25번이 넘게 하나님의 사랑을 "변함없는"(예를 들면 6:4; 21:7; 90:14를 보라) 사랑이라고 표현한다. 그러므로 우리는 하나님의 사랑을 의지하고(시 13:5) "기뻐하며 즐거워할"(시 31:7) 수 있다. 역대하 6장 14절에서 솔로몬은 하나님의 약속을 사랑의 언약이라고 표현했다(느 1:5도 읽어보라). 심지어 예레미야는 예루살렘의 멸망 이후에도 하나님의 변함없는 사랑 안에서 평안을 발견했다(애 3:32).

자녀들을 향한 하나님의 크신 사랑은 신약성경에서도 발견할 수 있다. 하나님이 그의 아들을 이 세상에 보내신 위대한 사랑의 이야기가 그것이다(요 3:16; 엡 2:4; 딛 3:4; 요일 4:19). 그리스도의 죽음은 하나님이 우리를 사랑하시는 가장 궁극적인 증거다. "우리가 아직 죄인 되었을 때에 그리스도께서 우리를 위하여 죽으심으로 하나님께서 우리에 대한 자기의 사랑을 확증하셨느니라"(롬 5:8). 그리스도께서 십자가에 죽으심은 우리의 구원을 위해 미리 예정하신 하나님의 사랑에서 나왔다(엡 1:4-5; 살전 4:9). 하나님은 그의 자녀를 연단할 때도 분노가 아니라 사랑으로 징계하신다(히 12:6).

고린도전서 13장 8절의 말씀은 사랑은 절대 실패하지 않는다는 것을 분명하게 보여준다. 만약 하나님이 사랑이시라면(요일 4:8) 우리를 사랑하실 것이다(요일 4:10). 그렇다면 하나님이 우리를 실망하게 하거나 버리시지 않으실 것을 확신할 수 있다(롬 8:38-39; 히 13:5). 그리고 하나님이 사랑의 아버지로 그의 약속을 보장하시기 때문에 우리는 그의 말씀을 붙들 수 있다.

절대적 진리 안에 있는 참된 소망을 붙잡으라

우리는 이 장을 시작하면서 거짓 소망과 절반의 진실로 가득 찬 세상에 대해 주목했다. 텔레비전의 광고에서 스팸메일에 이르기까지 우리 삶은 넘쳐흐르는 헛된 약속들로 가득 차 있다. 심지어 우리가 상상하지 못한 곳에서 생각과는 다른 거짓된 일들이 일어난다. 하버드 야드(Harvard Yard)에 서 있는 존 하버드의 동상에 관련된 우스운 사실을 살펴보자.

'진리(Veritas)'라는 표어를 가진 하버드 대학에서 당신은 진리, 완전한 진리, 오직 진리만을 기대할 것이다. 그러나 학교의 이름을 딴 하버드의 유니버시티 홀 오른쪽에 세워진 존 하버드의 동상을 한번 생각해보자. 이 동상에는 여러 가지 거짓이 숨어 있다. 사실 비공식적으로 세 가지 거짓말의 동상이라고 불린다.

동상 아래쪽에는 '존 하버드, 설립자, 1638'이라는 글이 새겨져 있다. 그런데 그 중 한 단어도 사실이 아니다. 존 하버드는 하버드 대학의 설립자가 아니다. 이 단과대학(college - 설립초기에는 단과대학이었다)은 1636년에 매사추세츠 베이 콜로니(Massachusetts Bay Colony)가 설립하였다. 존 하버드는 초기에 후원자 중 한 사람이었고 그가 학교에 도서관을 기증한 후 1639년부터 학교가 그의 이름을 따서 불리게 되었다. 존 하버드의 동상도 실제의 모습이 아니다. 그에 관한 어떤 사진이나 그림도 존재하지 않는다. 그래서 조각가 데니얼 체스터 프렌치라는 사람이 마음대로 학생 가운데 한 사람을 모델로 택해서 17세기 의상을 입혔다.[3]

동상에 새겨진 각인과 상관없이 존 하버드는 하버드의 설립자가 아니다. 대학도 1638년에 설립된 것이 아니고, 학교 이름을 딴 사람의 동상도 실제 그의 모습이 아니다! 이런 사실이 아이러니하게도 '진리' 라는 의미의 '베리타스' 라는 표어를 가진 하버드 유니버시티 홀의 정면에 서 있다.

하버드의 표어처럼 성경 또한 '진리' 라는 타이틀을 가지고 있다. 그러나 존 하버드의 동상과는 달리 성경은 하나님이 누구신가에 대해 거짓 증언을 하지 않는다. 성경은 하나님 자신을 드러내는 계시이며 그의 말씀은 과장되거나 오해를 불러일으키지 않는다. 반대로 그 말씀들은 절대적으로 확실하다. 그의 말씀에 기록된 그의 성품은 인간의 창조물이나 신화를 포장한 것이 아니다. 성경은 하나님이 누구신가에 대한 본질이다. 하나님이 진리이므로 그의 말씀도 진리이다. 그러므로 우리는 그분을 온전히 신뢰할 수 있다.

하나님이 그의 자녀에게 주시는 소망은 단순한 희망적 사고의 차원을 훨씬 뛰어넘는다. 우리에게 주신 그의 약속은 분명하다. 하나님이 언제나 모든 것을 주관하고 계시기 때문에 절대 실패하지 않는다. 그가 항상 그의 말씀을 지키시기 때문에 그의 약속들은 절대 깨어지지 않는다. 성경적인 소망은 진정한 소망이다. 하나님이 보장하시기 때문에 우리는 그것들을 확실히 붙들 수 있다. "네가 나를 여호와인 줄 알리라 나를 바라는 자는 수치를 당하지 아니하리라"(이사야 49:23). 그러므로 우리는 히브리서 10장 23절에서 간청하는 것처럼 "약속하신 이는 미쁘시니 우리가 믿는 도리의 소망을 움직이지 말며 굳게 잡아"야 한다.

18

구제사역과 그리스도인의 대사명에 대하여

상처받은 자에게 도움을, 잃어버린 자에게 소망을 주고 있는가?

제시 존슨 (Jesse Johnson)
그레이스 커뮤니티 교회에서 지역선교를 책임지고 있으며
마스터스 신학 대학에서 전도학을 가르치고 있다.

몇 달 전 그레이스 커뮤니티 교회에서 파송한 선교사 한 사람이 우간다에서 운전하던 중에 한 무리의 사람들이 길가에 모여 있는 것을 보았다. 그는 차를 멈추었고 어떤 사람이 차에 치여 죽어가는 것을 발견했다. 그 남자는 여전히 숨을 쉬고 있었으나 엄청난 속도로 피를 쏟아내고 있었다. 그러나 경찰들은 구급차가 어디에 있는지 찾지 못하고 있었다. 그 선교사는 그 남자를 안아 자신의 차에다 싣고 병원으로 달렸다. 그는 의사들이 그 남자의 다리 허벅지 아래를 절단하는 동안 병원에서 기다렸다. 며칠이 지난 뒤에 그 남자는 퇴원을 했지만 갈 곳이 없었다. 그래서 선교사는 그의 가정으로 그를 맞아들였다. 몇 주가 지난 후에 그 남자는 다시 걷는 법을 배웠을 뿐 아니라 그 가정의 전도로 그리스도를 믿게 되었다.

성경에서 가장 많이 등장하는 명령은 가난하고 궁핍한 자들을 사랑하고 돌보라는 것이다. 그런데 종종 우리 주위에서 즉각적인 도움이 필요한 사람들이나 실제로 돌볼 기회가 나타나기까지는 이 명령이 너무 추상적으로 보인다. 그러나 그런 일들이 일어났을 때 우리의 진정한 믿음이 드러난다.

미국에서 정말로 궁핍한 사람들에게 자비를 베풀 수 있는 합법적인 기회는 매우 적어 보인다. 그 부분적인 원인은 많은 그리스도인이 자신들의 직업윤리로 가난한 자들을 돌보라는 성경의 명령을 덮어버리기 때문이다. 평범한 미국사람들이 가난을 대하는 것과 요한복음 9장에서 유대인들이 눈먼 사람을 보던 견해는 비슷하다. 이 말씀에서 그들의 생각을 살펴보면, 눈먼 사람이든 가난한 사람이든 그들이 겪는 어려움은 자신들의 죄로 인해 얻어진 결과라는 것이다. 그리고 그 견해가 조금은 옳다는 생각이 든다. 지역선교회 목사로서 나는 노숙자들에게 복음을 전하며 많은 시간을 보낸다. 지금까지 내가 노숙자들에게 음식과 보호소를 제공한 후에 얻는 가장 일반적인 반응은 제공받은 것의 질에 대한 비판이다(예를 들면, 나는 보호소가 싫다. 귀가시간 통제가 싫다). 도움이 필요한 어떤 사람들은 자신들이 원하는 조건에 맞는 경우에만 도움을 받아들인다는 것이 확실하다. 그러므로 그들은 도움을 받을 자격이 없는 듯 보인다. 그리고 때때로 돈을 나눠주는 것도 바른 답이 아니다. 그렇다면 그런 사람들에게 그리스도인으로서 왜 그리고 어떻게 반응해야 할까?

자비사역의 기초: 하나님의 긍휼

자비사역(Mercy Ministry)이란 특별히 교회 안, 또는 세상의 가난하고 궁핍한 사람들과 고아들과 과부들의 필요를 채우는 사역을 말한다(갈 6:10). 야고보는 이와 같은 사역을 "정결하고 더러움이 없는" 경건이라고 표현한다(약 1:27). 결국 자비사역은 궁핍한 사람을 도우라는 성경 전반에 나타나는 하나님의 성품에 기초를 둔 사역의 한 형태다.

모세의 율법에서 어떤 사람이 나중에 갚겠다고 하고 외투를 빌려 간 경우를 보자. 외투를 빌려 간 사람은 그 외투의 주인이 감기에 들지 않도록 해가 지기 전까지 그 외투를 주인에게 돌려주어야 했다. 이는 그리 중요한 명령으로 보이지 않지만 그 이유를 주목해보라. "그것이 유일한 옷이라 그것이 그의 알몸을 가릴 옷인즉 그가 무엇을 입고 자겠느냐 그가 내게 부르짖으면 내가 들으리니 나는 자비로운 자임이니라"(출 22:27). 유대인들은 가난한 자들에게 긍휼을 베풀어야 했는데 왜냐하면 그들이 긍휼로 가득 찬 하나님을 섬기고 있었기 때문이다. 더욱이 유대인들은 자신들의 땅에서 완벽한 추수를 하지 않았다. 그 이유는 가난한 사람들이 언제나 식량을 얻을 수 있도록 하기 위해서였다(레 19:10; 23:22). 이스라엘에서는 가난한 자들을 돌보는 방법에 대해 자세하고 다양한 명령들이 율법으로 정해져 있었다. 그중에서 가장 일반적인 것은 "네 하나님 여호와께서 네게 주신 땅 어느 성읍에서든지 가난한 형제가 너와 함께 거하거든 그 가난한 형제에게 네 마음을 완악하게 하지 말며 네 손을 움켜쥐지 말고"(신 15:7) 라는 말씀이다.

구약성경의 수많은 말씀에서 자비가 필요한 사람들에게 긍휼을 베푸는 일은 매우 중요하다고 강조한다. 중요한 것은 가난이 경솔한 결정이나 죄의 결과로 온 것이라 할지라도 예외나 제외됨이 없었다는 사실이다. 종종 가난은 어리석은 삶의 결과다. 그렇다고 해서 우리 앞을 지나가는 가난한 자를 무시하면 죄를 짓는 것이다. 하나님이 소돔을 멸망시킨 이유가 성적인 타락 때문이었지만, 그 사람들이 가난한 자를 도와주지 않았기 때문이기도 하다(겔 16:49). 이스라엘이 포로로 잡혀간 이유 가운데 그들이 가난한 자들을 무시한 부분이 큰 비중을 차지한다(렘 5:28-29; 암 5:12). 이 세상에 아무런 소망이 없는 가난한 사람들이라도 하나님 안에서 언제나 소망을 가질 수 있다. 그는 긍휼의 하나님이시기 때문이다. 그는 가난한 자들의 소망이시다. 왜냐하면 그는 가난한 자들을 사랑하고 그들에게 자비를 베푸시기 때문이다(시 12:5). 하나님이 가난한 자들을 보호하시기 때문에 욥은 "그러므로 가난한 자가 소망이 있고"(욥 5:16)라고 말할 수 있었다.

역사를 살펴보면 유대인들은 안식일이나 희년을 제대로 지키지 않았다. 그들은 신명기 15장의 명령을 무시하여 포로로 잡혀가는 이유 가운데 하나가 되었다. 그들이 가난한 자들을 기억하지 않으면 하나님도 그들을 기억하지 않으신다. 그리고 마침내 그들은 자신들의 땅을 잃게 되었다.

신약성경에서 가난한 자들을 향한 하나님의 긍휼은 다시 선포되고 확인된다. 삭개오가 회개하였을 때 그는 재산의 절반을 가난한 사람들에게 나눠주었다(눅 19:8). 예수님은 종종 가난한 자들을 돕는 것을 의의 기본적인 표준으로 삼으셨고(마 19:21; 눅 14:13) 특별히 그들을 축복하셨다(눅 6:20). 바울이 사역자로 세움을 받았을 때에 그는 다른 사도들과는 다른 특별한 임무를 부여받았다. 다른 사도들이 유대인들을 위해 사역하는 동안 그는 이방인들에게 파송되었다. 사도들이 바울을 파송할 때 그들은 바울에게 한 가지 구체적인 임무를 주었다. "다만 우리에게 가난한 자들을 기억하도록 부탁하였으니 이것은 나도 본래부터 힘써 행하여 왔노라"(갈 2:10). 바울이 그의 임무를 어떻게 수행했는지는 그의 서신들에 잘 나타나 있다. 그는 여러 교회로부터 헌금을 모아 예루살렘에 있는 가난한 그리스도인들의 필요를 채우는데 도움을 주었다(롬 15:26). 사실 바울이 고린도에 도착했을 때 예루살렘 교회에 가난한 자들을 위해 전달할 돈이 부족하지 않도록 고린도교회에 매주 헌금을 거두라고 말했다(고전 16:1-4). 특별히 교회 안에서 가난한 자들과 어려운 사람들을 돕는 일은 신약성경에 나타난 사역의 특징 중 하나였다.

긍휼은 단체에 대한 명령인가 아니면 개인적인 명령인가?

구약성경에서 하나님의 지혜는 모세의 율법을 통해 가난한 자들을 돕는 형태로 드러난다. 그러므로 이스라엘 백성은 궁핍한 자들에게 긍휼을 베풀어야 했다(신 4:5-7을 보라). 하나님이 한 나라를 통해 일하실 때에, 그 나라 전체가 하나 되어 하나님이 주신 명령들에 순종해야 하는 책임을 지게 된다. 그런 명령들에 대한 순종은 강력한 전도의 도구가 되었다. 다른 나라들은 이스라엘 사람들이 긍휼을 베푸는 모습을 보면서 하나님의 명령에 순종하는 유대인들 때문에 주님 앞으로 나아오게 되었다(신 4:5-7; 왕상 8:41-43; 10:8-9).

그러나 신약성경에서 하나님은 더는 이스라엘 나라를 통해 일하시지 않는다. 오순절로부터 하나님은 그의 교회를 통해 일하시기 시작했다. 구약성경에서 유대인들은 모든 나라로 가서 복음을 전하라고 명령받지 않았다. 그들이 이스라엘에서 살면서 모세의 율법을 지키면 그들의 순종을 통해 온 세계가 하나님의 영광을 보게 된다고 했다. 그러나 신약성경에서는 그리스도인들이 세상으로 나가 복음을 전하도록 부름 받았다. 사람들이 복음을 받아들여 믿는 자가 되고, 교회에 나가 하나님을 향한 사랑으로 하나님께 순종하게 된다.

우리는 이 시점에서 신약성경이 말하는 교회가 전체적으로 감당해야 할 임무와 그리스도인들이 개인적으로 수행해야 할 임무의 차이에 대해 주의 깊게 살펴봐야 한다. 개인적으로 그리스도인들은 그들의 이웃과 원수와 궁핍함에 처한 사람들을 사랑해야 한다. 자신들의 능력이 허락하는 대로 도움이 필요한 곳의 필요를 채우는 역할을 감당해야 한다. 그리스도인의 첫째 의무는 자기 가족의 필요를 돌보는 것이다. 둘째 의무는 교회 안에 어려운 사람들의 필요를 채우는 것이다. 그리고 셋째 의무는 교회 바깥에 있는 사람들의 필요를 채우는 일이다(갈 6:9-10; 딤전 4:10; 5:4,8). 한편 교회의 주된 임무는 봉사의 일을 하게 하려고 성도들을 세움으로 세상에 복음을 전하는 것이다. 여기에 더하여 교회는 그들 가운데 있는 과부와 가난한 사람들을 돌보아야 한다. 다른 말로 하면 교회는 그리스도인들을 먼저 돌보아야 한다. 교회에 주어진 가난한 사람들에 관한 성경적인 명령들은 일반적으로 가난한 사람들이 아니라 그리스도인들 가운데 궁핍한 자들을 돌보는 것과 연관된다.

사람들이 가난을 끝내고 인신매매를 금지하고 아프리카에 식수를 제공하고 에이즈 환자들을 치료하는 목적으로 교회를 바라본다면 잘못된 곳에서 답을 찾는 격이다. 교회는 그런 임무 중에 어떤 것도 위임받은 적이 없다. 장로들은 자신들의 정치적인 능력이나 농사 기술 때문에 지명받은 것이 아니다. 그러나 그리스도인 한 사람 한 사람이 거룩한 삶을 산다면 반드시 변화를 일으킬 수 있는 상황을 맞이하게 될 것이다.

성경이 그리스도인에게 어떤 사명을 주었는지 혹은 주지 않았는지 확실하게 알아야 할 필요가 있다. 우리는 국제적 기아를 종결하거나, 노숙자 문제를 해결하거나, 수돗물이 나오는 집에 사는 것에 죄책감을 가지라고 부름 받지 않았다. 우리는 가난한 사람들에게 긍휼을 베풀고 그들에게 우리의 마음을 열어 복음을 전파하고 물질주의를 미워하라고 부름 받았다. 우리는 세상에 복음을 전하기 위해 희생하라고 부름 받았다. 그리고 세상에서 교회가 든든히 서가면, 가장 필요한 곳에서 더 많은 그리스도인이 가난한 사람들을 사랑하고 고아들을 돌보게 될 것이다.

성경은 개인의 발 앞에 (그리고 마음 안에) 자비사역의 의무를 펼쳐 놓는다. 그리스도인들은 각자 기회가 되는대로 가난한 자들을 사랑하고 필요가 있는 사람들을 돌보아야 한다. 기부금 정도만 내고 마는 것으로 만족해서는 안 된다. 바울이 고린도전서 13장 3절에서 설명한 것처럼 그들을 사랑하지 않고도 자신의 가진 전부를 가난한 사람들에게 내어 줄 수도 있다. 그러나 그런 행위로는 하나님을 기쁘시게 할 수 없다.

자비 사역과 물질주의

세상에서 가장 부유한 나라에 사는 미국사람들이 왜 이렇게 쉽게 가난한 사람들에게 무관심한 것일까? 어떤 면에서 생각해보면 우리가 절대적 가난에 대해 면역이 생겼기 때문이다. 정부의 개입, 사회봉사와 셀 수 없는 기관들의 자선 덕분에 일반적으로 미국에서는 사람들이 굶어 죽는 경우가 거의 일어나지 않는다. 그렇다고 해서 이 사실이 많은 미국 사람들이 직면하고 있는 고통을 덜어주지는 못한다. 어떤 사람들은 가족을 부양하지 못하거나 직업을 구하지 못하고 월세를 내지 못하는 어려움을 겪는다. 그러나 대부분 미국의 노숙자 문제는 어떤 보호소를 선택할까 정도의 수준인 듯 보인다. 그리고 사람들은 그 현실을 이해하고 있다. 그들은 길가에서 구걸하는 사람들이 들고 있는 '일자리를 찾는 중'이라고 쓴 팻말이 진실한 가난의 얼굴이라고 생각하지 않는다.

그러므로 자비사역과 '진짜' 사역은 서로 다른 것인데도 많은 미국교회는 두 사역 간의 긴장을 경험하고 있다. 현실적으로 더 좋지 않은 것은 자비에 초점을 맞춘 대부분의 사역이 지나치게 자유주의적이거나 신학적인 초점이 흐려져 있기 때문에, 목사들이 자신의 성도들을 사역으로부터 멀어지게 만든다. 그러나 교회들이 그들의 근본적인 의무들(잃어버린 자들에게 복음을 전하고 성도들을 교화하는 일)을 성실히 수행하면서 동시에 그들 가운데 물질적 필요가 있는 사람들을 돕는 일은 가능하다. 또한 목사들이 자신의 사람들을 주어진 매일의 삶의 현장에서 복음을 전하도록 훈련하면서 다른 사람들을 돌볼 수 있도록 훈련하는 일도 가능하다.

그러므로 그리스도인들은 교회에서나 세상에서 그들과 만나는 모든 사람에게 자비와 친절을 베풀어야 한다. 세상 물정에 밝은 기업가가 도움이 필요한 형제에게 마음을 닫아걸고 큰 사업을 일으킬 수는 있지만, 만일 그가 하나님과 진정한 관계를 맺는다면 그렇게 할 수 없을 것이다(눅 12:16-21 참조). 아메리칸 드림은 사람들에게 건강과 부와 번영 등을 추구하도록 재촉하지만, 복음은 그리스도인들에게 돈을 사랑하는 것에서 벗어나 다른 사람을 사랑하는 마음을 키워서 청지기적인 희생의 삶을 살도록 자극한다.

자비사역과 선교

동시에 이 세상에서 경제적으로 가장 어려운 상황에 처한 사람들은 대부분 미국이 아니라 해외에 산다. 대부분 가난한 사람들은 타락한 정부나 잘못된 종교의 통제 아래에서 신음하고 있다. 많은 나라에 아직도 질병의 만연과 정부의 무관심과 종교적인 탄압이 존재한다. 미국에서 가난이란 식권과 교통비와 의료보험이 없는(가장 극단적이면 노숙자가 되는) 상황으로 보인다. 그러나 남부 아프리카에서의 가난은 수돗물이 없거나 30세에 에이즈로 사망하는 것으로 나타난다.

이런 이유로 많은 교회가 자비사역을 열정적으로 채택하고 있으며 그들의 노력을 해외에 집중하고 있다. 최근 몇 년 동안 미국에서 복음주의자들이 중앙아메리카에는 식수를, 아프리카에는 모기장을 공급하려는 운동을 전개했다. 이런 긍휼의 마음이 부활한 것은 매우 고무적이며 그렇지 않았다면 선교사들에게 문을 닫았을 많은 나라들에 지속적으로 큰 영향을 미치게 되었다.

그러나 모기장이 세상을 창조하신 하나님의 궁극적인 목적이 아니다. 교회가 자신들이 존재하는 목적을 선교적 입장에서 이해하는 것은 매우 중요하다. 그것은 이 세상에서 예수 그리스도의 교회를 확장하고 강화하는 것이다. 디트로이트 침례 신학교 총장의 말을 생각해보자. "모든 선교사의 사역은 지역 교회의 개척과 깊이 연결되어야 한다. 교회개척은 선교사들이 하는 일 중 '하나'가 아니다. 그것이 '유일한' 본질이다!"[1] 사회 변화를 위한 하나님의 계획은 복음이다. 부패는 결코 뿌리 뽑히지 않을 것이고 가난한 사람들도 언제나 우리와 함께 살아갈 것이다. 그러나 미국의 교회들은 자신들의 부를 사용하여 가난 가운데 복음을 심을 수 있고, 그 때문에 사람들이 변화하게 될 것이다. 이것이 가난한 자들을 사랑해야 하는 근본적인 이유이다.

하나님의 성품은 그 선교사들이 하는 사역을 통해 드러난다. 교회의 성도들이 멕시코의 빈민가에 사는 가난한 사람들을 사랑하여 그곳에 교회를 세울 수 있다. 하나님이 남아프리카 사람들을 사랑하는 것을 그리스도인들이 요하네스버그에 교회를 세워 고아들을 돌보는 방법으로 나타낼 수 있다. 교회들이 세워지고 목사들이 훈련되면서 지속적인 사회변화가 일어나게 된다. 이 사회적 변화가 최우선적인 목표는 아니지만 진정한 그리스도인의 삶을 통한 부산물로서 자연히 얻게 된다.

긍휼: 사랑으로 살아가기

지금까지의 내용을 요약한다면 그리스도인들은 하나님께서 우리 삶 가운데 허락하신 가난한 사람들을 사랑하도록 부름 받았다는 사실은 명백하다. 그리고 이 부르심은 단지 헌금을 하거나 자비사역들을 잘하는 교회에 출석한다고 성취되지 않는다. 그것은 오직 개인적인 차원에서 성취될 수 있다. 물질주의와 싸우며 선교사들을 지원하고 우리가 만나는 모든 사람에게 친절을 보이며 복음전파를 위해 희생하는 삶을 통해서 가능하다. 복음 선포와 더불어 이와 같은 종류의 희생적인 삶은 그리스도의 사랑을 보여줌으로써 복음을 더욱 증진한다. 그레이스 커뮤니티 교회의 한 선교사가 우간다의 도로변에 누워 있던 피 흘리는 사람을 안았을 때 그것은 그가 단지 익명의 남자에게 사역을 베푼 정도가 아니었다. 그는 자기 사역을 증명하였고 또한 복음에서 나타난 하나님의 사랑을 증명하였다. 그는 거기에 있는 사람들에게 세상을 향한 하나님의 사랑을 보여주었고 다른 사람들에게도 그와 같은 사랑을 보일 것을 장려하였다. 그것은 놀라울 정도로 단순하다. 모든 말과 행동이 끝나고 나면 자비사역은 그리스도인들이 대사명을 실천하는 일에 신실하였고 그들이 가는 곳 어디서든 사람들을 진정으로 사랑하기 위해 순종했다는 모습만이 남을 것이다. 이것이 진정한 자비사역이며 이것이 진정한 종교다. 우리는 신실하게 우리 주위에 있는 사람들에게 사역해야 하고 희생적인 삶을 살며 더 많은 필요가 있는 곳에 사람들을 보내야 한다. 이것이 상처받고 깨어진 이 세상에 소망을 주시기 위해 하나님이 세우신 방법이다.

19

타락한 세상을 위한 하나님의 해답, 복음
우리는 깨어진 세상에 소망이 있는 기독교를 보여주고 있는가?

케빈 에드워즈 (Kevin Edwards)

그레이스 커뮤니티 교회에서 선교담당 목사로 일하기 전에
러시아에서 10년 동안 선교사로 일했다.
그는 국제선교에서 리더십을 담당하고 있다.

이전 장에서 명확하게 설명했듯이 우리가 사는 세상은 깨어졌다. 악이 넘쳐나고 정의는 찾아보기 어렵고 범죄는 증가하며 가난은 전염병처럼 번져가고 자연재해는 임박해 있다. 그리고 알려진 것처럼 우리가 사는 세상 자체도 위험에 처해 있다(대중의 의견은 지구온난화와 전 지구적 테러 중에서 어느 것이 더 위험할까 갈팡질팡하지만). 왜 세상은 붕괴하고 있을까? 세상을 다시 온전하게 하려면 우리는 무엇을 해야 하는가? 성경은 우리가 겪고 있는 이런 문제들의 원인을 알려줄 뿐 아니라 그 해결책도 제공해준다.

우리의 타락한 세계

우리 세계는 깨어졌다. 그러나 원래부터 그랬던 것은 아니다. 하나님이 처음 세상을 창조하실 때, 그는 피조물들이 "매우 좋았더라"라는 평가를 하셨다(창 1:31). 거룩하신 하나님은 사람을 사랑으로 돌보시고, 그 사람은 창조자에게 감사로 온전히 반응하는 완벽한 세상을 창조하셨다. 그러나 죄가 그들에게 들어오자 피조물은 오염되었고 모든 것이 변해버렸다.

깨어진 세상

인간이 죄를 범하여 타락한 결과로 하나님이 창조한 완전한 세계에서 쫓겨나고 말았다. 이 때문에 결국은 창조주가 세상을 심판해야 하는 종말로 나아가게 만들었다(창 3:24; 벧후 3:10; 롬 8:20-22 참조). 타락한 후 얼마 지나지 않아 하나님이 지구에 사는 거의 모든 인류와 짐승들을 멸망시킬 수밖에 없는 심판을 내리실 정도로 세상은 죄의 나락으로 깊이 떨어졌다(창 6-7). 이 심판은 죄악이 가득 찬 인간 중심에 하나님의 분노가 억제되지 않은 채로 쏟아진 것은 아니다. 사실 지구를 파괴한 대홍수는 하나님이 이 세상을 창조하실 때 이미 디자인하셨고 만드신 것들 가운데 속해있었다. 하나님은 세상을 창조하실 때 지구표면 위로 물이 흐르게 하시고 그 지하에는 방대한 저수지들을 만드셨다(창 1:7; 벧후 3:5-6). 하나님이 만드신 세상은 물로 성립되었고(벧후 3:5) 그 물을 사용하여 홍수를 일으켜 심판하셨다.

하나님은 홍수로 세상을 완전히 멸망시키지는 않으셨다. 그러나 창조주는 죄로 오염된 모든 것을 완전히 소멸시키는 최후의 멸망 계획을 갖고 계신다. 사도 베드로는 다가올 멸망에 대해 다음과 같이 설명한다. "이제 하늘과 땅은 그 동일한 말씀으로 불사르기 위하여 보호하신 바 되어 경건하지 아니한 사람들의 심판과 멸망의 날까지 보존하여 두신 것이니라……그러나 주의 날이 도둑 같이 오리니 그날에는 하늘이 큰 소리로 떠나가고 물질이 뜨거운 불에 풀어지고 땅과 그중에 있는 모든 일이 드러나리로다……하나님의 날이 임하기를 바라보고 간절히 사모하라 그날에 하늘이 불에 타서 풀어지고 물질이 뜨거운 불에 녹아지려니와(벧후 3:7-12).

창조주는 이 세상을 언제 그리고 어떻게 종결을 지을지에 대한 완벽한 계획을 갖고 계신다. 그 계획 안에 지구온난화나 전 지구적 테러리즘은 포함되어 있지 않다. 대홍수처럼 지구의 멸망은 하나님이 이루신다. 현재 우리가 사는 지구는 영원히 존재하지 않는다. 그러나 새 지구는 영원히 존재할 목적으로 창조될 것이다. 왜냐하면 그곳에는 죄가 결코 근접하지 못할 것이기 때문이다.

깨어진 죄인들

하나님은 아담이 처음 죄를 범하는 순간에 세상을 멸망시킬 수도 있었지만, 대신에 그는 인내와 친절로 반응했고 인류에게 하나님과의 관계를 바로잡을 기회를 제공하셨다(롬 2:4). 그러나 인류는 화목을 이룰 수 있는 하나님의 제안을 즉각적으로 붙드는 대신에 하나님으로부터 전속력으로 멀어져 갔다. 하나님을 창조주로 인식하고 그 안에서 의미와 목적을 찾는 대신에 죄인들은 고의적으로 하나님에 대한 의식을 억누르고 진정한 목적과 지각없는 삶을 선택했다(롬 1:18-22).

죄인들이 하나님을 거부하였기 때문에 하나님은 그들을 죄에 버려두셨다. 이 비극적 결과는 억제되지 않으며 부끄러움을 모르는 성적인 욕망을 추구하고, 동성애에 대한 도착이 칭송을 받고 개인의 양심이 바닥까지 뒤틀려 완전히 타락해버린 모습으로 인간 사회에 나타났다. 인간이 지속적이며 노골적으로 하나님께 반역하지만 하나님은 죄에 대한 그의 거룩한 분노를 인내로 억제하고 계신다(롬 1:18, 24-32). 그렇지만 심판은 반드시 온다.

깨어진 영혼들

하나님이 이 깨어진 세상에 마지막 심판을 내리시기 전에, 아직 시간이 있는 동안 죄인들이 자신들을 구할 길은 없을까? 하나님은 이 질문에 대해 타락한 죄인이 자신을 스스로 구원할 방법을 보여주시며 성경 전체를 통해 분명히 대답하신다.

> 여호와께서 사람의 죄악이 세상에 가득함과 그의 마음으로 생각하는 모든 계획이 항상 악할 뿐임을 보시고(창 6:5).

> 어리석은 자는 그의 마음에 이르기를 하나님이 없다 하도다 그들은 부패하며 가증한 악을 행함이여 선을 행하는 자가 없도다 하나님이 하늘에서 인생을 굽어살피사 지각이 있는 자와 하나님을 찾는 자가 있는가 보려 하신즉 각기 물러가 함께 더러

운 자가 되고 선을 행하는 자 없으니 한 사람도 없도다(시 53:1-3).

무릇 우리는 다 부정한 자 같아서 우리의 의는 다 더러운 옷 같으며 우리는 다 잎사귀 같이 시들므로 우리의 죄악이 바람 같이 우리를 몰아가나이다(사 64:6).

기록된 바 의인은 없나니 하나도 없으며 깨닫는 자도 없고 하나님을 찾는 자도 없고(롬 3:10-11).

모든 사람이 죄를 범하였으매 하나님의 영광에 이르지 못하더니(롬 3:23).

위의 구절들을 포함하여 성경의 많은 말씀이 인간은 자신을 스스로 구원할 소망이 없음을 분명히 보여준다. 왜냐하면 인간은 자신의 노력으로 그의 말기적 상황을 구제할 방법이 전혀 없기 때문이다. 그는 뿌리로부터 상하여 오직 죄 밖에 지을 수 없는 부패한 마음을 소유하게 되었다. 죄에 완전한 노예가 되어 자신을 그 속박에서 자유롭게 할 능력이 없다. 사실 그는 영적으로 사망하였기 때문에 하나님의 초자연적인 도움 없이는 영원한 생명 혹은 구원을 이룰 수 있는 소망이 없다.

그리스도를 통한 회복

인간의 죄는 자신의 지혜와 능력으로 하나님과 다시 교제하고 평화를 누릴 길을 완벽히 막아버렸다. 많은 사람은 오늘날 이 세상에 존재하는 무수한 종교 중 하나를 통해 하나님을 찾으려 노력한다. 그러나 인간이 만든 어떤 종교도 사람의 영혼을 변화시킬 수 없다. 인간의 죄의 문제와 하나님으로부터의 분리는 오직 하나님의 진정한 말씀으로만 해결할 수 있다. 주인 되신 하나님이 그의 말씀을 통해 인간이 그의 영혼에 대해 알아야 할 모든 절대적인 진리를 드러내신다(시 19; 119; 딤후 3:16-17).

영혼은 그리스도 안에서 온전해진다

성경에서 하나님은 예수 그리스도가 거룩한 하나님 앞에 서야 하는 죄인들을 위한 유일한 소망이라고 선언하신다. 예수 그리스도는 영원한 하나님이시며 모든 것들의 주님이시다(요 1:1-3; 14; 빌 2:9-11; 골 2:9). 삼위일체 가운데 제2위격이시며, 또한 신의 모든 완전함을 가진 그리스도가 사람의 몸을 입어 죄 없는 인간이 되셨다. 그는 십자가에 죽으심으로 죄의 값을 치르며 누구든지 그를 믿으면 구원을 주실 수 있는 유일한 분이다(사 53:5-6; 고후 5:21; 엡 1:7; 히 4:15; 벧전 2:22-23). 그리스도의 죽음은 믿음을 가진 죄인들이 받아야 하는 형벌을 대신 받으신 것이다. 더욱이 성령의 능력을 통하여 믿는 자들은 죄의 능력으로부터 자유롭게 되고 내면으로부터 새로워진다.

죽음을 이기신 그리스도의 부활은 하나님께서 그리스도의 희생을 받으셨다는 증거다. 예수 그리스도와 그의 희생을 붙드는 자마다 죄를 용서받고 하나님 앞에서 온전해진다(고전 15:3-4; 골 1:20; 벧전 2:24; 3:18). 예수께서 몸을 입고 부활하신 것 또한 장차 믿는 자들의 부활의 보증이다(요 5:26-29; 14:19; 롬 4:25; 6:5-10; 고전 15:20, 23). 믿는 자들의 부활한 몸은 죄로부터 자유롭게 되고 영원토록 우리의 구세주를 예배하게 될 것이다.

죄인들은 그리스도 안에서 거룩해진다

구원을 얻기 위해서는 죄인들이 주되신 그리스도 예수를 진정으로 믿어야 한다(행 16:30-31). 이는 바울이 로마서에서 "네가 만일 네 입으로 예수를 주로 시인하며 또 하나님께서 그를 죽은 자 가운데서 살리신 것을 네 마음에 믿으면 구원을 받으리라"(롬 10:9)라고 말한 것을 의미한다. 이는 영원한 지옥 불을 면하게 해주는 보험에 가입하기 위해 가볍게 또는 적당히 내리는 결정이 아니다. 죄인은 회개하고 주님을 따르기 위해 죄에서 돌아서야 하며 그리스도를 구세주와 주님으로 믿어야 한다(겔 18:30, 32; 눅 9:23; 24:46-47; 살전 1:9).

그리스도를 따르기 위해서는 많은 값을 치러야 한다. 자기가 가진 모든 것을 걸어야 한다. 그리고 그리스도의 제자가 되기 원하는 모든 사람은 그리스도 예수께서 하신 다음의 말씀을 고려해야 한다.

> 무릇 내게 오는 자가 자기 부모와 처자와 형제와 자매와 더욱이 자기 목숨까지 미워하지 아니하면 능히 내 제자가 되지 못하고 누구든지 자기 십자가를 지고 나를 따르지 않는 자도 능히 내 제자가 되지 못하리라 너희 중에 누가 망대를 세우고자 할진대 자기의 가진 것이 준공하기까지에 족할는지 먼저 앉아 그 비용을 계산하지 아니하겠느냐 그렇게 아니하여 그 기초만 쌓고 능히 이루지 못하면 보는 자가 다 비웃어 이르되 이 사람이 공사를 시작하고 능히 이루지 못하였다 하리라 또 어떤 임금이 다른 임금과 싸우러 갈 때에 먼저 앉아 일만 명으로써 저 이만 명을 거느

리고 오는 자를 대적할 수 있을까 헤아리지 아니하겠느냐 만일 못할 터이면 그가 아직 멀리 있을 때에 사신을 보내어 화친을 청할지니라 이와 같이 너희 중의 누구든지 자기의 모든 소유를 버리지 아니하면 능히 내 제자가 되지 못하리라

(눅 14:26-33).

그리스도를 처음 믿게 된 사람은 죄에서 돌아서고 그리스도를 따른다. 하나님은 그가 믿음의 여정을 걸어갈 때에 그를 홀로 버려두시지 않는다. 죄인이 구원받을 때 하나님은 즉시 그를 의롭다고 불러주신다. 그리고 그의 마음은 하나님을 찾기 위한 소망으로 새롭게 된다(고전 1:30; 고후 5:17; 히 10:14). 또한 성령께서 그 안에 내주하시고 그가 하나님의 말씀을 순종함으로 그리스도께 더 가까이 가도록 일하신다. 이를 통해 믿는 자는 더욱더 거룩해지고 점점 더 그리스도를 닮아가며 그의 평생을 통하여 지속적인 변화를 경험한다(롬 6:1-22; 고후 3:18; 살전 5:23). 성령의 내주하시는 능력은 믿는 자들이 세상을 사는 동안 마주치는 매일의 전투에서 죄를 이기고 승리할 수 있게 한다(갈 5:16-25; 빌 3:12; 골 3:9-10; 벧전 1:14-16).

세상은 그리스도 안에서 새롭게 된다

그리스도 안에서 믿는 자의 소망은 이 세상에서 죄에 대해 승리하는 정도의 수준을 훨씬 능가한다. 믿는 자들과 모든 피조물이 이 세상에 다시 오셔서 다스리실 영화로운 그리스도를 간절히 기다린다. 그가 다시 오실 때 이 세상의 고통과 압제와 부패가 영화롭고 영원하며 변치 않는 우리 주님의 광채로

말미암아 무너져 내릴 것이다(롬 8:18-25).

성도들이 모든 것을 새롭게 하실 구세주를 간절히 기다리는 동안 믿지 않는 자들은 이 세상의 모든 것이 과거에도 그랬던 것처럼 해를 거듭하여 지속할 것이라고 오해한다(벧후 8:18-25). 그러나 사실 하나님이 피조물을 유지하는 이유는 궁극적인 심판을 위함이다. 그때는 모든 것이 불로 멸망한다(벧후 3:7,10,12). 구원받지 못한 자들은 불 못에서 영원한 심판을 맞이하게 될 것이다(마 25:41; 계 20:11-15). 그러나 그리스도 안에 있는 자들은 모든 것이 의롭고 다시는 죄가 없는 새로운 세상에서 영원한 삶을 누리게 된다. 거기서 믿는 자들이 우리들의 구세주를 예배하고 그와 얼굴과 얼굴을 맞대고 교제하며, 하나님은 구속받은 사람들과 함께 거하실 것이다(계 21-22).

하나님의 해결책은 복음이다

우리는 이 장을 시작하면서 깨어진 세상을 언급했다. 믿지 않는 사람들조차도 이 사실을 인정한다. 그러나 그 해답은 과학이나 철학 혹은 인간의 다른 어떤 노력에서도 찾을 수 없다. 마치 암에 걸린 사람이 환부에 반창고를 붙이는 모양처럼, 죄인들은 세상에서 찾을 수 없는 가장 고귀하고 영원한 중요성을 가진 영적인 문제를 일시적이고 물질적인 방법으로 수정하려는 잘못을 저지른다. 우리의 깨어진 세상은 하나님이 새롭게 창조하시기 전에는 결코 고칠 수 없다. 그리고 이 세상에 사는 사람들의 깨어진 마음도 하나님이 새 마음을 주시기 전까지 결코 고칠 수 없다. 그러므로 예수 그리스도의 복음이 우리 세상이 가진 유일하며 영원한 소망이다. 이는 불확실의 소망이 아니라 하나님 자신에 의해 공고히 세워진 절대적이며 확실한 소망이다.

> 그런즉 이 일에 대하여 우리가 무슨 말 하리요 만일 하나님이 우리를 위하시면 누가 우리를 대적하리요 자기 아들을 아끼지 아니하시고 우리 모든 사람을 위하여 내주신 이가 어찌 그 아들과 함께 모든 것을 우리에게 주시지 아니하겠느냐 누가 능히 하나님께서 택하신 자들을 고발하리요 의롭다 하신 이는 하나님이시니 누가 정죄하리요 죽으실 뿐 아니라 다시 살아나신 이는 그리스도 예수시니 그는 하나님 우편에 계신 자요 우리를 위하여 간구하시는 자시니라 누가 우리를 그리스도의 사랑에서 끊으리요 환난이나 곤고나 박해나 기근이나 적신이나 위험이나 칼이랴 기록된 바 우리가 종일 주를 위하여 죽임을 당하게 되며 도살 당할 양 같이 여김을 받았나이다 함과 같으니라 그러나 이 모든 일에 우리를 사랑하시는 이로 말미암아 우리가 넉넉히 이기느니라 내가 확신하노니 사망이나 생명이나 천사들이나 권세자들이나 현재 일이나 장래 일이나 능력이나 높음이나 깊음이나 다른 어떤 피조물이라도 우리를 우리 주 그리스도 예수 안에 있는 하나님의 사랑에서 끊을 수 없으리라
> (롬 8:31-39).

부록 | 주제별 도움 성경 구절 가이드

*아래 성경말씀이 이 책에서 논의된 이슈와 관련 있는 모든 성경 구절을 포함하지는 않지만 이 모든 주제들에 대해 올바른 생각을 계발하는 데 도움이 되기를 바란다.

중독 (중독성 물질 남용도 포함)

잠 20:1	포도주는 거만하게 하는 것이요 독주는 떠들게 하는 것이라 이에 미혹되는 자마다 지혜가 없느니라.
롬 6:12-18	그러므로 너희는 죄가 너희 죽을 몸을 지배하지 못하게 하여 몸의 사욕에 순종하지 말고 또 한 너희 지체를 불의의 무기로 죄에게 내주지 말고 오직 너희 자신을 죽은 자 가운데서 다시 살아난 자 같이 하나님께 드리며 너희 지체를 의의 무기로 하나님께 드리라 죄가 너희를 주장하지 못하리니 이는 너희가 법 아래에 있지 아니하고 은혜 아래에 있음이라 그런즉 어찌하리요 우리가 법 아래에 있지 아니하고 은혜 아래에 있으니 죄를 지으리요 그럴 수 없느니라 너희 자신을 종으로 내주어 누구에게 순종하든지 그 순종함을 받는 자의 종이 되는 줄을 너희가 알지 못하느냐 혹은 죄의 종으로 사망에 이르고 혹은 순종의 종으로 의에 이르느니라 하나님께 감사하리로다 너희가 본래 죄의 종이더니 너희에게 전하여 준 바 교훈의 본을 마음으로 순종하여 죄로부터 해방되어 의에게 종이 되었느니라.
롬 13:13-14	낮에와 같이 단정히 행하고 방탕하거나 술 취하지 말며 음란하거나 호색하지 말며 다투거나 시기하지 말고 오직 주 예수 그리스도로 옷 입고 정욕을 위하여 육신의 일을 도모하지 말라.
고전 6:12	모든 것이 내게 가하나 다 유익한 것이 아니요 모든 것이 내게 가하나 내가 무엇에든지 얽매이지 아니하리라.
고전 6:19-20	너희 몸은 너희가 하나님께로부터 받은 바 너희 가운데 계신 성령의 전인 줄을 알지 못하느냐 너희는 너희 자신의 것이 아니라 값으로 산 것이 되었으니 그런즉 너희 몸으로 하나님께 영광을 돌리라.
엡 5:18	술 취하지 말라 이는 방탕한 것이니 오직 성령으로 충만함을 받으라.
히 12:1-2	이러므로 우리에게 구름 같이 둘러싼 허다한 증인들이 있으니 모든 무거운 것과 얽매이기 쉬운 죄를 벗어 버리고 인내로써 우리 앞에 당한 경주를 하며 믿음의 주요 또 온전하게 하시는 이인 예수를 바라보자 그는 그 앞에 있는 기쁨을 위하여 십자가를 참으사 부끄러움을 개의치 아니하시더니 하나님 보좌 우편에 앉으셨느니라.
벧후 2:19	그들에게 자유를 준다 하여도 자신들은 멸망의 종들이니 누구든지 진 자는 이긴 자의 종이 됨이라.

분노와 폭력

잠 20:22　너는 악을 갚겠다 말하지 말고 여호와를 기다리라 그가 너를 구원하시리라.

마 5:21-22　옛 사람에게 말한 바 살인하지 말라 누구든지 살인하면 심판을 받게 되리라 하였다는 것을 너희가 들었으나 나는 너희에게 이르노니 형제에게 노하는 자마다 심판을 받게 되고 형제를 대하여 라가라 하는 자는 공회에 잡혀가게 되고 미련한 놈이라 하는 자는 지옥 불에 들어가게 되리라.

롬 12:17-21　아무에게도 악을 악으로 갚지 말고 모든 사람 앞에서 선한 일을 도모하라 할 수 있거든 너희로서는 모든 사람과 더불어 화목하라 내 사랑하는 자들아 너희가 친히 원수를 갚지 말고 하나님의 진노하심에 맡기라 기록되었으되 원수 갚는 것이 내게 있으니 내가 갚으리라고 주께서 말씀하시니라 네 원수가 주리거든 먹이고 목마르거든 마시게 하라 그리함으로 네가 숯불을 그 머리에 쌓아 놓으리라 악에게 지지 말고 선으로 악을 이기라.

엡 4:26-27　분을 내어도 죄를 짓지 말며 해가 지도록 분을 품지 말고 마귀에게 틈을 주지 말라.

빌 4:5　너희 관용을 모든 사람에게 알게 하라 주께서 가까우시니라.

약 1:19-20　내 사랑하는 형제들아 너희가 알지니 사람마다 듣기는 속히 하고 말하기는 더디 하며 성내기도 더디 하라 사람이 성내는 것이 하나님의 의를 이루지 못함이라.

벧전 3:8-9　마지막으로 말하노니 너희가 다 마음을 같이하여 동정하며 형제를 사랑하며 불쌍히 여기며 겸손하며 악을 악으로, 욕을 욕으로 갚지 말고 도리어 복을 빌라 이를 위하여 너희가 부르심을 받았으니 이는 복을 이어받게 하려 하심이라.

근심과 걱정

시 56:3-4　내가 두려워하는 날에는 내가 주를 의지하리이다 내가 하나님을 의지하고 그 말씀을 찬송하올지라 내가 하나님을 의지하였은즉 두려워하지 아니하리니 혈육을 가진 사람이 내게 어찌 하리이까.

마 6:25-34　그러므로 내가 너희에게 이르노니 목숨을 위하여 무엇을 먹을까 무엇을 마실까 몸을 위하여 무엇을 입을까 염려하지 말라 목숨이 음식보다 중하지 아니하며 몸이 의복보다 중하지 아니하냐 공중의 새를 보라 심지도 않고 거두지도 않고 창고에 모아들이지도 아니하되 너희 하늘 아버지께서 기르시나니 너희는 이것들보다 귀하지 아니하냐 너희 중에 누가 염려함으로 그 키를 한 자라도 더할 수 있겠느냐 또 너희가 어찌 의복을 위하여 염려하느냐 들의 백합화가 어떻게 자라는가 생각하여 보라 수고도 아니하고 길쌈도 아니하느니라 그러나 내가 너희에게 말하노니 솔로몬의 모든 영광으로도 입은 것이 이 꽃 하나만 같지 못하였느니라 오늘 있다가 내일 아궁이에 던져지는 들풀도 하나님이 이렇게 입히시거든 하물며 너희일까보냐 믿음이 작은 자들아 그러므로 염려하여 이르기를 무엇을 먹을까 무엇을 마실까 무엇을 입을까 하지 말라 이는 다 이방인들이 구하는 것이라 너희 하늘 아버지께서 이 모든 것이 너희에게 있어야 할 줄을 아시느니라 그런즉 너희는 먼저 그의 나라와 그의 의를 구하라 그리하면 이 모든 것을 너희에게 더하시리라 그러므로 내일 일을 위하여 염려하지 말라 내일 일은 내일이 염려할 것이요 한 날의 괴로움은 그 날로 족하니라.

롬 8:28	우리가 알거니와 하나님을 사랑하는 자 곧 그의 뜻대로 부르심을 입은 자들에게는 모든 것이 합력하여 선을 이루느니라.
빌 4:6	아무 것도 염려하지 말고 다만 모든 일에 기도와 간구로, 너희 구할 것을 감사함으로 하나님께 아뢰라.
벧전 5:6-7	그러므로 하나님의 능하신 손 아래에서 겸손하라 때가 되면 너희를 높이시리라 너희 염려를 다 주께 맡기라 이는 그가 너희를 돌보심이라.

탐욕과 불만족

전 5:10	은을 사랑하는 자는 은으로 만족하지 못하고 풍요를 사랑하는 자는 소득으로 만족하지 아니하나니 이것도 헛되도다.
막 7:21-23	속에서 곧 사람의 마음에서 나오는 것은 악한 생각 곧 음란과 도둑질과 살인과 간음과 탐욕과 악독과 속임과 음탕과 질투와 비방과 교만과 우매함이니 이 모든 악한 것이 다 속에서 나와서 사람을 더럽게 하느니라.
눅 12:15-21	그들에게 이르시되 삼가 모든 탐심을 물리치라 사람의 생명이 그 소유의 넉넉한 데 있지 아니하니라 하시고 또 비유로 그들에게 말하여 이르시되 한 부자가 그 밭에 소출이 풍성하매 심중에 생각하여 이르되 내가 곡식 쌓아 둘 곳이 없으니 어찌할까 하고 또 이르되 내가 이렇게 하리라 내 곳간을 헐고 더 크게 짓고 내 모든 곡식과 물건을 거기 쌓아 두리라 또 내가 내 영혼에게 이르되 영혼아 여러 해 쓸 물건을 많이 쌓아 두었으니 평안히 쉬고 먹고 마시고 즐거워하자 하되 하나님은 이르시되 어리석은 자여 오늘 밤에 네 영혼을 도로 찾으리니 그러면 네 준비한 것이 누구의 것이 되겠느냐 하셨으니 자기를 위하여 재물을 쌓아 두고 하나님께 대하여 부요하지 못한 자가 이와 같으니라.
빌 4:11-13, 19-20	내가 궁핍하므로 말하는 것이 아니니라 어떠한 형편에든지 나는 자족하기를 배웠노니 나는 비천에 처할 줄도 알고 풍부에 처할 줄도 알아 모든 일 곧 배부름과 배고픔과 풍부와 궁핍에도 처할 줄 아는 일체의 비결을 배웠노라 내게 능력 주시는 자 안에서 내가 모든 것을 할 수 있느니라……나의 하나님이 그리스도 예수 안에서 영광 가운데 그 풍성한 대로 너희 모든 쓸 것을 채우시리라 하나님 곧 우리 아버지께 세세 무궁하도록 영광을 돌릴지어다 아멘 그리스도 예수 안에 있는 성도에게 각각 문안하라 나와 함께 있는 형제들이 너희에게 문안하고 모든 성도들이 너희에게 문안하되 특히 가이사의 집 사람들 중 몇이니라 주 예수 그리스도의 은혜가 너희 심령에 있을지어다.
골 3:5	그러므로 땅에 있는 지체를 죽이라 곧 음란과 부정과 사욕과 악한 정욕과 탐심이니 탐심은 우상 숭배니라.
딤전 6:6-8	그러나 자족하는 마음이 있으면 경건은 큰 이익이 되느니라 우리가 세상에 아무 것도 가지고 온 것이 없으매 또한 아무 것도 가지고 가지 못하리니 우리가 먹을 것과 입을 것이 있은즉 족한 줄로 알 것이니라.
히 13:5	돈을 사랑하지 말고 있는 바를 족한 줄로 알라 그가 친히 말씀하시기를 내가 결코 너희를 버리지 아니하고 너희를 떠나지 아니하리라 하셨느니라.

죽음과 믿는 자들의 부활

요 6:39-40 나를 보내신 이의 뜻은 내게 주신 자 중에 내가 하나도 잃어버리지 아니하고 마지막 날에 다시 살리는 이것이니라 내 아버지의 뜻은 아들을 보고 믿는 자마다 영생을 얻는 이것이니 마지막 날에 내가 이를 다시 살리리라 하시니라.

요 11:25-26 예수께서 이르시되 나는 부활이요 생명이니 나를 믿는 자는 죽어도 살겠고 무릇 살아서 나를 믿는 자는 영원히 죽지 아니하리니 이것을 네가 믿느냐.

고전 15:51-57 보라 내가 너희에게 비밀을 말하노니 우리가 다 잠 잘 것이 아니요 마지막 나팔에 순식간에 홀연히 다 변화되리니 나팔 소리가 나매 죽은 자들이 썩지 아니할 것으로 다시 살아나고 우리도 변화되리라 이 썩을 것이 반드시 썩지 아니할 것을 입겠고 이 죽을 것이 죽지 아니함을 입으리로다 이 썩을 것이 썩지 아니함을 입고 이 죽을 것이 죽지 아니함을 입을 때에는 사망을 삼키고 이기리라고 기록된 말씀이 이루어지리라 사망아 너의 승리가 어디 있느냐 사망아 네가 쏘는 것이 어디 있느냐 사망이 쏘는 것은 죄요 죄의 권능은 율법이라 우리 주 예수 그리스도로 말미암아 우리에게 승리를 주시는 하나님께 감사하노니.

고후 5:6-9 그러므로 우리가 항상 담대하여 몸으로 있을 때에는 주와 따로 있는 줄을 아노니 이는 우리가 믿음으로 행하고 보는 것으로 행하지 아니함이로라 우리가 담대하여 원하는 바는 차라리 몸을 떠나 주와 함께 있는 그것이라 그런즉 우리는 몸으로 있든지 떠나든지 주를 기쁘시게 하는 자가 되기를 힘쓰노라.

빌 1:21-24 이는 내게 사는 것이 그리스도니 죽는 것도 유익함이라 그러나 만일 육신으로 사는 이것이 내 일의 열매일진대 무엇을 택해야 할는지 나는 알지 못하노라 내가 그 둘 사이에 끼었으니 차라리 세상을 떠나서 그리스도와 함께 있는 것이 훨씬 더 좋은 일이라 그렇게 하고 싶으나 내가 육신으로 있는 것이 너희를 위하여 더 유익하리라.

살전 4:13-14, 18 형제들아 자는 자들에 관하여는 너희가 알지 못함을 우리가 원하지 아니하노니 이는 소망 없는 다른 이와 같이 슬퍼하지 않게 하려 함이라. 우리가 예수께서 죽으셨다가 다시 살아나심을 믿을진대 이와 같이 예수 안에서 자는 자들도 하나님이 그와 함께 데리고 오시리라……그러므로 이러한 말로 서로 위로하라.

주님에 대한 두려움 (경외심)

잠 1:7 여호와를 경외하는 것이 지식의 근본이거늘 미련한 자는 지혜와 훈계를 멸시하느니라.

잠 8:13 여호와를 경외하는 것은 악을 미워하는 것이라 나는 교만과 거만과 악한 행실과 패역한 입을 미워하느니라.

잠 9:10 여호와를 경외하는 것이 지혜의 근본이요 거룩하신 자를 아는 것이 명철이니라.

잠 14:26-27 여호와를 경외하는 자에게는 견고한 의뢰가 있나니 그 자녀들에게 피난처가 있으리라 여호와를 경외하는 것은 생명의 샘이니 사망의 그물에서 벗어나게 하느니라.

잠 15:3,16,33 여호와의 눈은 어디서든지 악인과 선인을 감찰하시느니라……가산이 적어도 여호와를 경외하는 것이 크게 부하고 번뇌하는 것보다 나으니라……여호와를 경외하는 것은 지혜의 훈계

	라 겸손은 존귀의 길잡이니라.
잠 22:4	겸손과 여호와를 경외함의 보상은 재물과 영광과 생명이니라.
잠 23:17	네 마음으로 죄인의 형통을 부러워하지 말고 항상 여호와를 경외하라.
전 11:9	청년이여 네 어린 때를 즐거워하며 네 청년의 날들을 마음에 기뻐하여 마음에 원하는 길들과 네 눈이 보는 대로 행하라 그러나 하나님이 이 모든 일로 말미암아 너를 심판하실 줄 알라.
롬 14:10-12	우리가 다 하나님의 심판대 앞에 서리라 기록되었으되 주께서 이르시되 내가 살았노니 모든 무릎이 내게 꿇을 것이요 모든 혀가 하나님께 자백하리라 하였느니라 이러므로 우리 각 사람이 자기 일을 하나님께 직고하리라.
고전 5:10	이 말은 이 세상의 음행하는 자들이나 탐하는 자들이나 속여 빼앗는 자들이나 우상 숭배하는 자들을 도무지 사귀지 말라 하는 것이 아니니 만일 그리하려면 너희가 세상 밖으로 나가야 할 것이라.

용서

마 5:43-45	또 네 이웃을 사랑하고 네 원수를 미워하라 하였다는 것을 너희가 들었으나 나는 너희에게 이르노니 너희 원수를 사랑하며 너희를 박해하는 자를 위하여 기도하라 이같이 한즉 하늘에 계신 너희 아버지의 아들이 되리니 이는 하나님이 그 해를 악인과 선인에게 비추시며 비를 의로운 자와 불의한 자에게 내려주심이라.
막 11:25	서서 기도할 때에 아무에게나 혐의가 있거든 용서하라 그리하여야 하늘에 계신 너희 아버지께서도 너희 허물을 사하여 주시리라 하시니라.
눅 6:35-36	오직 너희는 원수를 사랑하고 선대하며 아무 것도 바라지 말고 꾸어 주라 그리하면 너희 상이 클 것이요 또 지극히 높으신 이의 아들이 되리니 그는 은혜를 모르는 자와 악한 자에게도 인자하시니라 너희 아버지의 자비로우심 같이 너희도 자비로운 자가 되라.
눅 17:3-4	너희는 스스로 조심하라 만일 네 형제가 죄를 범하거든 경고하고 회개하거든 용서하라 만일 하루에 일곱 번이라도 네게 죄를 짓고 일곱 번 네게 돌아와 내가 회개하노라 하거든 너는 용서하라 하시더라.
엡 4:31-32	너희는 모든 악독과 노함과 분냄과 떠드는 것과 비방하는 것을 모든 악의와 함께 버리고 서로 친절하게 하며 불쌍히 여기며 서로 용서하기를 하나님이 그리스도 안에서 너희를 용서하심과 같이 하라.
골 3:12-13	그러므로 너희는 하나님이 택하사 거룩하고 사랑 받는 자처럼 긍휼과 자비와 겸손과 온유와 오래 참음을 옷 입고 누가 누구에게 불만이 있거든 서로 용납하여 피차 용서하되 주께서 너희를 용서하신 것 같이 너희도 그리하고.

가정과 교회에서 성 역할

엡 5:22-27	아내들이여 자기 남편에게 복종하기를 주께 하듯 하라 이는 남편이 아내의 머리 됨이 그리

스도께서 교회의 머리 됨과 같음이니 그가 바로 몸의 구주시니라 그러므로 교회가 그리스도에게 하듯 아내들도 범사에 자기 남편에게 복종할지니라 남편들아 아내 사랑하기를 그리스도께서 교회를 사랑하시고 그 교회를 위하여 자신을 주심 같이 하라 이는 곧 물로 씻어 말씀으로 깨끗하게 하사 거룩하게 하시고 자기 앞에 영광스러운 교회로 세우사 티나 주름 잡힌 것이나 이런 것들이 없이 거룩하고 흠이 없게 하려 하심이라.

골 3:18-19 아내들아 남편에게 복종하라 이는 주 안에서 마땅하니라 남편들아 아내를 사랑하며 괴롭게 하지 말라.

딤전 2:9-15 또 이와 같이 여자들도 단정하게 옷을 입으며 소박함과 정절로써 자기를 단장하고 땋은 머리와 금이나 진주나 값진 옷으로 하지 말고 오직 선행으로 하기를 원하노라 이것이 하나님을 경외한다 하는 자들에게 마땅한 것이니라 여자는 일체 순종함으로 조용히 배우라 여자가 가르치는 것과 남자를 주관하는 것을 허락하지 아니하노니 오직 조용할지니라 이는 아담이 먼저 지음을 받고 하와가 그 후며 아담이 속은 것이 아니고 여자가 속아 죄에 빠졌음이라 그러나 여자들이 만일 정숙함으로써 믿음과 사랑과 거룩함에 거하면 그의 해산함으로 구원을 얻으리라.

딛 2:3-5 늙은 여자로는 이와 같이 행실이 거룩하며 모함하지 말며 많은 술의 종이 되지 아니하며 선한 것을 가르치는 자들이 되고 그들로 젊은 여자들을 교훈하되 그 남편과 자녀를 사랑하며 신중하며 순전하며 집안 일을 하며 선하며 자기 남편에게 복종하게 하라 이는 하나님의 말씀이 비방을 받지 않게 하려 함이라.

벧전 3:1-2,7 아내들아 이와 같이 자기 남편에게 순종하라 이는 혹 말씀을 순종하지 않는 자라도 말로 말미암지 않고 그 아내의 행실로 말미암아 구원을 받게 하려 함이니 너희의 두려워하며 정결한 행실을 봄이라……남편들아 이와 같이 지식을 따라 너희 아내와 동거하고 그를 더 연약한 그릇이요 또 생명의 은혜를 함께 이어받을 자로 알아 귀히 여기라 이는 너희 기도가 막히지 아니하게 하려 함이라 또는 그 아내를 더 연약한 그릇 같이 여겨 지식을 따라 동거하고.

────── **거친 언어 생활**

잠 15:1 유순한 대답은 분노를 쉬게 하여도 과격한 말은 노를 격동하느니라.

마 15:18-19 입에서 나오는 것들은 마음에서 나오나니 이것이야말로 사람을 더럽게 하느니라 마음에서 나오는 것은 악한 생각과 살인과 간음과 음란과 도둑질과 거짓 증언과 비방이니.

엡 4:29 무릇 더러운 말은 너희 입 밖에도 내지 말고 오직 덕을 세우는 데 소용되는 대로 선한 말을 하여 듣는 자들에게 은혜를 끼치게 하라.

엡 5:3-5 음행과 온갖 더러운 것과 탐욕은 너희 중에서 그 이름조차도 부르지 말라 이는 성도에게 마땅한 바니라 누추함과 어리석은 말이나 희롱의 말이 마땅치 아니하니 오히려 감사하는 말을 하라 너희도 정녕 이것을 알거니와 음행하는 자나 더러운 자나 탐하는 자 곧 우상 숭배자는 다 그리스도와 하나님의 나라에서 기업을 얻지 못하리니.

골 3:8 이제는 너희가 이 모든 것을 벗어 버리라 곧 분함과 노여움과 악의와 비방과 너희 입의 부끄러운 말이라.

| 딛 2:6-8 | 너는 이와 같이 젊은 남자들을 신중하도록 권면하되 범사에 네 자신이 선한 일의 본을 보이며 교훈에 부패하지 아니함과 단정함과 책망할 것이 없는 바른 말을 하게 하라 이는 대적하는 자로 하여금 부끄러워 우리를 악하다 할 것이 없게 하려 함이라. |

동성애

창 19:4-7	그들이 눕기 전에 그 성 사람 곧 소돔 백성들이 노소를 막론하고 원근에서 다 모여 그 집을 에워싸고 롯을 부르고 그에게 이르되 오늘 밤에 네게 온 사람들이 어디 있느냐 이끌어 내라 우리가 그들을 상관하리라 롯이 문 밖의 무리에게로 나가서 뒤로 문을 닫고 이르되 청하노니 내 형제들아 이런 악을 행하지 말라.
레 18:22-23	너는 여자와 동침함 같이 남자와 동침하지 말라 이는 가증한 일이니라 너는 짐승과 교합하여 자기를 더럽히지 말며 여자는 짐승 앞에 서서 그것과 교접하지 말라 이는 문란한 일이니라.
레 20:13	누구든지 여인과 동침하듯 남자와 동침하면 둘 다 가증한 일을 행함인즉 반드시 죽일지니 자기의 피가 자기에게로 돌아가리라.
마 19:4-6	예수께서 대답하여 이르시되 사람을 지으신 이가 본래 그들을 남자와 여자로 지으시고 말씀하시기를 그러므로 사람이 그 부모를 떠나서 아내에게 합하여 그 둘이 한 몸이 될지니라 하신 것을 읽지 못하였느냐 그런즉 이제 둘이 아니요 한 몸이니 그러므로 하나님이 짝지어 주신 것을 사람이 나누지 못할지니라 하시니.
롬 1:26-27	이 때문에 하나님께서 그들을 부끄러운 욕심에 내버려 두셨으니 곧 그들의 여자들도 순리대로 쓸 것을 바꾸어 역리로 쓰며 그와 같이 남자들도 순리대로 여자 쓰기를 버리고 서로 향하여 음욕이 불 일듯 하매 남자가 남자와 더불어 부끄러운 일을 행하여 그들의 그릇됨에 상당한 보응을 그들 자신이 받았느니라.
고전 6:9-11	불의한 자가 하나님의 나라를 유업으로 받지 못할 줄을 알지 못하느냐 미혹을 받지 말라 음행하는 자나 우상 숭배하는 자나 간음하는 자나 탐색하는 자나 남색하는 자나 도적이나 탐욕을 부리는 자나 술 취하는 자나 모욕하는 자나 속여 빼앗는 자들은 하나님의 나라를 유업으로 받지 못하리라 너희 중에 이와 같은 자들이 있더니 주 예수 그리스도의 이름과 우리 하나님의 성령 안에서 씻음과 거룩함과 의롭다 하심을 받았느니라.

소망과 하나님 안에 확신

창 50:20	당신들은 나를 해하려 하였으나 하나님은 그것을 선으로 바꾸사 오늘과 같이 많은 백성의 생명을 구원하게 하시려 하셨나니.
시 42:5	내 영혼아 네가 어찌하여 낙심하며 어찌하여 내 속에서 불안해 하는가 너는 하나님께 소망을 두라 그가 나타나 도우심으로 말미암아 내가 여전히 찬송하리로다.
시 130:5-7	나 곧 내 영혼은 여호와를 기다리며 나는 주의 말씀을 바라는도다 파수꾼이 아침을 기다림보다 내 영혼이 주를 더 기다리나니 참으로 파수꾼이 아침을 기다림보다 더하도다 이스라엘

애 3:21-24	아 여호와를 바랄지어다 여호와께서는 인자하심과 풍성한 속량이 있음이라. 이것을 내가 내 마음에 담아 두었더니 그것이 오히려 나의 소망이 되었사옴은 여호와의 인자와 긍휼이 무궁하시므로 우리가 진멸되지 아니함이니이다 이것들이 아침마다 새로우니 주의 성실하심이 크시도소이다 내 심령에 이르기를 여호와는 나의 기업이시니 그러므로 내가 그를 바라리라 하도다.
미 7:7	오직 나는 여호와를 우러러보며 나를 구원하시는 하나님을 바라보나니 나의 하나님이 나에게 귀를 기울이시리로다.
롬 8:31,38-39	그런즉 이 일에 대하여 우리가 무슨 말 하리요 만일 하나님이 우리를 위하시면 누가 우리를 대적하리요……내가 확신하노니 사망이나 생명이나 천사들이나 권세자들이나 현재 일이나 장래 일이나 능력이나 높음이나 깊음이나 다른 어떤 피조물이라도 우리를 우리 주 그리스도 예수 안에 있는 하나님의 사랑에서 끊을 수 없으리라.
살전 4:13-14,18	형제들아 자는 자들에 관하여는 너희가 알지 못함을 우리가 원하지 아니하노니 이는 소망 없는 다른 이와 같이 슬퍼하지 않게 하려 함이라 우리가 예수께서 죽으셨다가 다시 살아나심을 믿을진대 이와 같이 예수 안에서 자는 자들도 하나님이 그와 함께 데리고 오시리라……그러므로 이러한 말로 서로 위로하라.
딤전 6:17	네가 이 세대에서 부한 자들을 명하여 마음을 높이지 말고 정함이 없는 재물에 소망을 두지 말고 오직 우리에게 모든 것을 후히 주사 누리게 하시는 하나님께 두며.

사랑, 관용, 그리고 진리

요 14:6,15	예수께서 이르시되 내가 곧 길이요 진리요 생명이니 나로 말미암지 않고는 아버지께로 올 자가 없느니라 너희가 나를 사랑하면 나의 계명을 지키리라.
롬 12:9	사랑에는 거짓이 없나니 악을 미워하고 선에 속하라.
고전 13:6	[사랑은] 불의를 기뻐하지 아니하며 진리와 함께 기뻐하고.
엡 5:2-3	그리스도께서 너희를 사랑하신 것 같이 너희도 사랑 가운데서 행하라 그는 우리를 위하여 자신을 버리사 향기로운 제물과 희생제물로 하나님께 드리셨느니라 음행과 온갖 더러운 것과 탐욕은 너희 중에서 그 이름조차도 부르지 말라 이는 성도에게 마땅한 바니라.
약 3:17	오직 위로부터 난 지혜는 첫째 성결하고 다음에 화평하고 관용하고 양순하며 긍휼과 선한 열매가 가득하고 편견과 거짓이 없나니.
벧전 1:22	너희가 진리를 순종함으로 너희 영혼을 깨끗하게 하여 거짓이 없이 형제를 사랑하기에 이르렀으니 마음으로 뜨겁게 서로 사랑하라.
요이 1:4,6	너의 자녀들 중에 우리가 아버지께 받은 계명대로 진리를 행하는 자를 내가 보니 심히 기쁘도다 또 사랑은 이것이니 우리가 그 계명을 따라 행하는 것이요 계명은 이것이니 너희가 처음부터 들은 바와 같이 그 가운데서 행하라 하심이라.

음욕과 성적인 죄

욥 31:1 　내가 내 눈과 약속하였나니 어찌 처녀에게 주목하랴.

잠 6:32 　여인과 간음하는 자는 무지한 자라 이것을 행하는 자는 자기의 영혼을 망하게 하며.

마 5:27-30 　또 간음하지 말라 하였다는 것을 너희가 들었으나 나는 너희에게 이르노니 음욕을 품고 여자를 보는 자마다 마음에 이미 간음하였느니라 만일 네 오른 눈이 너로 실족하게 하거든 빼어 내버리라 네 백체 중 하나가 없어지고 온 몸이 지옥에 던져지지 않는 것이 유익하며 또한 만일 네 오른손이 너로 실족하게 하거든 찍어 내버리라 네 백체 중 하나가 없어지고 온 몸이 지옥에 던져지지 않는 것이 유익하니라.

롬 6:12-14 　그러므로 너희는 죄가 너희 죽을 몸을 지배하지 못하게 하여 몸의 사욕에 순종하지 말고 또한 너희 지체를 불의의 무기로 죄에게 내주지 말고 오직 너희 자신을 죽은 자 가운데서 다시 살아난 자 같이 하나님께 드리며 너희 지체를 의의 무기로 하나님께 드리라 죄가 너희를 주장하지 못하리니 이는 너희가 법 아래에 있지 아니하고 은혜 아래에 있음이라.

롬 13:12-14 　밤이 깊고 낮이 가까웠으니 그러므로 우리가 어둠의 일을 벗고 빛의 갑옷을 입자 낮에와 같이 단정히 행하고 방탕하거나 술 취하지 말며 음란하거나 호색하지 말며 다투거나 시기하지 말고 오직 주 예수 그리스도로 옷 입고 정욕을 위하여 육신의 일을 도모하지 말라.

고전 6:15-18 　너희 몸이 그리스도의 지체인 줄을 알지 못하느냐 내가 그리스도의 지체를 가지고 창녀의 지체를 만들겠느냐 결코 그럴 수 없느니라 창녀와 합하는 자는 그와 한 몸인 줄을 알지 못하느냐 일렀으되 둘이 한 육체가 된다 하셨나니 주와 합하는 자는 한 영이니라 음행을 피하라 사람이 범하는 죄마다 몸 밖에 있거니와 음행하는 자는 자기 몸에 죄를 범하느니라.

살전 4:3-6 　하나님의 뜻은 이것이니 너희의 거룩함이라 곧 음란을 버리고 각각 거룩함과 존귀함으로 자기의 아내 대할 줄을 알고 하나님을 모르는 이방인과 같이 색욕을 따르지 말고 이 일에 분수를 넘어서 형제를 해하지 말라 이는 우리가 너희에게 미리 말하고 증언한 것과 같이 이 모든 일에 주께서 신원하여 주심이라.

히 13:4 　모든 사람은 결혼을 귀히 여기고 침소를 더럽히지 않게 하라 음행하는 자들과 간음하는 자들을 하나님이 심판하시리라.

벧전 2:11 　사랑하는 자들아 거류민과 나그네 같은 너희를 권하노니 영혼을 거슬러 싸우는 육체의 정욕을 제어하라.

요일 2:15-16 　이 세상이나 세상에 있는 것들을 사랑하지 말라 누구든지 세상을 사랑하면 아버지의 사랑이 그 안에 있지 아니하니 이는 세상에 있는 모든 것이 육신의 정욕과 안목의 정욕과 이생의 자랑이니 다 아버지께로부터 온 것이 아니요 세상으로부터 온 것이라.

거짓말과 속임수

출 20:16 　네 이웃에 대하여 거짓 증거하지 말라.

잠 6:16-19 　여호와께서 미워하시는 것 곧 그의 마음에 싫어하시는 것이 예닐곱 가지이니 곧 교만한 눈과 거짓된 혀와 무죄한 자의 피를 흘리는 손과 악한 계교를 꾀하는 마음과 빨리 악으로 달려

	가는 발과 거짓을 말하는 망령된 증인과 및 형제 사이를 이간하는 자이니라.
잠 12:19,22	진실한 입술은 영원히 보존되거니와 거짓 혀는 잠시 동안만 있을 뿐이니라……거짓 입술은 여호와께 미움을 받아도 진실하게 행하는 자는 그의 기뻐하심을 받느니라.
요 8:44	너희는 너희 아비 마귀에게서 났으니 너희 아비의 욕심대로 너희도 행하고자 하느니라 그는 처음부터 살인한 자요 진리가 그 속에 없으므로 진리에 서지 못하고 거짓을 말할 때마다 제 것으로 말하나니 이는 그가 거짓말쟁이요 거짓의 아비가 되었음이라.
엡 4:25	그런즉 거짓을 버리고 각각 그 이웃과 더불어 참된 것을 말하라 이는 우리가 서로 지체가 됨이라.
골 3:9-10	너희가 서로 거짓말을 하지 말라 옛 사람과 그 행위를 벗어 버리고 새 사람을 입었으니 이는 자기를 창조하신 이의 형상을 따라 지식에까지 새롭게 하심을 입은 자니라.
계 21:8	그러나 두려워하는 자들과 믿지 아니하는 자들과 흉악한 자들과 살인자들과 음행하는 자들과 점술가들과 우상 숭배자들과 거짓말하는 모든 자들은 불과 유황으로 타는 못에 던져지리니 이것이 둘째 사망이라.

돈과 자비

마 6:19-24	너희를 위하여 보물을 땅에 쌓아 두지 말라 거기는 좀과 동록이 해하며 도둑이 구멍을 뚫고 도둑질하느니라 오직 너희를 위하여 보물을 하늘에 쌓아 두라 거기는 좀이나 동록이 해하지 못하며 도둑이 구멍을 뚫지도 못하고 도둑질도 못하느니라 네 보물 있는 그 곳에는 네 마음도 있느니라 눈은 몸의 등불이니 그러므로 네 눈이 성하면 온 몸이 밝을 것이요 눈이 나쁘면 온 몸이 어두울 것이니 그러므로 네게 있는 빛이 어두우면 그 어둠이 얼마나 더하겠느냐 한 사람이 두 주인을 섬기지 못할 것이니 혹 이를 미워하고 저를 사랑하거나 혹 이를 중히 여기고 저를 경히 여김이라 너희가 하나님과 재물을 겸하여 섬기지 못하느니라.
롬 12:10-13	형제를 사랑하여 서로 우애하고 존경하기를 서로 먼저 하며 부지런하여 게으르지 말고 열심을 품고 주를 섬기라 소망 중에 즐거워하며 환난 중에 참으며 기도에 항상 힘쓰며 성도들의 쓸 것을 공급하며 손 대접하기를 힘쓰라.
고후 9:6-8	이것이 곧 적게 심는 자는 적게 거두고 많이 심는 자는 많이 거둔다 하는 말이로다 각각 그 마음에 정한 대로 할 것이요 인색함으로나 억지로 하지 말지니 하나님은 즐겨 내는 자를 사랑하시느니라 하나님이 능히 모든 은혜를 너희에게 넘치게 하시나니 이는 너희로 모든 일에 항상 모든 것이 넉넉하여 모든 착한 일을 넘치게 하게 하려 하심이라.
딤전 6:9-10,17-18	부하려 하는 자들은 시험과 올무와 여러 가지 어리석고 해로운 욕심에 떨어지나니 곧 사람으로 파멸과 멸망에 빠지게 하는 것이라 돈을 사랑함이 일만 악의 뿌리가 되나니 이것을 탐내는 자들은 미혹을 받아 믿음에서 떠나 많은 근심으로써 자기를 찔렀도다……네가 이 세대에서 부한 자들을 명하여 마음을 높이지 말고 정함이 없는 재물에 소망을 두지 말고 오직 우리에게 모든 것을 후히 주사 누리게 하시는 하나님께 두며 선을 행하고 선한 사업을 많이 하고 나누어 주기를 좋아하며 너그러운 자가 되게 하라.

자녀양육과 훈련

신 6:5-9	너는 마음을 다하고 뜻을 다하고 힘을 다하여 네 하나님 여호와를 사랑하라 오늘 내가 네게 명하는 이 말씀을 너는 마음에 새기고 네 자녀에게 부지런히 가르치며 집에 앉았을 때에든지 길을 갈 때에든지 누워 있을 때에든지 일어날 때에든지 이 말씀을 강론할 것이며 너는 또 그것을 네 손목에 매어 기호를 삼으며 네 미간에 붙여 표로 삼고 또 네 집 문설주와 바깥 문에 기록할지니라.
시 127:3-5	보라 자식들은 여호와의 기업이요 태의 열매는 그의 상급이로다 젊은 자의 자식은 장사의 수중의 화살 같으니 이것이 그의 화살통에 가득한 자는 복되도다 그들이 성문에서 그들의 원수와 담판할 때에 수치를 당하지 아니하리로다.
잠 13:24	매를 아끼는 자는 그의 자식을 미워함이라 자식을 사랑하는 자는 근실히 징계하느니라.
잠 20:7	온전하게 행하는 자가 의인이라 그의 후손에게 복이 있느니라.
잠 22:6,15	마땅히 행할 길을 아이에게 가르치라 그리하면 늙어도 그것을 떠나지 아니하리라……아이의 마음에는 미련한 것이 얽혔으나 징계하는 채찍이 이를 멀리 쫓아내리라
잠 23:13-16	아이를 훈계하지 아니하려고 하지 말라 채찍으로 그를 때릴지라도 그가 죽지 아니하리라 네가 그를 채찍으로 때리면 그의 영혼을 스올에서 구원하리라 내 아들아 만일 네 마음이 지혜로우면 나 곧 내 마음이 즐겁겠고 만일 네 입술이 정직을 말하면 내 속이 유쾌하리라.
잠 29:15,17	채찍과 꾸지람이 지혜를 주거늘 임의로 행하게 버려 둔 자식은 어미를 욕되게 하느니라……네 자식을 징계하라 그리하면 그가 너를 평안하게 하겠고 또 네 마음에 기쁨을 주리라.
엡 6:1-4	자녀들아 주 안에서 너희 부모에게 순종하라 이것이 옳으니라 네 아버지와 어머니를 공경하라 이것은 약속이 있는 첫 계명이니 이로써 네가 잘되고 땅에서 장수하리라 또 아비들아 너희 자녀를 노엽게 하지 말고 오직 주의 교훈과 훈계로 양육하라.
골 3:20-21	자녀들아 모든 일에 부모에게 순종하라 이는 주 안에서 기쁘게 하는 것이니라 아비들아 너희 자녀를 노엽게 하지 말지니 낙심할까 함이라.

교만과 겸손

잠 11:2	교만이 오면 욕도 오거니와 겸손한 자에게는 지혜가 있느니라.
잠 16:5,18	무릇 마음이 교만한 자를 여호와께서 미워하시나니 피차 손을 잡을지라도 벌을 면하지 못하리라 교만은 패망의 선봉이요 거만한 마음은 넘어짐의 앞잡이니라.
잠 26:12	네가 스스로 지혜롭게 여기는 자를 보느냐 그보다 미련한 자에게 오히려 희망이 있느니라.
잠 29:23	사람이 교만하면 낮아지게 되겠고 마음이 겸손하면 영예를 얻으리라.
사 66:1-2	여호와께서 이와 같이 말씀하시되 하늘은 나의 보좌요 땅은 나의 발판이니 너희가 나를 위하여 무슨 집을 지으랴 내가 안식할 처소가 어디랴 나 여호와가 말하노라 내 손이 이 모든 것을 지었으므로 그들이 생겼느니라 무릇 마음이 가난하고 심령에 통회하며 내 말을 듣고 떠는 자 그 사람은 내가 돌보려니와.

마 23:11-12	너희 중에 큰 자는 너희를 섬기는 자가 되어야 하리라 누구든지 자기를 높이는 자는 낮아지고 누구든지 자기를 낮추는 자는 높아지리라.
롬 12:3,16	내게 주신 은혜로 말미암아 너희 각 사람에게 말하노니 마땅히 생각할 그 이상의 생각을 품지 말고 오직 하나님께서 각 사람에게 나누어 주신 믿음의 분량대로 지혜롭게 생각하라 서로 마음을 같이하며 높은 데 마음을 두지 말고 도리어 낮은 데 처하며 스스로 지혜 있는 체 하지 말라.
빌 2:1-5	그러므로 그리스도 안에 무슨 권면이나 사랑의 무슨 위로나 성령의 무슨 교제나 긍휼이나 자비가 있거든 마음을 같이하여 같은 사랑을 가지고 뜻을 합하며 한마음을 품어 아무 일에든지 다툼이나 허영으로 하지 말고 오직 겸손한 마음으로 각각 자기보다 남을 낫게 여기고 각각 자기 일을 돌볼뿐더러 또한 각각 다른 사람들의 일을 돌보아 나의 기쁨을 충만하게 하라 너희 안에 이 마음을 품으라 곧 그리스도 예수의 마음이니.

도둑질과 절도

출 20:15	도둑질하지 말라.
잠 29:24	도둑과 짝하는 자는 자기의 영혼을 미워하는 자라 그는 저주를 들어도 진술하지 아니하느니라.
롬 13:1-2,6-9	각 사람은 위에 있는 권세들에게 복종하라 권세는 하나님으로부터 나지 않음이 없나니 모든 권세는 다 하나님께서 정하신 바라 그러므로 권세를 거스르는 자는 하나님의 명을 거스름이니 거스르는 자들은 심판을 자취하리라……너희가 조세를 바치는 것도 이로 말미암음이라 그들이 하나님의 일꾼이 되어 바로 이 일에 항상 힘쓰느니라 모든 자에게 줄 것을 주되 조세를 받을 자에게 조세를 바치고 관세를 받을 자에게 관세를 바치고 두려워할 자를 두려워하며 존경할 자를 존경하라 피차 사랑의 빚 외에는 아무에게든지 아무 빚도 지지 말라 남을 사랑하는 자는 율법을 다 이루었느니라 간음하지 말라, 살인하지 말라, 도둑질하지 말라, 탐내지 말라 한 것과 그 외에 다른 계명이 있을지라도 네 이웃을 네 자신과 같이 사랑하라 하신 그 말씀 가운데 다 들었느니라.

시험, 핍박, 그리고 고난

마 5:10-12	의를 위하여 박해를 받은 자는 복이 있나니 천국이 그들의 것임이라 나로 말미암아 너희를 욕하고 박해하고 거짓으로 너희를 거슬러 모든 악한 말을 할 때에는 너희에게 복이 있나니 기뻐하고 즐거워하라 하늘에서 너희의 상이 큼이라 너희 전에 있던 선지자들도 이같이 박해하였느니라.
행 5:40-42	그들이 옳게 여겨 사도들을 불러들여 채찍질하며 예수의 이름으로 말하는 것을 금하고 놓으니 사도들은 그 이름을 위하여 능욕 받는 일에 합당한 자로 여기심을 기뻐하면서 공회 앞을 떠나니라 그들이 날마다 성전에 있든지 집에 있든지 예수는 그리스도라고 가르치와 전도하기를 그치지 아니하니라.
롬 5:2-5	또한 그로 말미암아 우리가 믿음으로 서 있는 이 은혜에 들어감을 얻었으며 하나님의 영광

	을 바라고 즐거워하느니라 다만 이뿐 아니라 우리가 환난 중에도 즐거워하나니 이는 환난은 인내를, 인내는 연단을, 연단은 소망을 이루는 줄 앎이로다 소망이 우리를 부끄럽게 하지 아니함은 우리에게 주신 성령으로 말미암아 하나님의 사랑이 우리 마음에 부은 바 됨이니.
약 1:2-4	내 형제들아 너희가 여러 가지 시험을 당하거든 온전히 기쁘게 여기라 이는 너희 믿음의 시련이 인내를 만들어 내는 줄 너희가 앎이라 인내를 온전히 이루라 이는 너희로 온전하고 구비하여 조금도 부족함이 없게 하려 함이라.
벧전 1:6-9	그러므로 너희가 이제 여러 가지 시험으로 말미암아 잠깐 근심하게 되지 않을 수 없으나 오히려 크게 기뻐하는도다 너희 믿음의 확실함은 불로 연단하여도 없어질 금보다 더 귀하여 예수 그리스도께서 나타나실 때에 칭찬과 영광과 존귀를 얻게 할 것이니라 예수를 너희가 보지 못하였으나 사랑하는도다 이제도 보지 못하나 믿고 말할 수 없는 영광스러운 즐거움으로 기뻐하니 믿음의 결국 곧 영혼의 구원을 받음이라.
벧전 2:20	죄가 있어 매를 맞고 참으면 무슨 칭찬이 있으리요 그러나 선을 행함으로 고난을 받고 참으면 이는 하나님 앞에 아름다우니라

일과 게으름

잠 6:6-11	게으른 자여 개미에게 가서 그가 하는 것을 보고 지혜를 얻으라 개미는 두령도 없고 감독자도 없고 통치자도 없으되 먹을 것을 여름 동안에 예비하며 추수 때에 양식을 모으느니라. 게으른 자여 네가 어느 때까지 누워 있겠느냐 네가 어느 때에 잠이 깨어 일어나겠느냐 좀더 자자, 좀더 졸자, 손을 모으고 좀더 누워 있자 하면 네 빈궁이 강도 같이 오며 네 곤핍이 군사 같이 이르리라.
잠 13:4	게으른 자는 마음으로 원하여도 얻지 못하나 부지런한 자의 마음은 풍족함을 얻느니라.
골 3:23-24	무슨 일을 하든지 마음을 다하여 주께 하듯 하고 사람에게 하듯 하지 말라 이는 기업의 상을 주께 받을 줄 아나니 너희는 주 그리스도를 섬기느니라.
살전 4:11-12	또 너희에게 명한 것 같이 조용히 자기 일을 하고 너희 손으로 일하기를 힘쓰라 이는 외인에 대하여 단정히 행하고 또한 아무 궁핍함이 없게 하려 함이라.
살후 3:10-12	우리가 너희와 함께 있을 때에도 너희에게 명하기를 누구든지 일하기 싫어하거든 먹지도 말게 하라 하였더니 우리가 들은즉 너희 가운데 게으르게 행하여 도무지 일하지 아니하고 일을 만들기만 하는 자들이 있다 하니 이런 자들에게 우리가 명하고 주 예수 그리스도 안에서 권하기를 조용히 일하여 자기 양식을 먹으라 하노라.

세속화

마 5:13-16	너희는 세상의 소금이니 소금이 만일 그 맛을 잃으면 무엇으로 짜게 하리요 후에는 아무 쓸데 없어 다만 밖에 버려져 사람에게 밟힐 뿐이니라 너희는 세상의 빛이라 산 위에 있는 동네가 숨겨지지 못할 것이요 사람이 등불을 켜서 말 아래에 두지 아니하고 등경 위에 두나니 이러므로 집 안 모든 사람에게 비치느니라 이같이 너희 빛이 사람 앞에 비치게 하여 그들로 너

	희 착한 행실을 보고 하늘에 계신 너희 아버지께 영광을 돌리게 하라.
마 13:22	가시떨기에 뿌려졌다는 것은 말씀을 들으나 세상의 염려와 재물의 유혹에 말씀이 막혀 결실하지 못하는 자요.
요 17:14-17	내가 아버지의 말씀을 그들에게 주었사오매 세상이 그들을 미워하였사오니 이는 내가 세상에 속하지 아니함 같이 그들도 세상에 속하지 아니함으로 인함이니이다. 내가 비옵는 것은 그들을 세상에서 데려가시기를 위함이 아니요 다만 악에 빠지지 않게 보전하시기를 위함이니이다. 내가 세상에 속하지 아니함 같이 그들도 세상에 속하지 아니하였사옵나이다. 그들을 진리로 거룩하게 하옵소서 아버지의 말씀은 진리니이다.
롬 12:2	너희는 이 세대를 본받지 말고 오직 마음을 새롭게 함으로 변화를 받아 하나님의 선하시고 기뻐하시고 온전하신 뜻이 무엇인지 분별하도록 하라.
빌 3:18-21	내가 여러 번 너희에게 말하였거니와 이제도 눈물을 흘리며 말하노니 여러 사람들이 그리스도의 십자가의 원수로 행하느니라 그들의 마침은 멸망이요 그들의 신은 배요 그 영광은 그들의 부끄러움에 있고 땅의 일을 생각하는 자라 그러나 우리의 시민권은 하늘에 있는지라 거기로부터 구원하는 자 곧 주 예수 그리스도를 기다리노니 그는 만물을 자기에게 복종하게 하실 수 있는 자의 역사로 우리의 낮은 몸을 자기 영광의 몸의 형체와 같이 변하게 하시리라.
딤후 3:1-5	너는 이것을 알라 말세에 고통하는 때가 이르러 사람들이 자기를 사랑하며 돈을 사랑하며 자랑하며 교만하며 비방하며 부모를 거역하며 감사하지 아니하며 거룩하지 아니하며 무정하며 원통함을 풀지 아니하며 모함하며 절제하지 못하며 사나우며 선한 것을 좋아하지 아니하며 배신하며 조급하며 자만하며 쾌락을 사랑하기를 하나님 사랑하는 것보다 더하며 경건의 모양은 있으나 경건의 능력은 부인하니 이같은 자들에게서 네가 돌아서라.
약 4:4	간음한 여인들아 세상과 벗된 것이 하나님과 원수 됨을 알지 못하느냐 그런즉 누구든지 세상과 벗이 되고자 하는 자는 스스로 하나님과 원수 되는 것이니라.
요일 2:15-17	이 세상이나 세상에 있는 것들을 사랑하지 말라 누구든지 세상을 사랑하면 아버지의 사랑이 그 안에 있지 아니하니 이는 세상에 있는 모든 것이 육신의 정욕과 안목의 정욕과 이생의 자랑이니 다 아버지께로부터 온 것이 아니요 세상으로부터 온 것이라. 이 세상도, 그 정욕도 지나가되 오직 하나님의 뜻을 행하는 자는 영원히 거하느니라.

주

서론 1. 시편 19편에 대한 더 자세한 설명은 *Think Biblically!*라는 책의 "성경의 권위와 충분성을 받아들임"이라는 부분을 참조하라.

1장 1. 이 장의 일부분을 *Grace to You*가 온라인 잡지로 발행한 http://www.gty.org/Resources/articles/44에서 올려진 "회색지대에서 하나님께 영광돌리기"라는 내 글에서 인용하였다.

2장
1. "eHarmony Is Difference," http://www.eharmony.com//why (accessed October 2008).
2. "We Find Truly Compatible Matches for You," http://www.eharmony.com/tour/finding accessed October 2008)
3. Robert Epstein, "The Truth About Online Dating," *The Scientific American Mind*," January 30, 2007, http://www.sciam.com/article.cfm?id=the-truth-about-online-da&print=true.
4. 위와 동일.
5. 이 원칙들에 대해 더 자세한 사항은 "The Guided Path" in *5 Paths to the Love of Your Life*, ed Alex Chediak (Colorado Springs, CO:Th1nk, 2005), 89-121을 보라.
6. John Piper, "A Vision of Complementarity" in *Recovering Biblical Manhood and Womanhood*, eds. John Piper and Wayne Grudem (Wheaton, IL: Crossway, 1991), 33.

3장
1. Armanda Lenhart, Joseph Kahne, Ellen Middaugh, Alexandra Rankin Macgrill, Chris Evans, and Jessica Vitak, "Teens, Video Games, and Civics", September 16, 2008, http://www.pewinternet.org/pdfs/PIP_Teens_Games_and_Civics_Report_FINAL.pdf.
2. Cf. Damon Brown, "Video Games for Grownups", July 24, 2008, http://www.aarp.org/leisure/games/articles/video_games_reviews.html.
3. HealthDay News Published by Forbes.com, "Video Game Use May Be an Addiction," June 22, 2007, http://www.forbes.com/health/feeds/hscout/2007/06/22/hscout605801.html.
4. The Nielsen Company, "New Release," December 11, 2007, http://www.nielsen.com/media

/2007/pr_071211a_download.pdf.
5. Leonard Sax, *Boys Adrift: The Five Factors Driving the Growing Epidemic of Unmotivated Boys and Underachieving Young Men* (New York: Basic Books, 2007), 131.
6. Mike Smith, "Wedding Woes: The Dark Side of Warcraft," February 13, 2008, http://videogames.yahoo.com/feature/wedding-woes-the-dark-side-of-warcraft/1186366.
7. 위와 동일.
8. Christine Rosen, "Playgrounds of the Self," *The New Atlantis*, Number 9, Summer 2005, pp. 3-27. Online at: http://www.thenewatlantis.com/publications/playgrounds-of-the-self.
9. John Piper, *Don't Waste Your Life* (Wheaton, IL: Crossway, 2007), 119-20.
10. Martha Irvine, "Games a Social Outlet" *Washington Times*, September 23, 2008, http://www.washingtontimes.com/news/2008/sep/23/games-a-social-outlet/?page=2.
11. Stephen Totilo, cited in "Grand Theft Auto IV," game review at http://www.pluggedinonline.com/games/games/a0004042.cfm. Plugged In Online은 Focus on the Family의 사역이다.
12. Cited from Albert Mohler, "Grand Theft Decency," May 1, 2008, http://www.albertmohler.com/blog_print.php?id=1141.

6장

1. 장로들의 관점은 원래 2000년에 출간되었다. 이 이슈에 대해 더 자세히 알기 원한다면 존 맥아더의 책 *The Divorce Dilemma* (Leominster, UK: Day One Publishers, 2009)를 참조하라.
2. 반면에 하나님께서는 남쪽 유다 나라에는 불성실한 배우자가 용서받을 수 있다고 설명하면서 이혼을 허락하시지 않았다.
3. 이는 두 번째 결혼은 성경적으로 허락된다고 가정한다 (이전 배우자가 사망했거나 성경적인 이혼 후에 혹은 그리스도인이 되기 전에 한 이혼에 한해서).

7장

1. "Facts on Induced Abortion in the United States," July 2008, The Guttmacher Institute, online at http://www.guutmacher.org/pubs/fb_induced_abortion.html (accessed September 26, 2008).
2. 출애굽기 21:22-23은 이 주제에서 자주 만나게 되는 구절이다. 이는 뜻하지 않게 그리고 비자발적인 유산을 말한다. 그러므로 이 구절을 뱃속의 아기들을 의도적으로 낙태하는 것을 지지하는데 사용해서는 안 된다. 더욱이 태아가 사망한 경우에는 사형으로 갚아야 한다는 의미가 내포되어 있다. 그리고 아기와 산모가 해가 없을 때는 벌금이 부여되었다.
3. Gene Edward Veith, Jr., *Postmodern Times: A Christian Guide to Contemporary Thought and Culture* (Wheaton, IL: Crossway, 1994), 147.
4. Larry W. Epperson *Abortion the Lost Generation* (Geneva Industries booklet) June 11, 1998.
5. "Women's Suicide Rates Highest after Abortion, New Study," November 29, 2005, www.afterabortion.org/news/suicide205.html.
6. 위와 동일.
7. 통계는 Alicia Geilfuss of the Pregnancy Resource Center of the San Fernando Valley (North Hills, CA). 이곳은 그레이스 커뮤니티 교회와 몇 Km 떨어져 있지 않다.

8장

1. 부가적으로 우리는 지금과 같은 임신조절의 이슈와 관련해서, 창세기 38장 6-10절의 아이를 갖지 않으려고 했던 오난의 이야기를 첨가한다. 오난의 죄는 그 상황에서 주어진 명령에 직접적으로 불순종한 데 기인한다. 그러므로 이 성경의 예도 임신조절을 비판하는 것과 같은 범주에 넣어 사용할 수 없다.

2. R. Albert Mohler, "Can Christians Use Birth Control?" March 30, 2004, http://www.albertmohler.com/commentary_read.php?cdate=2004-03-30.
3. OCP의 두 번째 형은 프로게스테론만을 함유한 필, POP이다. 이 약만을 복용했을 때 POP는 "COC의 사용 때보다 주목할 정도로 breakthrough-ovulation 비율이 증가한다 (William R. Cutter and Sandra L. Glahn, *The Contraception Guidebook* [Grand Rapids: Zondervan, 2005], 108). 반면에 COC를 사용하는 여성의 자궁외임신이 증가한다는 통계는 지지할 만한 증거는 없다(see Dennis M. Sullivan, "The Oral Contraceptive as Abortifacient: An Analysis of the Evidence," *Perspective on Science and Christian Faith* 58/3, September 2006, 192).
4. Michael Fields, "Birth Control: A Biblical Perspective," Faith and Reason Forum, http://www.faithandreasonforum.com/index.asp?PageID=34&ArticleID=417.
5. 필 제조업자들은 자신들의 제품이 더 착상률을 떨어뜨려 더욱 효과적이라고 주장한다. 세다빌 대학 생물학교수인 데니스 M. 설리반은 그런 주장들은 액면 그대로 받아들이지 말고 주의하라고 말한다: "이런 약 제조업 관련 회사들은 잠재적인 소비자들에게 자신들의 제품이 더 효과적이라는 것을 확신시켜야 한다……경구피임약 제조업자들은 윤리적인 문제까지 세밀하게 고려할 필요를 느끼지 않기 때문에 시장에서 자신들의 제품이 더 잘 팔리도록 한쪽으로 치우친 주장들을 펼친다." (Dennis M. Sullivan, "Oral Contraceptive as Abortifacient," 191).
6. William R. Cutter and Sandra L., Glahn. *The Contraception Guidebook*, (Grand Rapids: Zondervan: 2005), 108.
7. 위와 동일., 104.
8. James P. Johnston, "Do Oral Contraceptive Cause Abortions?" January 7, 2005, http://www.prolifephysicians.org/abortifacient.htm. 같은 문서에서 존스톤은 프로라이프 의사들이 OCP가 유산을 일으킨다고 확신하지 않는다고 설명한다. 왜냐하면 " 즉 '적대적 자궁내막'이라 불리는 세 번째 작용기전이 그 이론을 지지할 만한 직접적인 증거를 가지고 있지 않기 때문이다. 약품 제조업체들은 어떤 증거 없이 초기부터 OCP의 효능을 광고하기 시작했고, 거기에 대한 두 세대에 걸친 조사에도 어떤 확증을 내리지 못하고 계속 퍼져났다. OC가 자궁벽을 얇게 만들고 내선(腺)이 줄어들고 혈관이 줄어들게 만든다는 간접적인 증거가 있다. 그리고 체외수정에 관한 영역에서 얇은 자궁내벽과 내선의 감소 그리고 혈관의 감소는 자궁으로 진입했을 때 새로운 인간(human being)이 정착하도록 쉽게 허락하지 않는다는 직접적인 증거가 있다. 그러나 OCs를 복용하는 여성이 배란은 하게 되면 황체가(난소의 난포가 배란 후에 황체로 변한다) 보통 약을 복용하고 배란이 일어나지 않은 사이클 때보다 에스트로겐과 프로게스테론을 약 10에서 20배정도 더 많이 생산한다. 이것의 결과로 기질(基質), 혈관, 선(腺), 내선분비를 도와 착상을 위한 라이닝을 준비한다. 만약 배란 후에 임신이 일어나지 않으면 황체는 약 배란 2주 후에 기능을 중단하게 되고 생리가 뒤따르게 된다. 그러나 만약 배란 후에 임신이 되면 배아는 융모막성(性) 생식선 자극 호르몬 (HCG)를 배출하고 황체를 자극하여 지속적으로 그 기능을 수행하게 한다. 황체는 2개월 후에 태반이 호르몬생성을 시작할 때까지 그 역할을 감당한다."
9. 호르몬의 변화에 대한 자세한 내용은 다음을 보라. Rich Poupard, "Does Thin Uterine Lining Support the 'Pill as Baby Killer' Theory," *Life Training Institute Weblog*, June 16, 2008, http://lti-blog.blogspot.com/2008/06/does-thin-uterine-lining-support-pill.html.
10. Dennis M. Sullivan, "Oral Contraceptive as Abortifacient," 192.
11. Joel E. Goodnough, "Redux: Is the Oral Contraceptive Pill an Abortifacient?" *Ethics and Medicine*, Spring 2001, 37-51. 굿너프는 논문을 쓰면서 OCP 사용자가 OCP를 사용하지 않는 사람들처럼 성공적으로 착상이 되는지에 대해 더 많은 연구가 필요하다는 것을 깨달았다.
12. Michael Fields, "Birth Control: A Biblical Perspective." 필즈 박사는 아리조나 대학을 졸업했고 약학과 의학에서 학위를 받았다. 그는 1982년에 산부인과학에서 위원회 자격증을 보유하고 있다. 그

리고 그는 수십 년 동안 캘리포니아 글렌데일에 있는 글렌데일 어드벤티스트 메디컬 센터에서 일하고 있다. 필즈 박사는 글렌데일 어드벤티스트에서 병원장и 주산기(周産期)/부인과 과장으로 섬기고 있다. 그는 또한 그레이스 커뮤니티 교회의 교인이다.

13. Joe DeCook, Susan A. Crockett, Donna Harrison, and Camilla Hersh, "Hormone Contraceptives: Controversies, and Clarifications" April 1999, American Association of Pro Life Obstetricians and Gynecologists Web site, http://www.aaplog.org/decook.htm. 데니스 설리번의 "The Oral Contraceptive as Abortifacient," 192페이지는 왜 자궁외임신이 중요한지 통계를 들어 설명한다: "가장 중요한 질문은 다음과 같다. COC's 사용자가 얼마나 자주 배란을 하고 임신을 하며 또 그렇게 된 임신이 착상이 실패하도록 만드는가? 이 비율은 약을 사용하지 않는 사람들과 비교하면 어떤가? 착상 실패의 기준비율은 이 문제에 관해 다룰 때 매우 중요한 통계이다. 완전히 수정된 70%의 난자들은 착상에 실패하기 때문에 3/4 정도가 임신의 단계로 진행되지 않는다. 이런 실패율에 반해서 희소한 돌발(breakthrough) 배란은 필을 사용하는 사람과 그렇지 않은 사람들을 통계적으로 비교하는 것은 매우 어렵다. 서로 다른 경구 피임약의 상대회사들은 통계학적인 사례를 만드는 것을 매우 어렵게 해야 한다. (1) 돌발배란의 경우(드물게 발생하는 사건), 상당한 수의 정자가 두터워진 자궁경관부의 점막을 빠져 나와야만 한다(추측하건데 드물게 일어나는 사건). 그래서 진정한 피임약 COCs의 효과를 벗어나게 된다. 그리고 (2) 만약 수정이 일어나면 배아가 자궁내막에 착상되지 않도록 준비를 하거나 혹은 착상이 일어나면 그 다음단계로 진행되지 않도록 한다. 그리고 이런 실패율은 자연적으로 일어나는 70%보다 더 높아야만 한다……높은 자궁외임신은 더 많은 돌발배란으로 인한 임신이 착상에 실패한다는 것을 의미한다. 이런 약제들은 낙태를 유발시키므로 윤리적인 문제를 일으킨다… [그러나] COCs 가 자궁외임신을 증가시킨다는 구체적인 증거가 존재하지 않는 듯이 보인다."

14. 이에 관한 선언과 비평적 반응을 읽으려면 Randy Alcon, "Prolife Ob/Gyn's January 1998 Statement," Eternal perspective Ministries, http://www.epm.org/artman2/publish/prolife_birth_control_pill/Prolife_Ob_Gyn_s_January_1998_Statement.shtml. 알콘은 OCP가 낙태를 일으킬 수 있다는 견해를 지지하며 선도하고 있다.

15. "Position Statement: Birth Control Pills and Other Hormonal Contraception," *Focus on the Family*, December 30, 2005, http://www.family.org/sharedassets/correspondentce/pdfs/miscellaneous/Position_Statement-Birth_Control_Pills_and_Other_Hormonal_Contraception.pdf. 모든 것을 고려해보면, "소수의 전문가들이 필을 사용하고 임신이 되었을 때 유산의 효과가 일어날 가능성이 충분하다고 느낀다. 그러나 그 사실에 대해 여성들에게 알릴 시기는 요원하다.

16. Cf. Dennis Sullivan, "The Oral Contraceptive as Abortifacient," 193.

9장
1. Romans 1:26, παρα φυσιν, "contrary to nature"; in contrast see Romans 11:21, κατα φυσιν, "according to nature."
2. 고린도전서 6:9에서 μαλακοι 는 종종 1세기 기술적인 용어로 사용되었다. 이 단어는 여성의 역할을 하는 남창, 즉 여자 같은 남자를 가리킨다. 9절 나타난 사람들은 '불의한 자' 로 불리었고 "주 예수 그리스도의 이름으로 의롭게 되지" 못하였다.
3. 참조사항이 기록된 전임 목사가 보낸 편지의 개인 신상기록은 제거되었다. 그는 그에게 '기독교' 적인 상담을 해주었다고 주장하는 적어도 한 명 이상의 심리학자를 만나고 있다.
4. 예수 그리스도와 그의 남성상에 대해 공부해보라. 공급자와 보호자로서 가정과 교회에서 남자의 리더십에 대한 역할을 주의 깊게 상담을 받아보라(마태복음 20:25-28; 디모데전서 3:1-7; 5:8; 디도서 1:5-9; 2:2,6-8; 베드로전서 5:1-5). 이것은 자아의 중요성에 초점이 맞춰진 탐구와 알프레드 아들러와 많은 '그리스도인' 심리학자들에 의해 대중화된 정체성의 문제도 아니다. 이것은 신약성경에서 정

말 중요하게 다루는 신학적인 정체성, 진정한 정체성에 관한 것이다.
5. See "Homosexuality in the Ministry," *Journal of Modern Ministry*, Fall 2004.
6. 로마서 7장에서 사도바울은 그리스도인으로서 죄와 싸우는 자신의 모습에 대해 말한다. 24절에서 바울이 로마서를 쓰면서 강조적 인칭대명사와 (εγω) 현재시제를 사용하는 것을 주목하라.
7. Jay E. Adams, *The Christian Counselor's Manual* (Philpsburg, NJ: Presbyterian and Reformed, 1973), 206-07.
8. 그런 주장에 대답을 한다면 성경적인 사랑은 악을 미워하고 진실을 말하는 것이다(참조 로마서 12:9; 고린도전서 13:6). 그러므로, 동성연애를 죄로 지적하거나 회개를 촉구하는 것은 '사랑하지 않는' 것이 아니다. 진정으로 사랑하지 않는 반응은 하나님의 말씀이 명확하게 밝히고 있음에도 아무 말을 하지 않는 것이다.

10장
1. 통계는 World Health Organization, "Suicide Prevention," February 16, 2006, http://www.who.int/mental_health/prevention/suicide/suicideprevent/en/. 다른 참조는 John L. McIntosh, "U.S.A. Suicide: 2005 Official Final Data," January 24, 2008, http://www.suicidology.org/associations/1045/files/2005dadapgs.pdf.
2. 통계는 Amnesty International, "Death Sentences and Executions in 2007," April 15, 2008, http://www.amnesty.org/en/library/asset/ACT50/001/2008/en/b43a1e5affea-11dc-b092-bdb020617d3d/act500012008eng.html.
3. 모든 정의는 다음에서 인용되었다. Keith H. Essex, "Euthanasia," *The Master's Seminary Journal*, Fall 2000, 200-04. 우리 동료들은 이 주제에 관해 Dr. Essex의 연구에 빚을 지고 있다.
4. 위와 동일., 211-12.
5. 위와 동일., 212.
6. 요한복음 10:18에서 예수님의 말씀과 빌립보서 1:21-26에서 바울의 말씀이 자살을 지지하는 것으로 잘못 곡해되어서는 안 된다(그런 시도를 하는 사람들이 있긴 하지만). 예수님은 폭력에 의해 죽임 당하셨다(사도행전 2:23; 3:14-15). 그리고 바울이 그가 스스로 죽음 자체를 바라고 있다고 말한 것이 아니다. 그러나 그는 간절히 그리스도와 함께 하는 그 날을 소망하였다.
7. 진정으로 용서받지 못하는 죄를 지은 사람들은 그들의 전 인생에서 지속적으로 회개하지 않고 믿음을 저버리는 삶을 산 사람들이다. 그에 반해서 혹시 자신들이 용서받지 못하는 죄를 짓지 않았나 두려워하는 사람들이 있다. 만일 그들이 자신의 죄를 고백하고 하나님의 용서를 간절히 구하고 있다면 그 사실이 용서받지 못한 죄를 짓지 않았다는 것을 단적으로 보여준다.
8. Robert Culver, *Toward a Biblical View of Civil Government* (Chicago: Moody Press, 1974), 256.
9. Paul S. Feinberg and John D. Feinberg, *Ethics for a Brave New World* (Wheaton, IL: Good News Publishers, 1993), 147.

11장
1. 그리스도인과 국가에 대한 추가적인 관점을 위해서 내 책을 보라. *Why Government Can't Save You* (Nashville: Thomas Nelson, 2000) and *Can God Bless America?* (Nashville, TN: W Publishing Group, 2002).

13장
1. Brett McCracken, "The Greeting of Evangelicals," *Biola Magazine*, Fall 2008, 18-25.
2. 오늘날 지구온난화의 정확한 원인은 과학자들 간에도 동의하지 못하고 있다는 많은 증거들이 있다. 기후변화에 있어서 "1850년 이후에 나타난 온난화의 경향은 오랜 기간 동안 상대적으로 일률적인

온도를 유지하다가 갑자기 더워지고 있는 것이 아니라 소빙기(Little Ice Age) 이후 지속적인 온난화의 연속선상에 있다." (Larry Vardiman, "Does Carbon Dioxide Drive Global Warming?" Institute for Creation Research, October 1, 2008, http://www.icr.org/article/4128/). 더욱이 대양과 빙하분석으로부터 얻은 증거는 "이산화탄소는 기구온난화의 결과이지 원인이 아니다"는 주장을 뒷받침한다.
3. "God's Earth Is Sacred: An Open Letter to Church and Society in the United States," National Council of Churches USA, February 14, 2005, http://www.nccusa.org/news/godsearthissacred.html.
4. 위와 동일. 강조도 원문과 동일.

15장
1. C.S. Lewis, *The Problem of Pain* (New York: Macmillan, 1962), 26.
2. John Piper, *Spectacular Sins* (Wheaton, IL: Crossway, 2008), 12.
3. Randy Alcon, *Heaven* (Carol Stream, IL: Tyndale, 2004), 28.
4. Maurice Roberts, *The Thoughts of God* (Carlisle, PA: Banner of Truth, 1994), 7.

16장
1. D. Martyn Lloyd-Jones, *From Fear to Faith* (Grand Rapids: Baker, 1985), 59-60.
2. A.W. Tozer, *Men who Met God* (Harrisburg, PA: Christian Publications, 1986), 59.

17장
1. James Patterson and Peter Kim, *The Day America Told the Truth* (New York: Prentice Hall, 1991), 45, 48.
2. John Piper, *Desiring God* (Sisters, OR: Multnomah, 1996), 238.
3. Bruce Gelleman and Erik Sherman, *Massachusetts Curiosities* (Guilford, CT: Globe Pequor, 2004), 66-67.

18장
1. David M. Doran, *For the Sake of His Name* (Allen Park, MI: Student Global Impact), 128. 강조 첨가.

사명선언문

너희가 흠이 없고 순전하여······세상에서 그들 가운데 빛들로
나타내며 생명의 말씀을 밝혀 _ 빌 2:15-16

1. 생명을 담겠습니다
만드는 책에 주님 주신 생명을 담겠습니다.
그 책으로 복음을 선포하겠습니다.

2. 말씀을 밝히겠습니다
생명의 근본은 말씀입니다.
말씀을 밝혀 성도와 교회의 성장을 돕겠습니다.

3. 빛이 되겠습니다
시대와 영혼의 어두움을 밝혀 주님 앞으로 이끄는
빛이 되는 책을 만들겠습니다.

4. 순전히 행하겠습니다
책을 만들고 전하는 일과 경영하는 일에 부끄러움이 없는
정직함으로 행하겠습니다.

5. 끝까지 전파하겠습니다
모든 사람에게, 땅 끝까지, 주님 오시는 그날까지
복음을 전하는 사명을 다하겠습니다.

서점 안내

광화문점 서울시 종로구 새문안로 69 구세군회관 1층
02)737-2288 / 02)737-4623(F)

강남점 서울시 서초구 신반포로 177 반포쇼핑타운 3동 2층
02)595-1211 / 02)595-3549(F)

구로점 서울시 동작구 시흥대로 602, 3층 302호
02)858-8744 / 02)838-0653(F)

노원점 서울시 노원구 동일로 1366 삼봉빌딩 지하 1층
02)938-7979 / 02)3391-6169(F)

일산점 경기도 고양시 일산서구 중앙로 1391 레이크타운 지하 1층
031)916-8787 / 031)916-8788(F)

의정부점 경기도 의정부시 청사로47번길 12 성산타워 3층
031)845-0400 / 031)852-6930(F)

인터넷서점 www.lifebook.co.kr